商业分析思维与实践

用数据分析解决商业问题

傅一航 ◎ 著

北京大学出版社
PEKING UNIVERSITY PRESS

内容提要

本书以业务为导向，详细地讲解了如何通过大数据分析来解决商业问题。其目的在于运用大数据分析思维，帮助读者把学术知识应用于真实的业务场景，解决实际的业务问题。

本书基于业务问题，就如何搭建分析框架，厘清分析思路，按照标准分析步骤对数据进行恰当的预处理，选择合适的分析方法和分析模型，使用恰当的分析工具对数据进行分析，以及对分析结果进行可视化和符合业务要求的解读等内容展开讲解，帮助业务专家做出合适的业务判断，制定准确的业务策略。

本书既可作为各行各业的一线业务在线人员、业务决策人员、数据分析人员、企业管理人员的学习用书，也可以作为广大本科院校、高职高专院校的大数据相关专业的教材用书，还可作为从事大数据分析与应用培训的参考教材。

图书在版编目（CIP）数据

商业分析思维与实践：用数据分析解决商业问题 / 傅一行编著．—北京：北京大学出版社，2024.1

ISBN 978-7-301-34422-4

Ⅰ．①商… Ⅱ．①傅… Ⅲ．①商业信息—数据处理 Ⅳ．①F713.51

中国国家版本馆CIP数据核字（2023）第174708号

书　　　名	商业分析思维与实践：用数据分析解决商业问题 SHANGYE FENXI SIWEI YU SHIJIAN: YONG SHUJU FENXI JIEJUE SHANGYE WENTI
著作责任者	傅一航　编著
责任编辑	王继伟　吴秀川
标准书号	ISBN 978-7-301-34422-4
出版发行	北京大学出版社
地　　　址	北京市海淀区成府路205号　100871
网　　　址	http://www.pup.cn　　新浪微博：@北京大学出版社
电子邮箱	编辑部 pup7@pup.cn　　总编室 zpup@pup.cn
电　　　话	邮购部 010-62752015　发行部 010-62750672　编辑部 010-62570390
印　刷　者	北京飞达印刷有限责任公司
经　销　者	新华书店
	787毫米×1092毫米　16开本　20.25印张　411千字 2024年1月第1版　2024年1月第1次印刷
印　　　数	1—4000册
定　　　价	89.00元

未经许可，不得以任何方式复制或抄袭本书之部分或全部内容。

版权所有，侵权必究

举报电话：010-62752024　　电子邮箱：fd@pup.cn

图书如有印装质量问题，请与出版部联系，电话：010-62756370

前言 业务导向的大数据分析

出版缘由

大数据概念的出现，使得数据分析、数据挖掘、机器学习等技术概念得到了广泛的认可和应用，特别是大数据在市场营销等领域的成功，使得大数据的应用快速地渗透到了各行各业。近几年备受关注的数字化转型，更是勾起了大家对大数据的兴趣。然而，如何利用大数据进行商业决策，解决企业管理、生产、运营的问题，有效支撑精准营销等大数据落地的问题，却依然让很多企业领导者和管理者头痛。大数据的理论听了无数遍，大数据的重要性也不容置疑，但大数据如何落地，如何培养出具有数据技术能力的人才，却依然找不到方向。

鉴于大数据的火爆，讲大数据课程的书籍多如牛毛，但依然有很多学员找不到合适的书籍来学习大数据技术。很多讲大数据趋势的书籍，只适合于领导者制定战略来参考；讲数据分析和数据挖掘技术的书籍，又过于理论化和数学化，只适合于计算机等专业人士学习。而那些真正能够实现大数据价值的人，其实是奋斗在各行各业的业务专家，恰恰也是他们，最需要利用大数据技术来解决实际业务问题。他们有着丰富的业务知识，但缺乏专业的数学知识，如果书籍过于理论化，他们学起来会极其困难；如果过于倾向应用，则无法指导落地。这些业务专家迫切需要以业务问题为导向，来构建数据思维和数据分析的知识体系和技能体系。

大数据是以业务为导向的。要让技术发挥出价值，需要以业务为导向，以商业目标为导向，来构建全面系统的技术能力。我在培训行业深耕多年，一直从事大数据公开课讲授和企业内训，深刻理解业务专家在大数据领域的困惑和难处，这促使我撰写本书来帮助他们用数据思维和数据技术来解决大量的业务问题，真正实现数据落地，实现数据与业务整合，真正发挥出数据的价值，而不仅仅停留在大数据概念层面或止步于单纯的数据公式面前。当然，如果他们愿意，也可以深入数据理论层面或技术原理层面去思考。

本书结构

本书围绕五大部分展开，共分为 16 章。

第 I 部分：数据决策理论篇

这一部分主要介绍大数据的基本知识。从其基本概念出发，厘清数据的本质，理解大数据决策的底层逻辑，了解大数据决策的关键环节，重点是培养大数据意识和大数据思维。

第 II 部分：数据分析基础篇

这一部分主要介绍数据分析的基础知识，从业务需求出发，介绍数据分析常见种类，重点是要学会数据分析的标准流程，学会围绕业务问题来搭建数据分析的框架，才不至于迷失在数据分析的各项技术中，才能够实现以业务为导向的大数据思维。

第 III 部分：描述统计分析篇

这一部分主要介绍常规的描述统计知识，包括统计的操作模型、关键要素和分析步骤，重点介绍常用的统计分析方法、数据可视化，以及数据解读，帮助读者提取业务规律和业务特征，发现业务短板，进而利用数据来支撑业务和管理决策。

第 IV 部分：影响因素分析篇

这一部分主要介绍不同的影响因素分析。影响因素分析，也叫作相关性分析，用来探索多个事物之间的相互影响、相互制约、共同变化的关系。这些分析方法，可以帮助我们做根因分析，以及寻找影响业务的关键因素，也可用在数据建模时的特征选择。

第 V 部分：统计推断分析篇

这一部分主要介绍常用的推断型分析方法。统计推断，即研究如何利用有限的样本数据来推断总体特征的方法。了解随机变量在不确定性中的确定性（统计规律），可掌握各种事件发生的概率分布特征，并利用事件概率来进行业务判断和决策，比如实现参数估计和假设检验等，这在制造业的产品质量评估、保险精算等方面使用较多。

读者对象

本书不是学术著作，本书的写作目的在于指导应用，帮助读者把理论知识应用于真实的业务场景，解决实际的业务问题。

本书基于业务问题，就如何搭建分析框架，厘清分析思路，按照标准分析步骤对数据进行恰当的预处理，选择合适的分析方法和分析模型，使用恰当的分析工具对数据进行分析，以及对分析结果进行可视化和符合业务要求的解读等内容展开讲解，致力帮助业务专家做出合适的业务判断，制定准确的业务策略。

所以，本书适合于要用数据来解决实际业务问题的人员，包括但不限于以下群体。

①业务线人员：需要用数据的思维来解决业务决策的问题；

②业务支撑部门：需要利用数据来支撑企业运营、市场营销策略制定；

③数据分析部门：需要掌握数据分析必备技能（分析方法、分析模型、可视化）。

工具要求

本书中的案例大多数都使用以下常用的分析工具。

（1）Microsoft Office Excel 2016 及以上版本。

在使用前，需要将菜单专门加载到 Excel 中，具体操作过程和图示如下。

- ①单击"文件"，在弹出的窗口中，②单击"选项"，就打开了"Excel 选项"。
- ③单击"加载项"，④单击"转到"按钮，于是弹出"加载项"窗格。
- ⑤在"可用加载宏"中，勾选"分析工具库"，⑥单击"确定"按钮，就可在"数据"主菜单中看到"分析"子菜单。

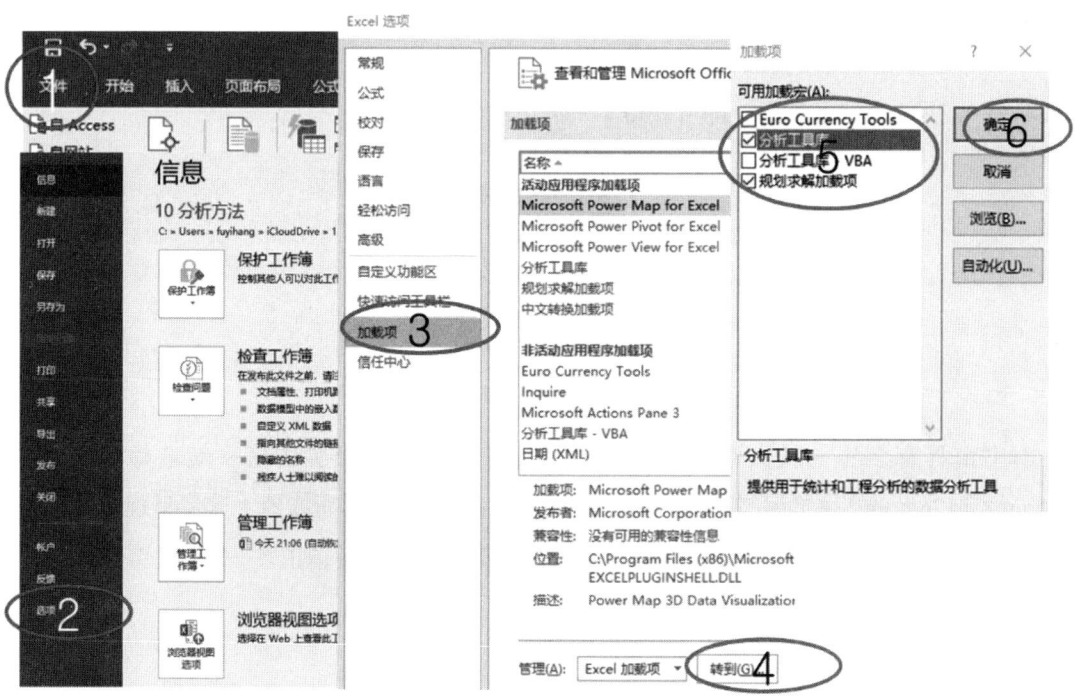

（2）IBM SPSS Statistics v25 及以上版本。

学习方法

知识本身是结构化、体系化的,所以,学习也要系统地进行。

为了能够让读者更快地掌握数据分析技术,本书遵循"基本流程+基础知识+方法原理+操作步骤+案例应用"的框架来进行讲解,理论知识需要结合分析工具来完成整个数据分析的过程,这样才能够由浅入深,化繁为简,将数据分析技术呈现给读者。

在每部分或每章的前面,本书都会重点罗列相应的要点,包括数据分析过程、数据分析框架、数据建模流程、数据挖掘标准流程等。这是知识纲领,它总领了所有知识和技能的框架,必须重点掌握和理解。只有脑子中有框架,做事才会有条不紊,学到的知识才会散而不乱,并且将其有条理地存储在合适的位置,方便在需要的时候快速提取出来。

对于不同的分析方法和分析模型,要理解其含义和基本原理,了解其应用场景。所有的方法和模型,本书都列出了详细的操作步骤,希望大家能够跟着操作一遍,加深印象。对于工具输出的结果要理解和掌握,学会解读模型的含义。

赠送资源

本书附赠全书案例数据源文件,读者可以扫描下方二维码关注"博雅读书社"微信公众号,输入本书 77 页的资源下载码,即可获得本书的下载学习资源。

博雅读书社

本书由具有多年一线大数据分析实战经验和教育培训经验的傅一航老师(联系邮箱 fuyihang8@126.com)执笔编写。在本书的编写过程中,作者竭尽所能地为读者呈现最好、最全、最实用的内容,但仍难免有疏漏和不妥之处,敬请广大读者不吝指正。

读者邮箱:2751801073@qq.com。

目录 Contents

第 I 部分 数据决策理论篇

第 1 章 从 0 到 1 解构大数据 002

- 1.1 数字化背景 002
- 1.2 大数据的三层认知 003
- 1.3 什么是大数据 005
- 1.4 大数据十字特征 006
- 1.5 DIKW 体系 009
- 1.6 数据的本质 010
- 1.7 大数据不在于大，而在于全 011
- 本章小结 》........ 013

第 2 章 数据决策的底层逻辑 014

- 2.1 数据的决策逻辑 014
- 2.2 探索规律，按照规律来决策 015
- 2.3 发现变化，找到短板来决策 017
- 2.4 厘清关系，找影响因素做决策 020
- 2.5 预测未来，通过预判来决策 022
- 本章小结 》........ 024

第 3 章 数据决策环节 025

- 3.1 数据决策路径 025
- 3.2 业务数据化 026
- 3.3 数据信息化 027
- 3.4 信息策略化 028
- 3.5 案例：赚差价的营业员 028
- 本章小结 》........ 030

第 II 部分 数据分析基础篇

第 4 章 数据分析概述 032

- 4.1 认识业务分析阶段 032
  - 4.1.1 现状分析 033
  - 4.1.2 原因分析 033
  - 4.1.3 预测分析 033
- 4.2 了解数据分析方法 034
  - 4.2.1 描述性分析 034

	4.2.2	诊断性分析 034		4.3.2	第2步：收集数据 038
	4.2.3	预测性分析 035		4.3.3	第3步：整理数据 039
	4.2.4	推断性分析 035		4.3.4	第4步：分析数据 040
	4.2.5	专题性分析 035		4.3.5	第5步：呈现数据 043
4.3	熟知数据分析过程 035			4.3.6	第6步：形成结论 044
	4.3.1	第1步：明确目的 036		本章小结 》 045

第5章　数据分析框架　　　　　　　　　　　　　　　　046

5.1	数据分析思路 046		5.4.1	WHY 056
5.2	精准营销分析框架（6R准则）........ 047		5.4.2	WHAT 056
	5.2.1 正确的客户 048		5.4.3	WHO 056
	5.2.2 正确的产品 049		5.4.4	WHEN 056
	5.2.3 合理的价格 049		5.4.5	WHERE 057
	5.2.4 最佳的时机 050		5.4.6	HOW 057
	5.2.5 合适的方式 050		5.4.7	HOW MUCH 057
	5.2.6 恰当的信息 051	5.5	零售行业指标体系 058
	5.2.7 喜爱的套餐 051		5.5.1	人（销售员、消费者）....... 058
5.3	精准营销分析过程 052		5.5.2	货（商品）......................... 059
5.4	用户行为分析框架（5W2H）........ 055		5.5.3	场（店铺）......................... 059
		本章小结 》 060

第6章　数据预处理　　　　　　　　　　　　　　　　　061

6.1	预处理任务 061		6.3.4 缺失值处理 074
6.2	数据集成 062	6.4	样本处理 076
	6.2.1 样本追加 063		6.4.1 数据筛选 076
	6.2.2 变量合并 063		6.4.2 随机抽样 076
	6.2.3 连接示例 067		6.4.3 数据平衡 077
6.3	数据清洗 068	6.5	变量处理 078
	6.3.1 重复值处理 068	6.6	质量评估 079
	6.3.2 错误值处理 069	本章小结 》 080
	6.3.3 离群值处理 070	

第Ⅲ部分
描述统计分析篇

第7章　数据统计分析基础　　　　　　　　　　　　　　082

7.1	认识数据集 082	7.1.2 数据存储类型 083
	7.1.1 数据集格式 082	7.1.3 数据统计类型 084

7.2 统计分析基础 085
    7.2.1 操作模式 085
    7.2.2 关键要素 086
    7.2.3 三个操作步骤 087
    7.2.4 透视表组成结构 088
7.3 常用统计指标 089
    7.3.1 集中趋势 090
    7.3.2 离散程度 092
    7.3.3 分布形态 094
    7.3.4 统计汇总函数 096
本章小结 » 097

第8章　数据统计分析方法　　098

8.1 对比分析法 098
    8.1.1 案例：用户特征分析 099
    8.1.2 案例：增量不增收 100
    8.1.3 统计分析思路框架 102
8.2 结构分析法 103
    8.2.1 案例：静态结构分析 104
    8.2.2 案例：动态结构分析 104
    8.2.3 案例：财务结构分析 105
8.3 分布分析法 106
    8.3.1 案例：运营商用户消费分布 107
    8.3.2 案例：银行用户消费分析 107
    8.3.3 案例：运营商流量分布 109
8.4 趋势分析法 110
    8.4.1 案例：手机销量淡旺季 110
    8.4.2 案例：订单需求的周期性 111
    8.4.3 案例：破解零售店的销售规律 112
8.5 交叉分析法 113
    8.5.1 案例：各区域产品销量 113
    8.5.2 案例：产品偏好分析 114
    8.5.3 案例：违约影响因素分析 117
8.6 杜邦分析法 120
    8.6.1 案例：净资产收益率分析 121
    8.6.2 案例：市场占有率分析 121
    8.6.3 案例：销售策略分析 122
8.7 漏斗分析法 122
    8.7.1 案例：电商转化率分析 123
    8.7.2 案例：消费者行为分析模型 125
本章小结 » 126

第9章　数据的可视化分析　　127

9.1 绘图基本原则 127
9.2 柱形图 128
    9.2.1 简单柱形图 128
    9.2.2 复式柱形图 129
    9.2.3 堆积柱形图 129
    9.2.4 百分比堆积柱形图 130
    9.2.5 画图原则 131
9.3 直方图 131
    9.3.1 分布形态 132
    9.3.2 溢出值考虑 133
    9.3.3 多组直方图 134
    9.3.4 画图原则 134
9.4 箱形图 135
    9.4.1 简单箱形图 135
    9.4.2 分组箱形图 136
    9.4.3 画图原则 137
9.5 饼图 137
    9.5.1 简单饼图 137
    9.5.2 复合饼图 138
    9.5.3 画图原则 138
9.6 瀑布图 139
    9.6.1 结构瀑布图 139
    9.6.2 变化瀑布图 140
    9.6.3 画图原则 141
9.7 折线图 141
    9.7.1 简单折线图 141
    9.7.2 多折线图 141
    9.7.3 画图原则 142
9.8 散点图/气泡图 142
    9.8.1 散点图 142
    9.8.2 气泡图 143
    9.8.3 画图原则 143

9.9 漏斗图 144
    9.9.1 漏斗图介绍 144
    9.9.2 画图原则 144
9.10 象限图 144
    9.10.1 象限图介绍 145

9.10.2 画图原则 145
9.11 帕累托图 145
    9.11.1 帕累托图介绍 145
    9.11.2 画图原则 146
本章小结 146

第IV部分
影响因素分析篇

第10章 相关分析　　148

10.1 影响因素分析 148
10.2 相关分析 150
    10.2.1 相关分析种类 151
    10.2.2 散点图 151
    10.2.3 相关系数 153
    10.2.4 显著性检验 154
10.3 简单相关分析步骤 155
    10.3.1 第1步：绘制散点图 156
    10.3.2 第2步：计算相关系数 157
    10.3.3 第3步：显著性检验 158
    10.3.4 第4步：进行业务判断 158

10.4 三种相关系数 158
    10.4.1 Pearson 相关系数 159
    10.4.2 Spearman 相关系数 160
    10.4.3 Kendall 相关系数 161
10.5 相关系数的选择 164
10.6 案例：消费水平影响因素分析 ... 165
10.7 偏相关分析 167
    10.7.1 偏相关概念 168
    10.7.2 计算公式 168
    10.7.3 显著性检验 168
    10.7.4 案例：消费水平的偏相关分析 ... 169
本章小结 170

第11章 方差分析　　171

11.1 方差分析的基本知识 171
    11.1.1 基本原理 172
    11.1.2 方差分析前提条件 178
11.2 方差分析类别 179
11.3 单因素方差分析 179
    11.3.1 单因素方差分析步骤 179
    11.3.2 案例：单因素方差分析应用 180
11.4 多因素方差分析 183
    11.4.1 基本原理 183

    11.4.2 案例：营销广告策略分析 186
    11.4.3 案例：消费水平的影响因素分析 189
11.5 协方差分析 193
    11.5.1 基本原理 193
    11.5.2 案例：生猪饲料效果差异性评估 194
    11.5.3 案例：消费水平的影响因素分析 195
本章小结 197

第12章 列联分析　　198

12.1 列联分析的基本知识 198

    12.1.1 列联表 199

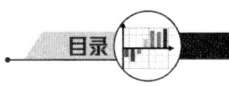

|　　12.1.2　期望值 199
12.2　卡方检验 200
12.3　列联分析步骤 201

12.4　案例：客户流失的影响因素分析 201

本章小结 205

第 V 部分
统计推断分析篇

第13章　概率论基础　　　　　　　　　　　　　　　　　207

13.1　基本概念 207
13.2　概率分布 209
13.3　离散型概率分布 210
　　13.3.1　概率分布表示 210
　　13.3.2　伯努利分布 212
　　13.3.3　二项分布 212
　　13.3.4　泊松分布 216
　　13.3.5　几何分布 219
13.4　连续型概率分布 221
　　13.4.1　概率分布表示 221
　　13.4.2　均匀分布 225

　　13.4.3　指数分布 226
　　13.4.4　正态分布 229
13.5　其他常用分布 233
　　13.5.1　χ^2分布 233
　　13.5.2　F分布 236
　　13.5.3　T分布 238
13.6　随机变量的数字特征 239
　　13.6.1　数学期望 240
　　13.6.2　方差 240

本章小结 241

第14章　参数估计　　　　　　　　　　　　　　　　　　　243

14.1　抽样估计基础 243
　　14.1.1　基本概念 243
　　14.1.2　抽样方法 244
　　14.1.3　大数定律 246
　　14.1.4　中心极限定理 247
14.2　参数估计 250
　　14.2.1　点估计 250
　　14.2.2　均值点估计 252
　　14.2.3　比例点估计 253
　　14.2.4　产品寿命估计 254

14.3　区间估计 255
　　14.3.1　基本概念 255
　　14.3.2　均值区间估计 256
　　14.3.3　方差区间估计 260
　　14.3.4　比例区间估计 263
14.4　抽样误差 265
14.5　样本容量确定 266
　　14.5.1　均值评估的样本容量 266
　　14.5.2　比例评估的样本容量 267

本章小结 268

第15章　假设检验　　　　　　　　　　　　　　　　　　　269

15.1　基本思想 269
　　15.1.1　反证法 270
　　15.1.2　小概率 270

15.2　检验种类 270
15.3　基本步骤 271
15.4　显著性检验 274
15.5　常用检验统计量 277

15.5.1 均值检验 277
  15.5.2 方差检验 283
  15.5.3 比例检验 286
 15.6 两类错误 287
 15.7 案例：SPSS 中假设检验 288
  15.7.1 案例：周岁儿童身高 T 检验 288
  15.7.2 案例：信用卡消费水平 T 检验 289
 本章小结 291

第 16 章   双样本假设检验   292

 16.1 两独立样本检验 292
  16.1.1 均值差异检验 293
  16.1.2 方差齐性检验 296
 16.2 两配对样本检验 297
  16.2.1 案例：存活天数差异 298
  16.2.2 案例：施肥对幼苗成长影响 299
  16.2.3 案例：针织品断裂强力差异检验 300
 16.3 案例：Excel 中双样本检验 301
  16.3.1 案例：供应商交付周期差异评估 301
  16.3.2 案例：农作物产量差异分析 303
  16.3.3 案例：桩长度的估计值与实际值的差异评估 305
 16.4 案例：SPSS 中双样本检验 306
  16.4.1 案例：促销与非促销效果差异检验 306
  16.4.2 案例：烟龄和胆固醇关系检验 308
  16.4.3 案例：减肥茶效果检验 309
 本章小结 310

参考文献 311

第Ⅰ部分 数据决策理论篇

本篇主要从数据决策的思维及理论层面来解构大数据。

本篇主要涉及的内容如下：

（1）了解什么是大数据，弄清楚大数据的本质；
（2）理解大数据决策的底层逻辑，以及大数据的核心价值；
（3）了解大数据决策的三个关键环节；
（4）学会业务数据化，能够将业务转化为数据问题来分析。

关键词： 数据思维，数据本质，数据决策，决策逻辑。

第 1 章 从 0 到 1 解构大数据

本章导读

自从国家将大数据上升到国家战略的高度，数字化转型已经成为很多企业的重要战略目标。本章主要介绍数字化转型的背景，大数据的基本概念，以及大数据的基本特征。通过解构大数据在各个层面的应用，来帮助大家理解数据的本质，理解大数据在国家、企业各个层面的战略价值。

知识要点

通过本章内容的学习，读者能够掌握如下知识和技能：

- 理解数字化转型的技术战略；
- 熟悉大数据的基本特征；
- 理解大数据的核心本质；
- 掌握大数据在应用领域的核心观点：不在于大，而在于全。

1.1 数字化背景

2020 年 5 月 13 日，国家发展改革委官网发布"数字化转型伙伴行动"倡议。倡议提出，政府和社会各界联合起来，共同构建"政府引导—平台赋能—龙头引领—机构支撑—多元服务"的联合推进机制，以带动中小微企业数字化转型为重点，在更大范围、更深程度推行普惠性"上云用数赋智"服务，提升转型服务供给能力，加快打造数字化企业，构建数字化产业链，培育数字化生态。

众所周知，数字化转型涉及五大技术战略，简称"ABCDI"，如图 1-1 所示。

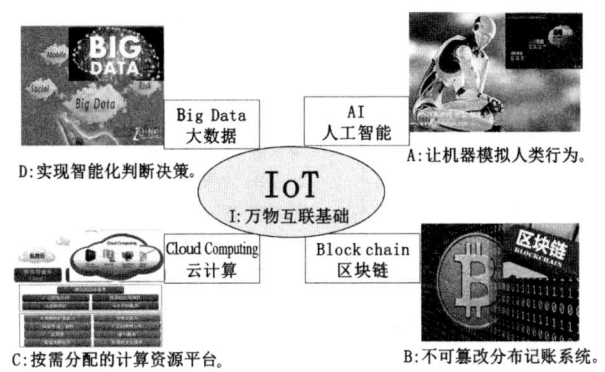

图 1-1　数字化转型涉及五大技术战略

A：人工智能（Artificial Intelligence）。其目的是使机器能够像人一样思考和行动，希望机器能够模拟、延伸和扩展人的智能行为，比如图像识别、语言识别、自然语言处理等。

B：区块链（Block Chain）。其目的是构建一个去中心化的、全局共享的、不可篡改的、分布式的记账系统，可以实现点对点安全交易。有了区块链技术，数据流之间的安全交互就有了保障。

C：云计算（Cloud Computing）。它提供了无限扩展的硬件、软件资源，使得网络计算资源像水和电一样，实现随取随用、按需灵活分配的共享模式。

D：大数据（Big Data）。其意义在于利用数据实时呈现事物的发展规律和特征，进而实现智能化的业务判断和商业决策。

I：物联网（IoT）。其目的是实现万物互联，实现任何时间任何地点的人、机、物的互联互通。比如，在制造行业，比较重视物联网的应用，有了物联网，就有了智能制造、智慧工厂的基础。

可以看出，在数字化转型的五大技术战略中，云计算（C）、区块链（B）、物联网（I），可以看成是物理的基础平台，而真正能够发挥价值、产生效益的是大数据（D）和人工智能（A）。

人工智能，是未来几十年的发展趋势，但现在正是大数据的天下。毕竟，很多人工智能的技术，都是建立在大数据技术基础之上的。

大数据的三层认知

如今，大数据已不仅仅是一个简单概念，其内涵和外延都得到了很大的扩展。其实，大数据是一个很宽泛的概念，要想系统而全面地了解大数据，可以从如下三个层面来进行，如图 1-2 所示。

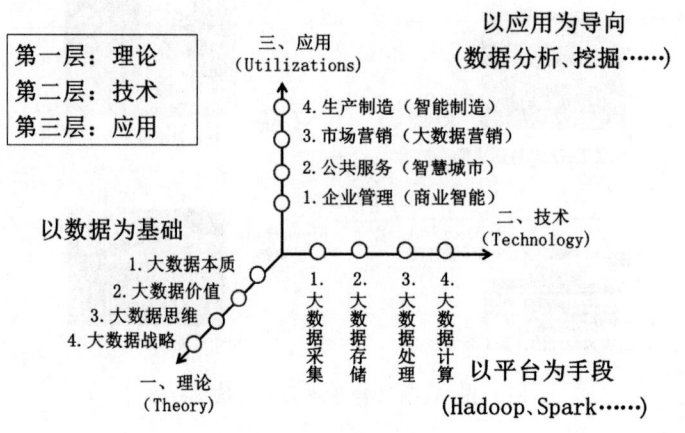

图 1-2 大数据三层认知

1. 第一层：理论层

这一层，主要是从理论上来认识大数据，理论认知是最基础的层面。什么是大数据？大数据有什么特征？大数据的核心价值是什么？

更重要的是，要理解大数据思维模式，思考为什么大数据能够支撑商业决策，它是通过什么方式做到的，以及从数据到决策的过程到底发生了什么，需要什么技能和思维逻辑。站的角度再高一点，也应思考一个企业或组织究竟应该确定什么样的大数据战略方向。

2. 第二层：技术层

这一层，指的是大数据技术，包括大数据平台技术和大数据分析技术等。技术是大数据价值体现的手段和前进的基石。这里讲的技术，重点是指大数据系统技术，涉及云计算、分布式处理技术、分布式存储技术等，术语 Hadoop、Storm、Spark 等就属于这个层面的概念。

那么，什么时候才需要关注这方面的内容呢？就是当公司的数据规模大得用单台计算机无法处理的时候，此时，就需要使用上百、上千台电脑来构建一个集群系统（大数据平台），利用大量的电脑共同来对海量数据进行存储、计算和分析。当然，如果公司的数据量很小，就没有必要去组建一个云平台。

3. 第三层：应用层

应用层，这是最高一层，数据应用才是大数据的最终价值体现。

所有的数据，不管是大数据还是小数据，目的就是解决业务问题并最终达成商业目标。所以，任何大数据都应该以应用为导向（而不仅是以技术为导向）。例如，数据分析、数据挖掘、机器学习等都属于应用技术的范畴。这些应用技术，不管是大公司还是小公司都需要掌握。比如，商业智能（BI），就是利用企业大数据来指导企业决策，让决策更科学、管理更高效、营销更精准。

而智慧城市，其核心依然是大数据。所谓智慧城市，就是要使城市管理变得更加智慧。但如何使城市管理变得智慧呢？举一个很简单的例子，就拿城市街道上红绿灯的控制来说，目前在城市的很多路口都部署有红绿灯，但每个红绿灯的时长控制基本上是固定的，比如绿灯120秒后就变成了红灯。那么，为什么是120秒而不是100秒呢？这个固定的120秒是否合理呢？绿灯的时长，应该由哪些因素来决定才最合理？当然是人流量或车流量。人流量和车流量多，绿灯时间应该变得长一些；人流量和车流量少，绿灯时间应该变得短一些。然而，人流量和车流量会随着时间的改变而改变，比如上午8:00—9:00人流量和车流量会多一些，而10:00—11:00会少一些。所以，红绿灯时长设置，需要利用大数据对人流量和车流量进行分析，然后准确地探知该路口人流量和车流量的规律，进而设置合适的时长。

在上述应用场景中，所部署的传感器和摄像头只负责采集数据及传递控制信息，而真正的判断和决策则由大数据系统来进行。所以，智慧城市的核心依然是大数据的应用，把大数据用在提升城市公共设施的服务效率和服务水平上，就是智慧城市。

目前，大数据应用得最成熟的领域是市场营销领域，特别是精准营销。几乎所有公司都要面临市场和营销的竞争，而用大数据来提升营销的精准性则成为提升品牌竞争力的核心了。

应用层，是最能体现大数据价值的一层。要想使得数据产生应用价值，就得学会数据分析技术。这一层也需要用到技术，这里把它叫作应用技术，或者分析技术（分析方法、分析模型、机器学习、数据建模等），需要采用合适的数据分析方法和分析模型，以及合适的分析工具，提取数据中包含的有用业务信息，进而支撑业务决策，最终实现商业目标。

1.3 什么是大数据

什么是大数据（Big Data）？至今也没有一个比较权威的定义。

麦肯锡公司曾给出大数据的定义：大数据是指大小超出了常规数据库工具获取、存储、管理和分析能力的数据集合。

维基百科也给出类似的定义：大数据指的是所涉及的数据量的规模大到无法通过目前主流软件工具，在合理时间内达到撷取、管理、处理并整理成为帮助企业经营决策更积极目的的资讯。

一句话，大数据就是数据量大！

大数据概念的出现，其实可以追溯到20世纪90年代。最初，大数据特指需要处理的数据量过大，其所需要的计算能力已经超出了单台计算机的处理能力，因此工程师们必须找到新的处理技术和方法，以便快速处理数据。比如，要利用上百、上千台计算机组建的集群系统，实现海量数据的分布式存储和分布式计算，这就需要新的计算系统（比如 Apache 的开源系统、Hadoop 大数据平台系统）来实现。

随着互联网的发展，数据不仅包括保存在数据库中的排列整齐的结构化数据，也包含大量的非结构化和半结构化的数据（如网页、图片、音频、视频等），这些数据也同样蕴含着重要的信息，也属于大数据的范畴。

用数据本身的特征来定义，大数据可以理解为海量数据和复杂数据，即

大数据 = 海量数据 + 复杂数据

然而，大数据并非一个确切的概念，就正如互联网的概念一样。互联网，不仅仅是一堆计算机网络，其中有更丰富的内涵。大数据，也不仅仅是数据量大那么简单。

当今，大数据只是一个泛称，它可以是一种应用场景，也可以是一种技术（分布式技术），还可以是一种方法（分析和挖掘方法）、一种工具（探索事物规律的工具），更是一种思维方式（大数据思维）。尽管无法给大数据下一个明确的定义，但这并不妨碍人们将这个概念应用到人类社会中的各个行业、领域中，以便解决生活、工作、商业中的问题。

1.4 大数据十字特征

提到大数据的特征，大家都会联想到大数据的 4V 特征，即 Volume（大容量）、Variety（多样性）、Velocity（高速性）和 Value（价值性），如图 1-3 所示。

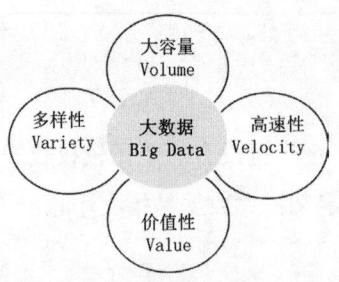

图 1-3 大数据的 4V 特征

结合我国大数据的研究，《大数据领导干部读本》一书曾概括了大数据的十字特征："大杂全多快，久活密稀联"，来区别大数据与传统数据的特征，如图 1-4 所示。

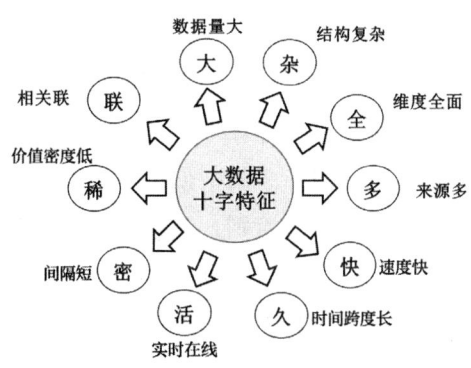

图 1-4 大数据的十字特征

1. 大——数据量大

大，指的是数据规模大，即所说的海量数据。

2012 年，Facebook 宣布其系统每天生成 25 亿条内容，上传 3 亿张照片，处理 500TB 以上新产生的数据量；2017 年，微信（WeChat）每天有 9 亿用户登录，日发送 380 亿条文字消息，其中语音消息 61 亿条，有 2 亿次视频通话，微信朋友圈日均上传图片超 10 亿张。

2. 杂——结构复杂

杂，指的是数据的存储类型多种多样，数据结构复杂。

数据的形式也是多样化的，可以是连续的数值，也可以是文字、符号（数字数据），或者声音、图像等。

传统的小数据，为了便于存储和快速处理，一般都是结构化的数据。而大数据，不仅包含了结构化的数据，更多的是非结构化和半结构化的数据，比如互联网上的文本、图片、音频、视频等，都是大数据。

3. 全——维度全面

全，指的是业务数据的多维性，即数据样本的维度较多，能够全面呈现数据对象。

比如，要了解一个用户行为，不仅要收集其基本数据（如性别、年龄、住址、联系方式），还要收集其搜索浏览数据（如百度搜索关键词、浏览网页地址），甚至交易数据（如淘宝购物数据、京东购物数据）等多个维度的数据，这样才能够全面体现用户的需求和偏好。

不过，全是一个相对的概念，绝对的全是不存在的。

4. 多——来源多

多，指的是数据的来源多。数据不仅来源于销售，也来源于生产；不仅来源于企业内部，也包含很多外部数据。实际上，单个企业一般只会基于某种业务目的来收集相应的数据。比如，销售数据只会保存在交易数据库中，而用户的浏览数据则主要来源于网站日志，这样数据的来源就比较多样化了。

5. 快——速度快

这里的快有两层意思：一是指数据产生的速度快，二是要求数据处理速度也要快。

按照"新摩尔定律"，人类每 18 个月产生的数据量相当于以前全部数据量的总和。这么快的增长速度，要求数据的处理效率也要高，否则，其数据处理的意义就不大了。

比如，在交通路口拍摄的照片需要及时传回到大数据系统中进行处理，从照片中提取出经过某个路口的车牌号、时间点等信息，以便公安或交警部门快速地定位违法车辆，必要时进行拦截。如果处理的速度不够快，产生数据时效性差，那么数据分析后的结果就意义不大了。

6. 久——时间跨度长

久，指的是大数据的时间范围要足够长。时间越长，就越能发现事物的长期规律。

比如，全球的经济危机，其爆发的周期约为 10 年，即每隔十年左右才会发生一次。如果收集的数据时间跨度太短，是不太可能从数据中发现这样的长周期性规律的。

7. 活——实时在线

活，指的是数据的实时性，要求数据是实时在线的，能够随时查看和计算。

比如，交通行业要求的大数据要能够实时在线处理，以呈现实时路况，这样才能有效地利用大数据及时发现拥堵，并指导车辆分流，规避拥堵。

8. 密——间隔短

密，指的是收集数据的时间间隔或地域间隔要足够短，这样才能准确地用来描述业务的情况。

比如，公交车上的 GPS 数据，其两次上报的时间间隔要足够短，其位置间隔也要足够短，这样才能用于精确定位，数据才有实用价值。

9. 稀——价值密度低

稀，指的大数据的价值密度低，即有价值数据的比例比较小。

特别是一些监控视频数据，其中真正有价值的数据也许只有 1~2 秒。但是，为了得到这几秒有价值的信息，却必须保存大量的视频数据。正如有人自我揶揄说，为了提炼一点点金子，却需要保存整个沙滩。

10. 联——相关联

联，指的是数据之间的相关性。万事万物都是有某种联系的，体现在数据上就是数据与数据间的相关性，以此可以探索业务各种因素之间的相互影响关系。

这十个字，分别从数据的特征、数据的采集、数据的处理要求，以及数据分析等不同的角度来描述大数据，是比较全面的，具体概括如下表所示。

数据十字特征

比较维度	特征字	含义
数据特征	大	数据规模大，海量数据
	杂	数据结构复杂
数据采集	久	采集的时间跨度足够长
	密	采集的间隔要足够短
	多	采集的来源多样化
处理要求	快	处理的速度足够快
	活	数据要实时在线
数据分析	全	数据的维度要全面
	稀	数据的价值密度低
	联	数据间有相关性

1.5 DIKW 体系

为什么大数据的应用能够如此广泛呢？这要回到数据的本质了。早在 1989 年，管理学家罗素·艾可夫（Russell L. Ackoff）就撰写了《从数据到智慧》(*From Data to Wisdom*)，系统地构建了 DIKW 体系，如图 1-5 所示。

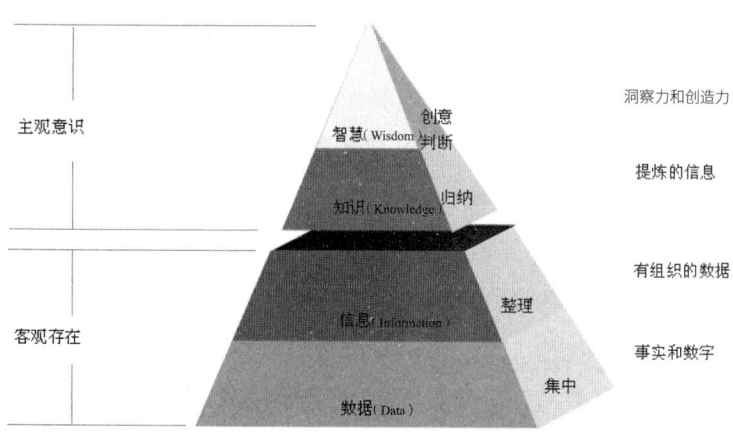

图 1-5　DIKW 体系

第一层：数据（Data），是对客观事物的描述和记录，是事实；
第二层：数据经过分析和整理，就形成了对业务的认知，这就是信息（Information）；
第三层：信息经过提炼和系统化，就形成了领域知识（Knowledge）；

第四层：领域知识得到应用，用于判断、决策和创新，就是智慧（Wisdom）。

所以，数据及数据呈现出来的业务信息，是客观的存在；而知识和智慧是主观的意识。客观和主观本为一体，只是呈现的方式不一样而已。

数据就是信息，数据就是知识，数据就是智慧，数据的重要性不言而喻。

1.6 数据的本质

一切事物的活动都会留下痕迹。这种痕迹，在大数据时代，被称为"数据痕迹"。

数据，其本质是对客观事物的描述和记录，它记录了一个客观事物的属性、状态和发展变化。

- 销售数据，记录的是客户购买行为、产品受欢迎程度等情况。
- 财务数据，记录的是企业的资金流向、收入状况，以及资金合理性等情况。
- 工厂数据，是对生产流程、工作状况、制造工艺、设备故障等的描述。
- 交通数据，是对居民分布、人员流向、道路状况、运力调配等情况的反映。
- ……

再比如，要想弄明白一个人的兴趣和爱好，就可以收集他在百度上搜索过什么关键词、在今日头条上阅读过哪类资讯、浏览过哪些网站等这些数据。

要想了解客户的消费能力，则可以查看他的存款、每月的工资收入，或者他买过的产品的价格档次等数据。

同样，要知道他去了哪里，则可以收集车票、机票、酒店订单和景点门票等数据，最直接的方法是查看手机的 GPS 位置数据，它能够直接体现位置信息。

可见，数据描述的是客观事物的信息。要想了解一个事物，只需要收集这个事物留下的数据并进行数据分析，那么就有可能把握这个事物的发展规律和特征。

所以说，数据是探索事物规律和特征的一个高效工具。为什么说是"高效"工具呢？因为要了解一个事件，如果采用传统的方式，则需要亲力亲为，需要还原事件的来龙去脉，但是大数据却抛开了时间和空间的局限性，只凭数据就能够了解事件了。

如图 1-6 所示，想了解用户的兴趣爱好，只需要收集百度上用户浏览过的数据即可；想了解用户的产品偏好，只需要收集用户在京东上搜索过什么产品，以及在广告页上停留的时长即可。

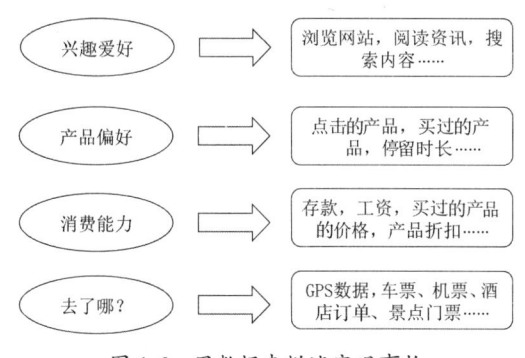

图1-6 用数据来描述客观事物

所谓的大数据驱动社会变革，也不外乎是用大数据来探索社会发展的规律和社会问题，包括政治、经济、教育、医疗、就业等公共服务和管理。

所谓的大数据驱动商业变革，不外乎就是用大数据来探索商业运行规律和商业问题，包括管理、客户、市场、生产、营销等问题。

比如，通过对客户基本数据的分析，就可以得到客户的典型特征，从而根据客户特征设计出有针对性的产品，制定与客户相匹配的营销策略。

比如，通过对客户浏览数据的分析，就可以得到客户的兴趣爱好、产品偏好，从而实现精准化的广告投放及精准化的产品推荐。

比如，通过对用户订单数据的分析，可以实现产品的灵活定价策略、产品功能的优化，以及制定合理的销售目标，来提升企业利润。

所以，不管是大数据，还是小数据，从应用层面来看，其本质都是一样的，都是用来探索事物的规律和发展变化的。那大数据和小数据最大的区别在哪里呢？其实，它们的区别是从技术层面来看的，用单台电脑和用多台电脑来处理数据，其技术需求和实现是不一样的。

但是，从应用层面来看，大数据讲的不仅是数据量的问题，更强调从多个维度、多个角度、多个层面来收集事物留下的痕迹，从而能够全面系统地呈现事物的所有发展和变化规律，这是以前小数据做不到的。

总之一句话，大数据不在于大（量大），而在于全（多维度、全方位）。

1.7 大数据不在于大，而在于全

大数据，从字面上看，指的是数据量大，但一个大字并不能体现大数据的全部含义。大，并不是大数据最核心的特征。比起大数据的大，更重要的是大数据的"全"！

大，主要是指数据量大，数据规模大；全，指的是数据要全面，考虑的数据维度要足够多。

比如，要对客户的需求进行分析，按照以往的思路，只会收集用户在各商场或者电商平台上购买过的产品信息。但是，在大数据时代，要分析客户的需求，则需要从更多的维度来进行分析，如图 1-7 所示。通过在百度上看他搜索过什么关键词，来评估他的兴趣是什么；在今日头条上，看他阅读过什么资讯，来评估他的爱好是什么；在京东上，看他浏览过什么商品，来评估他的产品偏好，看他在产品的广告页面前停留了多长时间，来判断他购买的可能性，停留时间越长，说明他对产品的兴趣就越大，他购买此产品的可能性就越高；看他常用哪些 App 和网站，来评估他的渠道偏好；还需要查看银行里的存款，或淘宝上的客单价，来评估他的消费能力和消费层次；甚至还可以从他的社交关系中来评估他最有可能的行为倾向；等等。

这，才是真正的大数据！

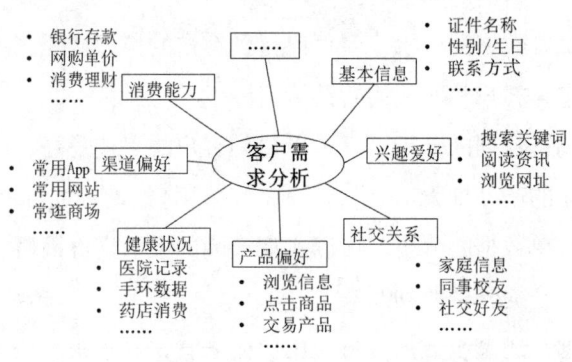

图 1-7　大数据的全面性

比如，有些企业采用轮岗制来培养高管，目的是让高管在不同的岗位和领域上有深刻的理解和管理实践，培养他们全局性、系统性的思维。大家都知道，高管要做的决策，一定是全局最优的；而部门领导做决策，一般只能是局部最优的。显然，要做出全局最优的决策，要求信息来源一定是全面的、系统的、多方位的。

所以，大数据最重要的特征不在于大，而在于全！

大数据，就是要强调从多维度和全方位来对一个客观事物进行分析和了解，实现对事物的全面把握和系统了解，这样才能提出全面准确的业务建议和策略。否则，不管数据量有多大，如果分析维度不足，那么，提出的业务建议也可能是局部和片面的。

例如，同样是对销量指标进行分析，如果分析的维度不一样，所得到的信息也是不一样的，如图 1-8 所示。

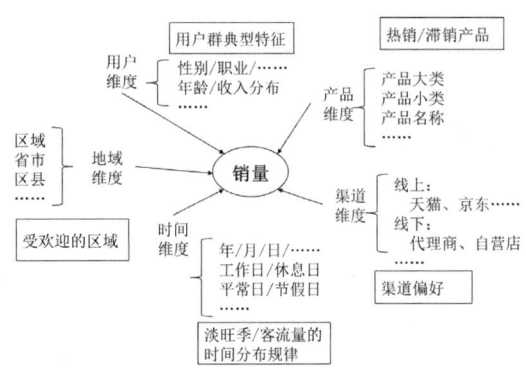

图1-8 大数据的多维性

当从产品维度来统计，可以看出哪些是热销产品，哪些是滞销产品。

当从渠道维度来统计，就知道不同的渠道，适合于推广不同的产品。

当从时间维度来统计，就知道销售淡旺季，以及客流量在时间上的分布规律。

当从地域维度来统计，就能看出哪些区域是热点，哪些区域存在销售机会。

当从用户维度来统计，就知道客户群的典型特征是什么，即给客户画像。

……

本章小结

本章主要介绍了大数据的本质，介绍了大数据的基本特征。

从应用层面看，大数据和小数据最大的区别不是数据量的大小，而在于大数据更强调全方位和多维度地利用数据来了解事物。

数据量的大和数据维度的全，是不一样的。一般情况下，数据量越大，得到的业务结论就越准确；而数据维度越全，就越能得到全新的业务信息。

从应用层面来看，与其追求数据量的大，不如追求数据维度的全，这样更能够做出全面准确的业务决策。所以，大数据，更强调思维的完备性和全面性！

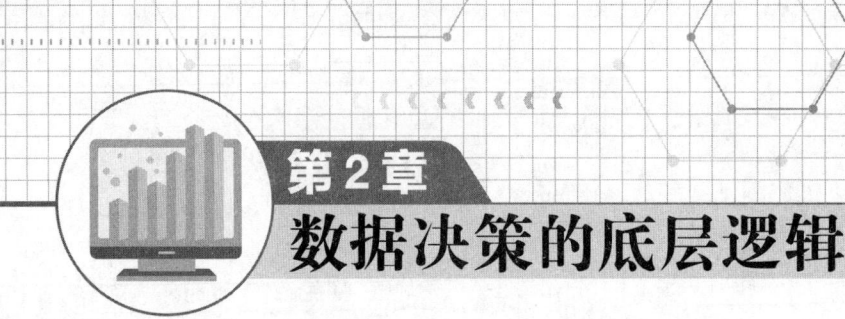
第2章 数据决策的底层逻辑

本章导读

众所周知，数据能够帮助用户做企业管理决策、业务决策，以及市场营销决策。但是，数据为什么能够助力用户做决策？数据决策的底层逻辑是什么？本章将带领大家一起来探索数据的决策思维。

知识要点

通过本章的学习，读者应掌握数据决策的四大底层逻辑：

- 探索规律，按照规律来做决策；
- 发现变化，找到短板来做决策；
- 厘清关系，找影响因素做决策；
- 预测未来，通过预判来做决策。

2.1 数据的决策逻辑

数据的价值，在于帮助大家做业务决策。要利用数据做决策，需要明白数据决策的底层逻辑是什么。接下来将介绍数据决策的四大底层逻辑，如图 2-1 所示。

（1）探索规律：用数据来探索事物运行规律和特征，按照规律来决策。

（2）发现变化：用数据来探索业务变化和业务问题，寻找短板来决策。

（3）厘清关系：用数据来寻找影响业务的关键因素，找到根因来决策。

（4）预测未来：用数据来预判业务未来的发展趋势，判断趋势来决策。

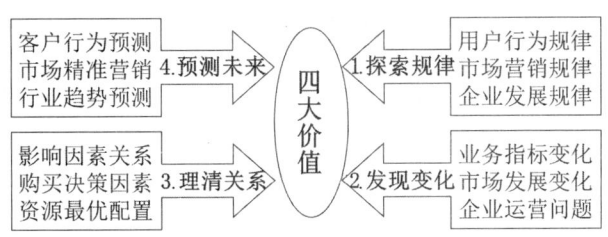

图 2-1　大数据决策的底层逻辑

下面将按照四大底层逻辑的顺序为大家举一些案例，看如何利用大数据来实现业务决策。

2.2　探索规律，按照规律来决策

利用大数据来探索业务运行的规律和特征。

1. 客流量在时间上的规律

如图 2-2 所示，将某零售商一年的销量数据，按照时间维度（一周七天）进行统计分析，把每天的平均销量统计出来，并画成柱形图。

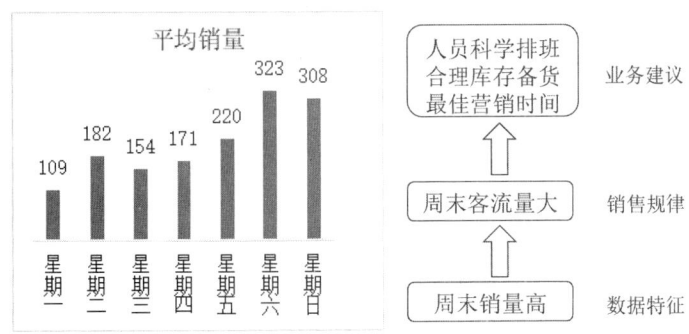

图 2-2　用销量来探索客流规律

（1）数据特征。

从数据的特征可以看出，一周之内，产品的销量基本上是随着时间在逐步上升的，特别是周末的产品销量比较高，即非工作日比工作日的产品销量要高，这是绝大多数零售店的销售规律，即"周末是交易高峰时间"。

（2）销售规律。

销量高，在销售规律上意味着什么呢？这可以理解为客流量的规律，即周末上街购物的人数比工作日要多。所以，从业务角度看，就发现了客流量在时间上的分布规律。

（3）业务建议。

基于销量数据，发现了客流量在时间上的分布规律后，自然就可以提出如下业务建议或策略。

①在人力安排上，周末需要更多的销售员工上班，才能保证服务质量。根据图 2-2 所示销售数据，周末排班至少要是平时排班的 2~3 倍以上。

②在库存管理上，需要在周四或周五就要检查库存，完成备货，确保有足够的产品在周末售卖。

③在营销时间上，促销活动最好安排在周末，因为客流量大。周末促销，才能达到更好的品牌宣传效果和销售业绩。

综上所述，进行一个很简单的统计分析，就能够做出几个有针对性的业务决策和建议。但决策是怎么做出来的呢？以前，是人凭经验做决策，即所谓的拍脑袋做决策，而所谓经验，指的就是人们头脑中形成的模糊的对业务规律和业务特征的认知。而现在，有了大数据，经验（业务规律）就不再模糊，而是有了量化的呈现。

所以，用大数据来决策的底层逻辑其实是这样的：先利用数据来探索业务的发展规律和特征，再利用业务规律来做决策，即：数据特征→业务规律→业务决策。

万物皆有规律。大到天体运行，中到社会发展，小到原子和分子的运行，都是有规律的。而人类的行为，包括客户的购买行为，也是有规律的，大数据就是探索事物规律的一个有效工具。

2. 致命交通事故的规律

讲到事物规律，澳大利亚有个保险公司，曾收集了过去几十年来车险的理赔数据来做分析，如图 2-3 所示他们发现，致命交通事故也是有规律的。

- 从时段上看，每天 15:00—21:00 是事故的高发时段，周末的话，还要延长到午夜。
- 从一周来看，周五、周六、周日是事故高发日，特别是"黑色的星期六"。
- 最恐怖、最致命的时间段是周末的 0:00—3:00，事故次数高达一千多起。

	星期一	星期二	星期三	星期四	星期五	星期六	星期日	总计
0:00-3:00	316	270	328	422	525	1024	1072	3957
3:00-6:00	245	221	259	276	337	614	635	2587
6:00-9:00	451	388	400	428	429	378	324	2798
9:00-12:00	420	409	373	395	452	493	392	2934
12:00-15:00	572	542	493	524	622	669	559	3981
15:00-18:00	687	677	663	659	767	791	700	4944
18:00-21:00	627	594	628	680	807	884	768	4988
21:00-24:00	448	484	540	592	892	880	523	4359
时间不明	31	30	40	28	36	53	31	249
总计	3797	3615	3724	4004	4867	5786	5004	30797

图 2-3　致命交通事故的规律

这家保险公司还发现，汽车颜色与事故发生率也是有关系的，如图 2-4 所示。银白色汽车中，只有 0.50% 的车有过车险理赔；而黑色汽车中，有 2.00% 的车有过车险理赔。

保险公司进一步对理赔金额作了分析。他们发现，开银白色汽车的人，即使有车险理赔，人受伤的程度也比较轻，即理赔的金额也比较低；而开黑色汽车的人，一旦有车险理赔，人受伤的程度相对比较重，而理赔的金额也比较高。

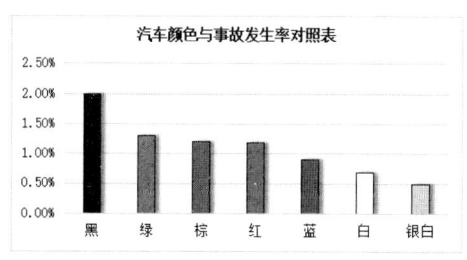

图 2-4　汽车颜色与事故发生率

这就是大数据决策的第一个底层逻辑：探索规律，按规律做决策。

只有按规律办事，因势利导，才能够达到事半功倍的效果。而大数据，是探索业务规律的有效工具和手段。

2.3 发现变化，找到短板来决策

利用大数据可以发现业务运行的变化、短板和问题。

1. 发现营业员销售模式短板

在零售行业，经常要对销售规律进行探索。如图 2-5 所示，某零售店对近几年的产品销售数据，按照时间粒度（日）作了趋势分析。

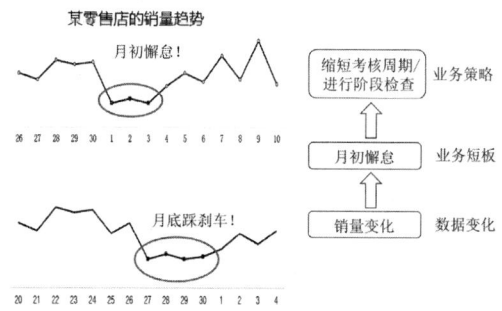

图 2-5　通过销量变化寻找业务短板

（1）看数据变化。

先看上面一个折线图，可以观察到，月初的销量比其他时间点的销量要偏低。其实，这在零售店是一个普遍的规律，即月初销量都有不同程度的降低，这是为什么呢？

有很多人可能认为，销量降低的原因在于消费者；消费者是月光族，到了月初没有钱了，所以买东西就少了。事实上，这种认知看起来有道理，其实并不正确（比如，有的公司是月末才发工资的）。

（2）找业务短板。

经过深入的分析，发现月初销量偏低的原因在于营业员。准确地讲，是考核周期导致的。大家都知道，一般企业都是按照自然月来考核的。在月初的时候，上个月的考核已经结束了，再怎么努力也无法改变了，而新的考核还没有到来，所以，在月初这段时间，由于营业员没有考核压力，往往在心态上会比较放松，体现在销量上就是下降。这种现象，称为"月初懈怠"。大家应该能够体会到，如果月初去逛商店，一般营业员就（相对）不会很热情，不像在月底的时候，营业员往往会跟在客户后面介绍和推荐商品。

（3）定业务策略。

那如何解决这个问题呢？

显然，这种异常数据的出现，是由考核周期引起的。其解决方案自然是考虑缩短考核周期，比如，按旬或按周考核，这样就可以将销售压力传递给销售员，迫使他们保持旺盛的销售激情。或者，将目标分解和细化，设置几次阶段性检查点，以确保在相应的时间点完成相应的任务，这样也可以确保完成最后的目标。

在企业管理中，经常要考虑这种改进的管理模式。比如，领导安排下属在一个月内完成某个任务（比如写一个方案文档），并不是要等到月末才去检验下属的完成情况，而是会设置几个检查点来进行跟踪。比如第一周，要求下属完成方案的30%~50%（主要考虑可行性，确定备选方案），第二周完成方案的70%~80%（重点考虑备选方案的主要实现步骤和流程），第三周完成100%的初稿（完成方案的其他细节，然后进行评审），第四周对方案进行优化和完善。这样做才能够保证方案的质量和可行性。

观察下面折线图也会发现，在月末的时候同样出现销量明显下滑的数据。很显然，这种数据变化，往往会出现在业绩提前完成的时候。当业绩提前完成了，营业员巴不得客户这个月不要再来，等到下个月再来，这才是最好的。这种情况，称为"月底踩刹车"，即销售员故意压低销量的情况。这也有可能跟业绩考核方式有关系，需要进一步调整或优化考核的方式。

所以，通过对数据进行分析，可以基于数据变化来探知业务的变化，找到业务短板，再给出相应的应对策略。在企业管理中，用到这种决策逻辑最典型的就是运营分析。通过大量的

KPI指标来呈现业务运营各个环节的发展情况,以便找到需要改进的业务环节,并做出优化建议。一般来说,数据指标有异常,就说明相应的业务环节出了问题,需要找到改善和优化该环节的业务策略和建议。

世界是物质的,而物质是运动的,变化包含在事物的本质之中。一切事物都在运动变化,对大数据领域来说,事物的所有这些运动变化是可以被探知的。

2. 工序信号变化与设备故障预警

在制造行业,也有类似的决策过程。

某世界500强企业,生产纸尿裤,市场份额超过100亿美元。为了应对旺盛的市场需求,公司对原来的生产设备进行改造,全部采用全自动一体化的设备来提高产能。但这产生了一个新的问题:若某一道工序出错,则会导致整条生产线都被迫异常停机,这反而降低了生产效率。为了解决这个问题,公司开始对生产线进行监控,将每道工序的控制信号和运行状态数据都采集下来(如图2-6所示),记录下正常的序列特征,并跟踪每个时刻工序的波动变化;当工序的变化超出正常波动范围时,则马上进行设备异常报警,这样方便运维人员提前干预,检修并更换零配件。这样一个简单的调整,就实现了近乎零的异常停机时间,直接减少经济损失高达4.5亿美元。

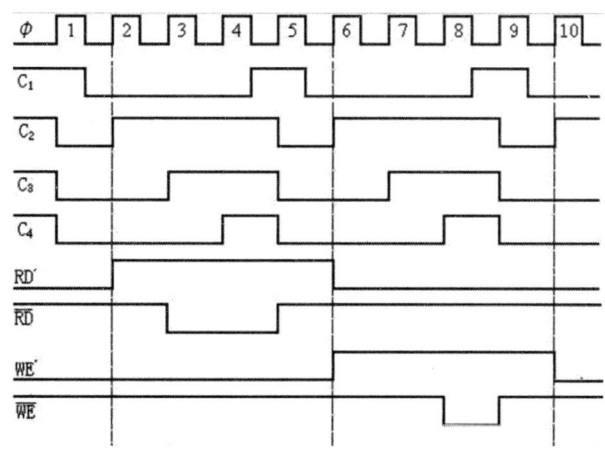

图2-6 工序信号变化与设备异常

这就是大数据决策的第二个底层逻辑:发现变化,找短板来做决策。

数据的变化,就意味着业务的变化。大数据,是及时发现事物变化,找到业务短板的一个有效的工具和手段。

2.4 厘清关系，找影响因素做决策

利用大数据，可以发现事物各种要素之间的关系。

1. 情绪与股票的关系

美国印第安纳大学的教授约翰·博伦（Johan Bollen）等人，曾发表了一篇文章《Twitter 情绪预测股票市场》。这些教授们想弄清楚到底是什么因素在影响股票的涨和跌，以及能否预测股市的涨或跌。于是，他们收集了 2008—2010 年在 Twitter 上发表的上亿条推文，然后构建了一个数据模型。该模型根据推文的字词来推测用户的情绪，并将其量化为一个情绪数值。一个用户，就有一个情绪指标，然后他们把当天发表推文的所有用户的情绪指标综合起来，形成了一个综合性的情绪指数。最后，再按照时间，把客户群的综合情绪指数连接起来，就形成了一条情绪曲线。最终把这条情绪曲线和道琼斯指数曲线进行比对，即作相关性分析。模型经过不断优化，最终，他们得到了如图 2-7 所示的两条曲线。

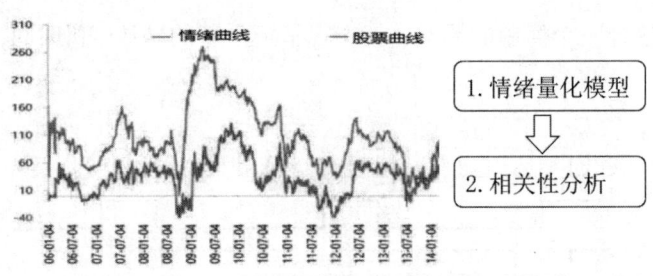

图 2-7　情绪与股票指数的相关性

下面，描述一下大数据炒股的数据逻辑过程。

（1）利用数据判断相关性。

观察上述情绪曲线和股票曲线，会发现情绪曲线的波动居然和股票曲线的涨跌有着惊人的一致性。用大数据的技术语言来说，就是情绪指数与股票指数具有相关性。

但问题是，到底是情绪在影响股市，还是股市在影响情绪？哪个是因，哪个是果呢？

（2）寻找股票涨跌的影响因素。

仔细观察，会发现图中的情绪曲线与股票曲线并不是完全重叠的。多数情况下，情绪曲线的波动，发生在股票曲线波动之前一点点。这说明，更有可能是情绪在影响股市，情绪是因，而股市是果，情绪变化有可能是影响股票涨跌的重要因素。

而且，教授们进一步验证过，当把情绪曲线往后移 3~4 天以后，再计算情绪指数和股票指数的相关系数，此时相关系数达到最大值，也就是说，此时情绪的波动和股票的涨跌就基本上吻合了。

（3）进行业务决策。

后来，美国华尔街有一家叫作德温特的资本公司（Derwent Capital Market），看到这篇文章后，利用计算机程序开发出这样一个大数据系统，专门对 Twitter 和 Facebook 上的社交数据进行分析，提炼用户情绪，再利用数据指导他们进行股票和基金的买卖，据说赚了不少钱。

利用情绪来初步判断股票的涨跌，这开启了大数据炒股的新时代。

2. 阿里巴巴预测经济危机

无独有偶，在国内，阿里巴巴也曾利用相关性成功地预测了 2008 年经济危机的到来。

大家都知道，阿里巴巴拥有海量的交易数据，他们是靠交易提成来盈利的；除了交易数据，还有一类重要的数据就是询盘数据，即用户登录、浏览、搜索、点击等数据。询盘数据不是真实的交易，却反映了用户对商品的兴趣和购买的可能性。

阿里巴巴的数据分析人员发现，询盘量和交易量之间存在正相关的关系（也就是访问量越大，交易量相对也越高），同时还发现询盘量的波动与交易量的波动之间，还存在 3~4 个月的时间差（特别是 ToB 业务），如图 2-8 所示。

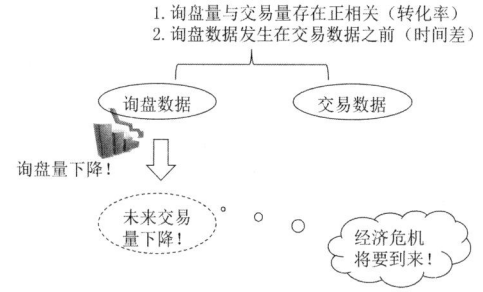

图 2-8　交易数据与询盘数据的相关性

在 2008 年年初，阿里巴巴的数据分析人员发现，询盘量已经持续 3 个月都在下降了，但此时交易量并没有明显下降的趋势，考虑到交易数据和询盘数据的关系，因此预判未来的交易量有可能下降。这种状况，引起了数据分析人员的关注。经过头脑风暴，他们怀疑有可能会发生经济危机。因此，他们后续收集了更多前端的数据，包括企业的采购数据以及库存数据，进行专题性分析，最终得出"经济危机将要到来"的结论，并提前做了大量的准备工作，从而度过了经济危机的"冬天"。

在这个案例中，阿里巴巴的数据分析人员利用了交易数据和询盘数据的相关性，进而做出了业务决策，帮助企业渡过了难关。

相关性分析，是大数据时代用得最多的分析方法之一，常用于根因分析。相关性分析，其实是大数据时代的叫法，在过去小数据时代，还有一个名字，叫作影响因素分析。

下面的业务场景,都需要做影响因素分析。

- 影响产品销量的关键要素是什么?
- 客户决定购买产品的原因是什么?
- 导致客户流失的关键原因是什么?
- 影响员工工作积极性的因素是什么?
- 导致员工离职的关键原因是什么?

……

唯物辩证法认为,世界上的一切事物都处在普遍联系中,没有任何一个事物是孤立地存在的。联系是指事物之间以及事物内部诸要素之间相互连结、相互依赖、相互影响、相互作用、相互转化等相互关系。比如,企业的采购、生产、设计、销售、售后等,都是相互影响和相互制约的。

一句话,万物皆有联系!而大数据,可用来探索事物之间的相互影响和相互制约的关系。当找到了影响业务的关键要素,通过控制和改变这个关键要素,自然就能够控制业务的发展方向,达到预定目标。

这就是大数据决策的第三个底层逻辑:厘清关系,找影响因素做决策。

2.5 预测未来,通过预判来决策

利用大数据可以对业务的未来发展趋势做出预测。

1. 故障预测与设备检修

GE 航空航天是世界领先的民用与军用飞机喷气发动机及零部件制造商,专门生产飞机引擎,目前在全球范围内已经有 2 万~3 万台飞机引擎出自该公司。大家都知道,飞机引擎的安全性非常重要,所以公司每年都要花大量的成本对全球范围的飞机引擎进行检查和维护,这导致维护成本相当高。后来,维护工程师在飞机引擎上安装了各种传感器,把飞机引擎的控制信号、运行状态数据,甚至是温度变化、噪声大小、振动频率等相关的数据都采集回来(如图 2-9 所示),构建了一个设备故障预测模型,用来预测飞机引擎在接下来的一个月内是否会发生故障,并基于预测结果,实现对引擎的分层分级管理。如果故障概率比较高,则派人优先检修,并将维护周期缩短;如果故障概率较低,则将维护周期相应拉长。这样,在保证飞机引擎的安全性的同时,也大大降低了维护的人力成本。

可见设备检修,也可以利用预测性的思维来解决。

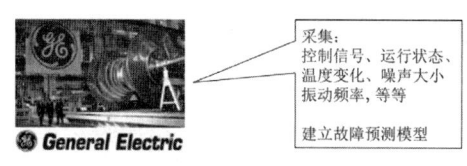

图 2-9　故障预测与设备检修

2. 车险预测与个性化定价

现在，国外很多保险公司开始启用针对投保用户的个性化定价，同样的车，买同样的保险项目，有可能其保费是不一样的。那是怎样做到的呢？其关键在于构建"车险预测模型"。

如图 2-10 所示，保险公司分别从驾驶员、车辆、环境等维度收集相关的数据，如驾驶员的健康数据、驾驶习惯、车辆的行驶里程信息、车辆保养数据，以及常跑路段、路况数据等，利用这些数据来建立预测模型，然后预测车辆发生车险的可能性，再基于可能性设计保险，从而实现个性化定价。

实际上，不管是个性化定价，还是精准营销、精准推荐等业务问题，都属于客户行为预测，都是通过预测来进行决策的。

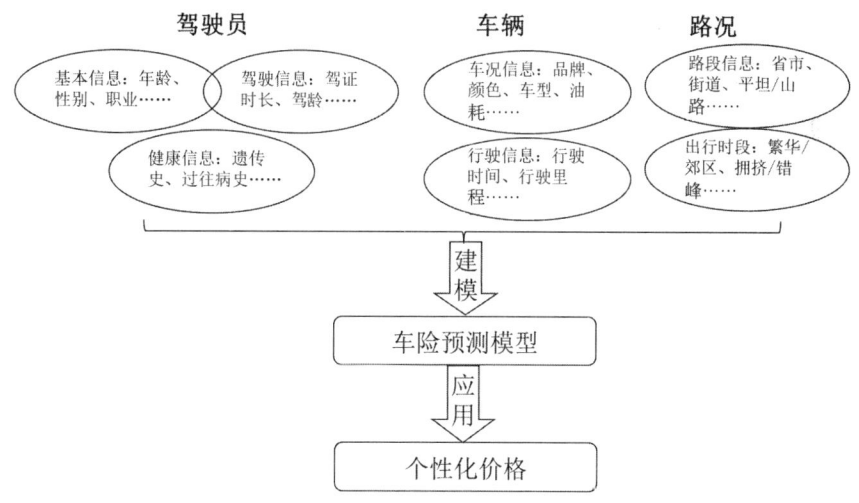

图 2-10　车险预测与个性化定价

这就是大数据决策的第四个底层逻辑：预测未来，通过预判来决策。

大数据的核心就是预测，预测业务的未来，再基于预测结果来调整或优化业务策略。如果预测的结果不是预期的，则需要调整相应的策略，施加影响因素，使事物朝着想要的方向去发展。

大数据描述的是过去，表达的却是未来！只有预见未来，才能把握未来！在工作中，很多应用场景都需要预测，具体如下。

- 下个月的产品销量是多少？客流量是多少？
- 用户会购买公司的哪款产品？
- 客户会不会流失？员工会不会离职？用户会不会违约？
- 设备会不会发生故障？

……

本章小结

大数据之所以能够用来进行业务决策，不外乎就是通过对数据的分析，来实现对业务特征、业务规律、业务变化的把握，对影响业务变化的关键因素进行分析，来达到了解业务、预测业务未来发展的目的，进而实现商业目标。

因此，本章重点介绍了大数据决策的四大底层逻辑，同时，这也是大数据最核心的四大价值，即：①探索业务规律，按照规律来决策；②发现业务变化，找到短板来决策；③厘清关系，找影响因素做决策；④预测未来，通过预判来决策。

第3章 数据决策环节

本章导读

大数据决策，不是单一的动作，而是一个系统思考的过程，先做什么，后做什么，每个环节重点考虑什么，都应该是有规律可循的。本章重点介绍大数据的决策路径，以实现从业务经由数据，最终到策略的整个环节。

知识要点

通过本章学习，读者应掌握如下知识和技能：

- 掌握大数据决策的三个关键环节；
- 理解业务数据化，学会将业务问题分解细化成数据问题；
- 熟悉数据信息化，学会从数据中总结业务规律和业务特征；
- 了解信息策略化，知道利用业务信息给出相应的业务策略。

3.1 数据决策路径

在大数据领域，要想用数据思维来解决业务问题，需要经历三个关键环节。为了方便记忆，把这三个环节简化为15个字"业务数据化，数据信息化，信息策略化"，如图3-1所示。

（1）业务数据化：将商业问题转化为可分析的数据问题。

（2）数据信息化：对业务数据进行有效的分析和处理，提取业务规律信息。

（3）信息策略化：基于业务信息，形成最终的业务策略及应用。

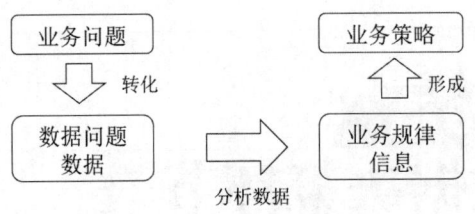

图 3-1 数据决策三个关键环节

3.2 业务数据化

简单地说,业务数据化就是将业务问题转化为数据可分析的问题。

在数学家的眼里,世界的本质是数学。同样,在数据分析师的眼里,任何一个商业问题,都可转化为一个数据问题,最终能够用数据分析方法和分析模型来解决,并找到业务问题的答案,如图 3-2 所示。

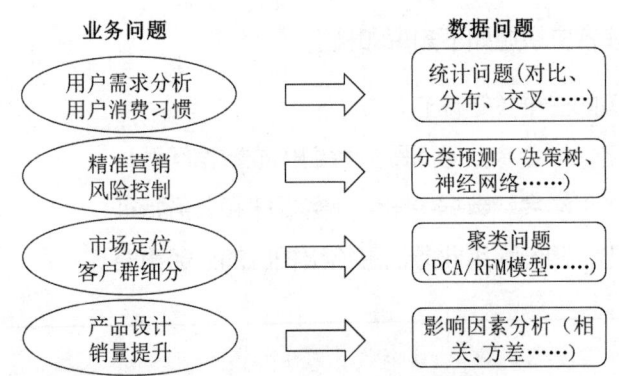

图 3-2 业务问题转化为数据问题

- 用户行为分析,其实就是对客户的浏览数据、搜索数据、点击数据和交易数据等进行统计分析,以提取用户特征、客流规律、产品偏好等信息,这些问题其实用一些基本的统计方法就能够找到答案。
- 精准营销,其实是要判断一个客户是否会买某产品,会买公司的哪款产品,等等。因此,精准营销的问题其实可以转化为一个分类预测问题,预测客户对产品的喜爱程度。
- 风险控制,不外乎是要判断一个客户是否会拖欠贷款,因此依然可以转化为一个定性预测的数据模型问题。实际上,所有客户行为的预测,都可以看成是一个预测问题。
- 客户群细分,其实可以看成是一个数据聚类的问题,实现对象数据的自动聚类,以发现不同客户群的需求特征。

- 产品销量提升，可以看成是一个相关性问题，就是要找出哪些因素会影响产品销量，并通过控制和调整这些关键因素，使得产品销量得到提升。
- 产品功能设计问题，也可以是一个影响因素分析的问题，即哪些功能和特征会对销量产生比较大的影响，这些有显著影响的功能和特征是需要在设计时重点考虑的。

当然，一个商业问题也可以同时转化为几个不同模式的数据问题，不同的数据问题得到的业务模式和业务信息也是不相同的。

业务数据化，这一环节是大数据的开始，是整个大数据价值实现的起点，没有商业问题的指引，后续的数据分析与数据挖掘环节将会显得盲目且毫无意义。

3.3 数据信息化

数据信息化，简单地说，就是从数据中提取信息，即将数据中蕴含的业务规律和特征等信息提取出来。

这一环节，需要对杂乱无章的数据进行整理、汇总，并进行可视化操作，以便从数据中提取与业务相关的信息。这需要掌握数据分析和数据挖掘的技能，掌握大量的分析方法、分析模型，并能够使用合适的方法和模型来解决业务问题。

如图 3-3 所示，其中列出了数据挖掘常用的方法和模型。

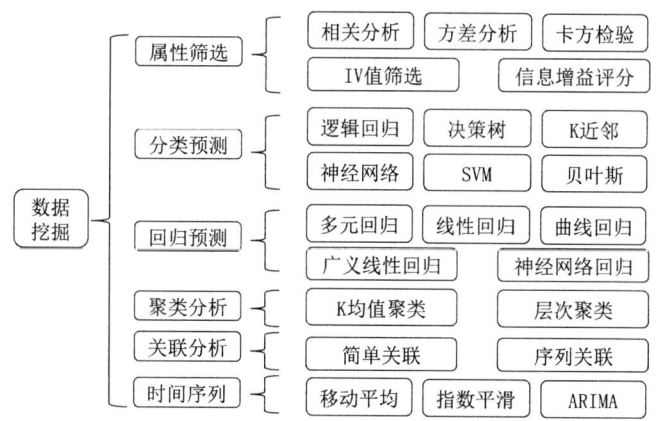

图 3-3 数据挖掘方法和模型

数据信息化，这一环节是大数据的核心，是整个大数据价值实现的灵魂，要是无法对数据进行有效的分析和挖掘，就无法提取到有用的业务信息。

3.4 信息策略化

信息策略化，指的是基于对业务信息（即业务规律和特征）的理解，提出相应的业务策略和业务建议。

当然，要把具体的信息形成有效的策略，没有一个统一标准，需要结合具体的应用场景以及业务逻辑，做出最终的业务策略和业务建议。

强调一下大数据产生价值必经的三个环节：业务数据化→数据信息化→信息策略化。

没有把业务转化成数据可分析问题，数据分析就是盲目的，缺乏业务指导；没有有效的数据分析方法，就无法提取出有价值的业务信息，整个大数据就没有意义；没有形成最终的业务策略和业务建议，大数据的价值也就无法落地。

这三个环节，一环扣一环，缺一不可。要想让数据产生价值，让大数据服务于企业的商业行为，则需要基于这三个环节，重新梳理和构建企业的整个IT支撑系统。

下面举一个简单的例子。本案例来源于黄成明著的《数据化管理》一书。本案例将演示用数据思维来解决业务问题的三个关键环节。

3.5 案例：赚差价的营业员

> **案例　　　　　　　　　赚差价的营业员**
>
> 艾米是一家服装公司的店长，月薪4000~5000元，而实际上她每月还能从店里赚到5000~10000元外快，她的额外收入来自两部分。
>
> （1）假定会员享受88折，而非会员全额支付。艾米用自己偷偷办理的会员卡替非会员来结账，她净赚12%的差价。
>
> （2）店铺每月都会有例行促销活动，促销期间（假设是8折），艾米会把之前顾客全价买的衣服先退货处理，再按促销价开单，她净赚20%的差价。

现在，公司领导要求，用数据管理的方式监控全国2万多家店铺，查看有没有这种不守规矩的员工存在。

这是一个管理问题，显然也可以使用其他很多方法来解决这个问题，比如增加监控点位，不允许营业员收现金，等等。但现在，要求用数据思维来解决这个问题。按照前面说的，必经三个环节，具体解决问题的步骤与方法如下。

第1步：定义合适的指标。

要监控这样的事情，首先得将这个问题转换为数据问题，找到关键的指标来描述这个业务。

仔细思考一下：第一，艾米的操作会改变哪些指标，本来是非会员购买，结果变成了会员购买，因此艾米的操作改变的指标有会员和非会员的消费比例，或者会员占所有消费的占比；第二，艾米这样做，肯定也会导致退货率指标增高。

因此，这一步，可以定义如下两个KPI指标。

（1）会员消费占比（或会员与非会员的消费占比）。

（2）退货量或者退货率。

这样，管理问题就转化成了KPI指标监控的问题。

第2步：定期统计，寻找共性波动规律。

定义好业务相关的数据指标，接下来就容易了。

企业会每个月定期统计这几个指标，比如，分析一下该区域的所有店铺的平均退货率、平均会员消费占比，以及这些指标的标准差等，得到指标的整体水平，以及波动范围。

定期统计的目的，就是找到指标的共性波动规律。

第3步：找出指标异常的店铺。

接下来，以共性波动规律作为参考标准，将个体与共性进行比较。比如，退货率高的店铺有哪些，会员消费占比高的店铺有哪些，这样就能够发现个体的异常，从而找出指标异常的个别店铺。

正如前面所说，指标有异常，意味着业务很可能有问题。

第4步：深入异常店铺进行核查。

最后，再根据具体情况深入单个店铺进行核查。

比如，跟踪一下异常店铺的会员卡，看他们购买的商品是否有异常（购买不同尺寸的衣服），以及这张卡在使用时是哪个员工在当班。

将上述思考过程整理出来的流程，如图3-4所示。

图3-4 业务解决流程图

要将业务问题转化为数据问题，最简单的方法就是找到最合适的KPI指标，通过分析KPI指标的规律和变化，就能够采用数据的思维来解决业务问题。

本章小结

大数据要实现价值落地,是一个闭环的过程。大数据要决策,必须经过三个关键环节:①业务数据化→②数据信息化→③信息策略化。即从业务问题开始,将业务问题转化为数据问题,再收集、整理、分析数据,提取数据中包含的业务规律和业务特征信息,最终形成针对性的业务策略和业务建议。

第Ⅱ部分 数据分析基础篇

本篇主要介绍数据分析的基础知识。

本篇主要涉及的内容如下：

(1) 认识业务分析的常见阶段；
(2) 了解数据分析方法的种类；
(3) 熟悉数据分析的标准过程和步骤；
(4) 学会围绕业务问题来搭建全面系统的数据分析框架；
(5) 了解数据预处理的基础知识。

关键词： 数据分析过程，数据分析框架，数据预处理。

第4章 数据分析概述

本章导读

本章主要介绍数据分析的基本概念，业务分析的阶段，以及数据分析方法的种类，帮助读者掌握数据分析的标准流程和步骤，做到有条不紊地进行数据分析。

知识要点

通过本章学习，读者应掌握如下知识和技能：

- 了解业务分析的三个阶段；
- 理解数据分析的方法种类；
- 掌握数据分析的标准过程。

4.1 认识业务分析阶段

大数据本身是一门技术，而所有的技术都是为业务服务的。在对业务进行分析时，一般会经历三个阶段：现状分析（是什么），原因分析（为什么），预测分析（将来会发生什么），如图4-1所示。

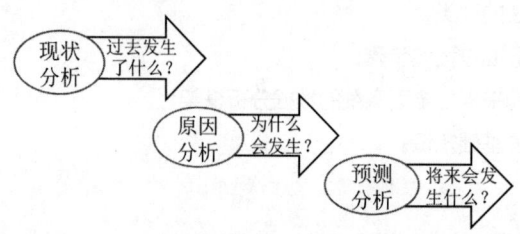

图4-1 业务分析三个阶段

4.1.1 现状分析

第一个阶段是现状分析,指的是收集过去发生过的业务数据,并对其进行分析,以了解业务的发展现状。

最典型的现状分析,就是经营分析。经营分析,主要是每个月都会例行地统计企业的各项经营指标,通过经营指标来描述和衡量企业现阶段的整体运营情况,比如产品销售情况、用户发展情况、企业收入利润等,了解哪些方面做得好,哪些方面做得不够好;哪些方面增长较稳定,哪些方面出现异常变化,等等。

在现状分析中,企业面临的最大挑战,就是需要构建一套全面的、系统的、合理的企业运营指标,根据这些指标能够及时诊断出企业运营过程中的问题。比如,销量和销售额指标经常被用来衡量企业的发展情况,这些指标有没有达到既定的目标,相对过去而言,是变好了还是变差了,这都属于现状分析。

4.1.2 原因分析

第二阶段是原因分析,就是要确定企业运营变化的原因,找到影响业务运行的关键影响因素,进而有针对性地调整或改进运营策略,以帮助企业朝着良好的势头发展。

当找到企业运营过程中的指标异常变化之后,接下来,就应该进行原因分析了。指标为什么会下降?是什么因素在影响业务指标的变化?或者说,影响业务目标的关键要素是什么?比如,假定销量之所以下降,是因为资金投入不足、宣传力度不够;找到原因之后,自然就给出新的营销策略,如提高资金、加强宣传力度等措施。

4.1.3 预测分析

第三个阶段,就是预测分析。

当把握了业务的运行规律或确定了业务短板,找到了影响业务的关键因素或原因,接下来就可以建立模型,用模型来拟合业务的运行模式,进而对业务在未来的发展趋势进行预测。

比如,前面提过要加强宣传力度,接下来领导会继续问,若要完成特定的销售目标,下期到底要投入多少宣传资金呢?如果预期投入100万元的营销推广费用,又能够给企业带来多少销售额呢?毕竟领导关心的是投入和产出比。要回答这个问题,就需要构建投入与销售额之间的数据模型,然后利用模型来预测在指定投入的情况下,预期的产出有多少。

了解业务分析的这三个阶段,不但要了解业务的现状,也要对业务的未来进行预判;不但要了解业务的运行规律,也要对影响业务的深层原因(根因)进行分析。所以,当完成了这三个阶段的分析后,基本上就能够把握业务的规律、变化和发展趋势了。

4.2 了解数据分析方法

基于业务分析的三个阶段,在数据分析领域中,也有对应的数据分析方法。最常见的有如下几大类方法:描述性分析、诊断性分析、预测性分析、推断性分析,以及专题性分析等,如图 4-2 所示。

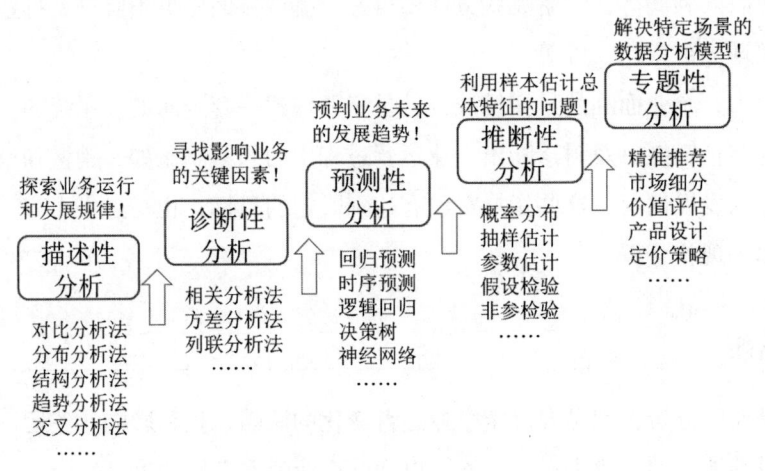

图 4-2 数据分析方法的种类

4.2.1 描述性分析

描述性分析(Descriptive Analysis),是最常用的一类分析法,对应现状分析,专门用来发现业务运行规律和业务特征。即通过重要的数据指标来衡量业务发展情况,发现业务内在的运行规律和业务问题,主要回答发生了什么的问题。

最常用的有对比分析法、分布分析法、结构分析法、趋势分析法、交叉分析法等,都属于描述性分析法,详细的方法介绍请参考本书第Ⅲ部分"描述统计分析篇"。

4.2.2 诊断性分析

诊断性分析(Diagnostic Analysis),或称为相关性分析,对应原因分析,专门用来寻找影响业务的关键因素,找到事物间的相互影响和相互制约的关系,或同一个事物内部的各个要素之间是否存在相互影响和相互制约的关系,主要回答的是为什么会发生的问题。

诊断性分析,包括相关分析法、方差分析法、列联分析法等,详细的方法介绍,请参考本书第Ⅳ部分"影响因素分析篇"。

4.2.3 预测性分析

预测性分析（Predictive Analysis），主要用于预测，探索事物在未来发生的可能性，或者预测一个量化的数值，主要回答的是将来会怎样的问题。

最常见的预测性分析，包括定量预测法（如回归预测、时序预测等），定性预测法（如逻辑回归、决策树、神经网络等）。考虑到数据预测建模的特殊性，本书暂不做介绍。

4.2.4 推断性分析

推断性分析（Inferential Analysis），即研究如何利用样本数据推断总体特征的方法。它从概率的角度，来发现事件发生的可能性，并利用这种概率大小来进行业务判断和决策。

比如，人类死亡总体是一个概率性事件，而保险公司就利用这种概率性事件来设计保险产品，以实现盈利和造福人类的目的。

推断性分析，包括概率分布、抽样估计、参数估计、假设检验、非参检验等。详细的方法介绍，请参考本书第 V 部分 "统计推断分析篇"。

4.2.5 专题性分析

专题性分析（Thematic Analysis），指的是对某一专门问题或针对某一特定的业务场景进行的专项分析。比如，精准营销、精准推荐、市场细分、客户价值评估、产品功能设计与优化、产品定价策略，等等。这些特定的业务场景，有可能用到前面多种分析方法，也有可能需要设计专门的数据模型来解决相关问题。

考虑到篇幅有限，本书主要介绍常用的描述性分析、诊断性分析（相关性分析）和推断性分析这三大类分析方法。

4.3 熟知数据分析过程

数据分析，不是一个简单的操作就能够完成的，而是一系列操作形成的过程。

在前面章节提到了大数据决策的三个关键环节（业务数据化、数据信息化、信息策略化），这三个关键环节用于宏观指导数据分析是足够的，但无法指导具体的数据分析的操作。因此，需要将这三个关键环节进一步地展开和细分，形成数据分析的标准流程，以用于指导数据分析的具体操作。

一个完整的数据分析流程，包含六个步骤，称为"数据分析六步曲"，如图 4-3 所示。

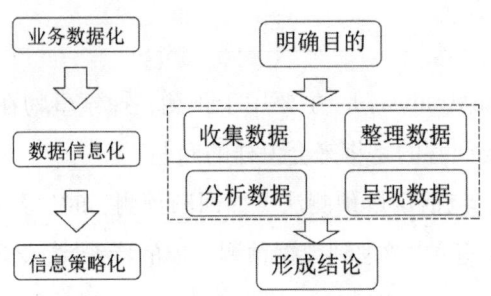

图 4-3　数据分析六步曲

关于数据分析流程，也可以参考其他书籍的说法。比如，《谁说菜鸟不会数据分析》一书，将最后一步"形成结论"叫作"撰写报告"。但是，报告只是业务结论的一种承载方式，报告不一定有（可以用其他方式体现），但结论是一定存在的。

4.3.1　第 1 步：明确目的

明确目的，是数据分析的起点，也是数据分析的先决条件。

数据分析的目的是解决业务问题，这一步就是要弄清楚解决什么样的业务问题，明确达成什么样的商业目的，以及如何分解和细化业务主题。这一步主要有两个要点。

1. 明确业务目标

（1）业务背景。

数据分析是在哪种业务背景下开展的？在此背景下，业务到底发生了哪些变化？为什么要做数据分析？

比如，在竞争对手的低价吸引之下，客户流失率增加，特别是高端 VIP 客户的流失，进一步导致公司收入和利润降低。

（2）业务问题。

数据分析的目的是什么？要回答哪些具体的业务问题？

比如，是要分析产品的销售情况，还是要对用户的购买行为进行分析？是要解决客户流失的问题，还是要提高客户的客单价？

（3）达成目标。

这也是数据分析要达到的商业目标，要给出具体的商业目标描述，要尽量细化、量化，目标描述最好遵循 SMART 原则。

比如，如果业务问题是要降低客户流失率，则要明确客户流失率要降到多少才比较合适。

这一步，要求分析人员对所涉及的行业、所分析的业务问题要有深入的了解，以便把握业务的本质和关键所在。一般情况下，业务问题和业务目标是由业务部门或者主管提出来的。

2. 搭建分析框架

明确了业务问题和业务目标后,接下来,就需要围绕目标,对业务目标进行分解和细化,即确定数据分析的思路,搭建整个数据分析的框架。这一步需要思考如下几个问题。

(1)确定分析维度。

确定整个数据分析的框架,要明确应该从哪几个维度进行分析,以及业务问题的解决会涉及哪些业务要素。

比如,产品营销问题一般从四个维度进行分析:产品(Product)、价格(Price)、渠道(Place)、促销(Promotion),即常说的4P营销理论。

(2)确定分析步骤。

分析的时候应该分成几个关键步骤?先做什么,后做什么,前后步骤如何关联,优先执行哪个步骤,等等。

比如,在产品精准营销中,首先要确定目标客户群,然后才能确定正确的产品,制定合理的产品价格,设计恰当的促销方式,等等。

再比如,在作线上运营推广时,需要重点考虑和设计如下操作环节:引流→注册→购买→反馈→分享,等等,按照这些关键步骤来提升运营效率。

(3)确定核心指标。

要解决业务问题,涉及哪些核心的KPI指标,指标有没有标准化的定义?如果没有,应该如何定义?

比如,行业空心化分析,如何定义这个"空心化"?需要构建什么样的指标来量化所谓空心化的程度,如流出人口比例、流出人口的年龄结构等。

再比如,热销产品,可能需要定义一个新的数据指标,叫"产品热销指数",即在指定的时间段内产品销量达到多少,或者销量排名多少,才能叫作热销产品。

(4)确定所需数据。

要解决业务决策,需要哪些有效的数据来支撑。

比如,要做客户流失分析,首先,得定义什么叫作流失,即有没有明确的标识,满足什么情况才能叫作流失;第二,需要用到哪些数据,比如用户基本信息、账单数据、行为数据,以及投诉数据、服务满意度数据,等等。

明确目的这一步,要做的就是将复杂的业务问题进行分解,将笼统的业务问题进行细化,并用数据来描述业务问题,通过数据来体现业务问题和变化,如图4-4所示。

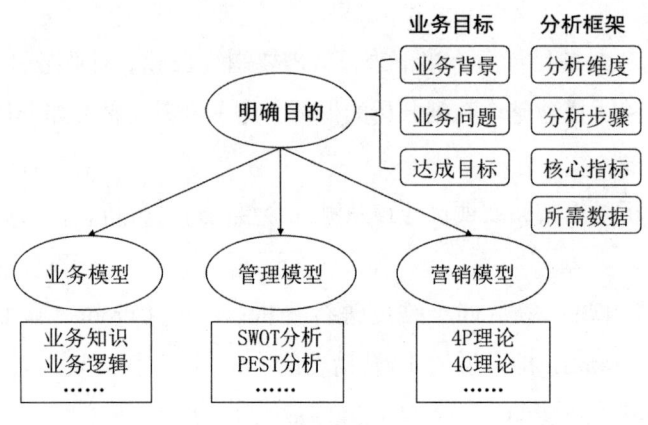

图 4-4　明确目的

确定分析思路，构建分析框架，可以说是数据分析过程中最难也是最重要的一步。也可以说，分析思路的好坏决定着整个分析项目的成败！它决定着对业务问题的分析是否全面、系统。

分析思路和分析框架，一般来源于业务模型，要求分析人员对业务知识和业务逻辑有着深入的理解和把握。比如营销问题，可以参考一些营销模型，如 4P 理论，来确定业务问题应该从哪些维度来进行系统的分析；对于管理问题，也有常见的管理模型可以参考和使用，用于指导从哪些角度来思考业务问题。

4.3.2　第 2 步：收集数据

就如厨师做菜一样，当确定了要做什么菜时，接下来要做的事就是购买烹饪食材。

数据分析也一样，当确定具体的业务问题和分析框架后，就进入收集数据步骤，为后续分析提供素材。这一步需要思考如下几个问题。

（1）数据范围。

为了解决某个业务问题，要用到哪些数据指标，要收集哪些数据，数据收集的时间范围、数据名称、数据类型是怎样的？

要收集什么样的数据，依赖于要解决什么样的业务问题。要解决的问题不一样，需要的支撑数据也是不一样的。

比如，要做客户流失预测，至少要收集客户流失前 3~6 个月的行为或消费数据，以确保提前发现客户流失的迹象，以便建立模型来进行预测。

（2）数据来源。

需要的数据，其来源如何？是来源于公司内部，还是需要外部数据？

数据是在公司数据库中收集，还是需要从互联网临时获取？或者从一些公开出版物去获取?如果需要外部数据源,那么核心数据来源于哪些互联网或电商公司?这就有可能涉及企业间的数据合作了。

(3)收集方法。

应该采用什么样的收集方法?要做市场问卷调研,还是要编写网络爬虫?是购买设备自动采集数据,还是直接去交易所购买数据?

从数据分析(即业务应用)的角度来说,重点要考虑选择什么样的数据来解决业务问题才足够。至于数据采集、数据存储和数据管理属于大数据系统范畴,不在数据分析重点考虑的范围之内。只有当数据无法满足业务数据分析的需求时,才会向系统外部提出重新采集数据的需求,由系统部负责设计,对数据实现自动化采集和有效存储。

在收集数据阶段,理论上收集的数据量越多越好,收集的维度越多越好。

举一个例子,如果想要评估淘宝用户的购买能力,不仅要收集其在淘宝中日常的交易金额数据,还需要收集其余额宝中的存款数据、基金理财数据,以及信用卡刷卡还款数据,等等,这样才能全面评估一个人的购买能力和购买意愿。

4.3.3 第3步:整理数据

整理数据,也就是数据预处理,指的是对收集的数据进行加工、整理、汇总,等等,以便后续能够方便地用于分析工作。要知道,如果数据本身存在问题,即使采用最先进的数据分析方法,也无法得到正确的结果,甚至会误导决策。

数据预处理,主要有五大任务。

(1)数据清洗。

数据清洗,指的是对重复值、错误值、缺失值、离群值等异常数据的处理。

比如,对重复值是不是应该删除?错误值该怎样发现并如何纠正?缺失值该如何填补?离群值要不要处理,以及该怎样处理?

有些模型及算法(如回归分析),是不允许存在缺失值的,此时就应该对缺失值进行删除或者填补处理。当然,也有的模型(如决策树),允许部分数据有缺失,这时可能对于数据清洗的要求就低一些。

(2)数据集成。

绝大多数数据分析工具,都只能对单张数据表做统计和处理。因此,如果收集到的数据有多张表,则会涉及数据集成,要将多个数据集进行合并,形成一张宽表。

比如,一个表是用户明细表,一个表是订购明细表,现在要分析不同客户的产品偏好(即按照用户类别统计产品销量),则需要将用户明细表合并到订购明细表中去,形成一个宽表,再进行分析。

数据集成一般有两种方式：一种是样本追加（即样本行的横向合并），另一种是变量合并（即变量列的纵向合并）。

（3）样本处理。

样本处理，有时也简称数据处理，即对样本行（样本对象）进行处理。比如，对象筛选、随机抽样、样本平衡，等等。

（4）变量处理/特征工程。

变量处理，指的是对字段的处理，即列处理。在建模领域中，经常说的特征工程，就是变量处理，包括变量派生、变量转换、变量合并，等等。

比如，将身份证号码进行数据提取，派生出三个新的变量（籍贯、出生日期、性别）。再比如，由于神经网络对于数据的量纲比较敏感，因此需要对所有数值型变量进行标准化处理，缩小到一定的范围，以便建模预测。变量标准化，就是一种最常用的变量转换形式。

（5）数据质量评估。

最后，评估整个数据集的有效性，以及是否满足解决业务问题的要求。比如，要考虑数据的完备性、时效性和一致性，等等。

4.3.4 第4步：分析数据

分析数据，是最重要的一步。能否解决业务问题，主要看是否能够从数据中提取出有用的业务规律及业务信息。

分析数据，就是采用合适的分析方法、分析模型和分析工具，对数据进行汇总、计算、分析和挖掘，以提取数据中包含的有用的业务信息，如图4-5所示。

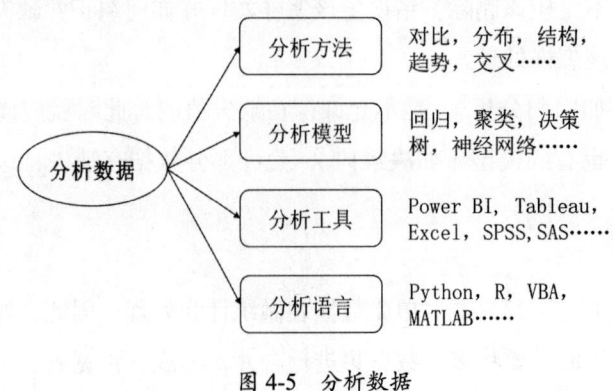

图 4-5 分析数据

这一步，需要掌握的技能很多，主要包括如下4个方面。

（1）分析方法。

基于业务问题，应该选择哪些合适的分析方法来对数据进行分析。

这里说的分析方法，主要指常规的统计分析方法，如对比分析法、分布分析法、结构分析法，等等。

统计分析法，容易理解，操作简单，而且具有通用性，几乎可以用于任何业务领域。工作中近80%的通用问题，都可以用统计分析法来解决。比如哪个产品最受欢迎、用户的典型特征、用户的消费水平，等等，只需要统计分析法就可以得到答案。

（2）分析模型。

这里的分析模型指的是数学模型，而不是业务模型。分析模型包括回归、聚类、决策树等数理统计意义上的模型。

如果问题比较复杂，要挖掘出隐藏得比较深的业务信息，则有可能用到复杂的数据模型，甚至需要分析人员自己构建新的分析模型。

比如，要预测下个月的产品销量，需要用到回归模型；要对客户群作细分，需要用到聚类模型；要对客户的行为作预测，则有可能需要用到决策树或神经网络等模型。

分析方法、分析模型是每个分析人员必须掌握的。

（3）分析工具。

每一个分析方法和分析模型都会涉及大量的数据计算，所以分析人员必须熟练掌握相应的分析工具，利用工具来进行计算和分析。

分析工具，在这里主要指通过图形界面来对数据进行分析的工具。比如Excel、Power BI、Tableau、SPSS、SAS等软件工具，操作简单，界面友好。通过简单的界面操作，即使是非专业人员也可以很容易就掌握数据分析技巧。

分析工具，往往将分析方法和分析模型的实现细节都封装起来，这使得分析人员能够更专注于对业务的分析和理解，而不必过于关注其计算公式和内部实现细节。

最常用、最简单的分析工具就是Excel，常规的统计分析使用Excel就可以实现。不过，Excel本身是一个电子表格数据处理和统计工具，其分析功能比较弱。如果涉及数据量比较大，或者需要用到复杂的数据模型，比如决策树、神经网络等，则需要掌握一门专业的数据分析和数据挖掘工具，比如SPSS Statistics、SPSS Modeler等高级分析工具。

一般情况下，对于业务专家而言，必须掌握数据分析工具。数据管理领域的领导者Gartner在2023年对市场上常用的数据分析工具进行了评比，并形成了魔力象限图，如图4-6所示，微软已经连续三年被评为全象限最高领导者，建议读者优选Power BI和Tableau这些功能强大并且容易操作的数据分析工具。

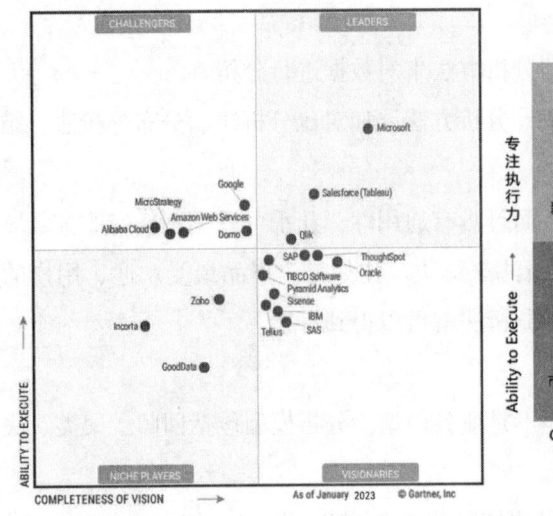

图 4-6　Gartner 2023 年分析和评比商业智能平台魔力象限图

（4）分析语言。

分析语言，主要指的是 Python、R 等编程语言。

分析工具简单易学，非常适合于非专业数据分析人员，因为工具隐藏了整个分析模型涉及的模型和算法实现，只需要学会怎样操作和解读结果就可以了。

但是，对于高级的数据分析人员而言，在很多场景下需要对某些实现算法进行优化，或者对某些计算流程进行修改和优化，此时分析工具就无法满足要求了。因此，分析人员就得掌握分析语言，才能够实现定制化的分析流程和算法优化。

显然，分析语言是 IT 人员最喜欢的，也是专业的数据分析师必须掌握的。在 2023 年发布的编程语言流行指数 PYPL 排行榜中，最受欢迎的编程语言 Top 10 如图 4-7 所示。

Rank	Change	Language	Share	Trend
1		Python	28.34 %	-1.0 %
2		Java	16.93 %	-0.8 %
3		JavaScript	9.28 %	+0.3 %
4		C#	6.89 %	-0.3 %
5		C/C++	6.64 %	-0.3 %
6		PHP	5.19 %	-1.0 %
7		R	3.98 %	-0.1 %
8	↑↑	TypeScript	2.79 %	+1.1 %
9	↑↑	Swift	2.23 %	+0.6 %
10	↓↓	Objective-C	2.22 %	+0.1 %

图 4-7　编程语言流行指标 PYPL 排行榜

毫无疑问，随着大数据和人工智能的持续升温，Python 语言的排名已经超过传统的 C/C++/Java 开发语言，连续三年被评为最受欢迎的编程语言。所以，如果要学分析语言，Python 已经成为最佳的选择。Python 语言提供了强大的扩展库（如 NumPy、Pandas、SciPy、StatsModels、Scikit-Learn 等），可以方便、快速地进行数据分析、数据挖掘、机器学习等。

大体而言，数据分析师要掌握的知识和操作技能，主要在这一步。

但要谨记，要用最恰当的分析方法、分析模型、分析工具来解决最合适的业务问题。不要盲目追求分析方法的高大上，如果能用统计方法解决的问题，不一定非要用机器学习的算法来解决。

4.3.5　第 5 步：呈现数据

呈现数据，即数据可视化。

数据表格能够准确地描述数据，但图形能更加有效、直观地传递出要表达的信息。俗话说"一图胜千言"，大量的数据难以看明白，但通过可视化的手段，可以比较直观地展现数据中所蕴含的信息，帮助用户快速掌握和理解业务特征、业务规律和业务变化。所以，可视化已经成为数据分析领域很重要的一个概念。

这一步需要考虑以下几个要点。

（1）绘制可视化图形。

了解每种图形的应用场景，学会用适当的图形来表达合适的观点。

简单的图形有柱状图、条形图、饼图、折线图、散点图等。

复杂的图形有雷达图、金字塔图、漏斗图、帕雷托图等。

还有一些用于解决特定问题的专门图形，如地图、标签图、热力图等。

（2）可视化工具。

常见的可视化工具有 Excel、Power View、Tableau 等，可以直接读取数据集，并呈现各种各样的图形。

如果需要使用高级分析语言进行数据分析，比如 Python、R 语言等，则可以直接调用语言自带的可视化组件或模块绘制图形，如 Python 语言中的可视化模块 Matplotlib、Seaborn 等。

（3）解读图表。

结合数据表观察图形、解读图形，寻找数据呈现的规律和特征，发现数据指标的变化，以及数据与数据间的关系，形成对业务数据的认知。

数据可视化的一个原则：能用图说明的就不要用表格，能用表格表达的就不要用文字。

4.3.6 第6步:形成结论

数据分析的最后一个步骤,就是形成可用的业务结论。这就要从对数据的分析上升到业务分析,为决策者提供决策的依据。这一步需要完成的几个任务如下。

(1)形成结论。

基于前面的数据分析结果,解读出业务规律和特征,基于业务场景,最终形成可用的业务策略和对业务改进的建议。

(2)撰写报告。

综合业务数据的所有分析结论,编写成一份系统而全面的分析报告。报告的内容一般包含三个方面的内容。

- 业务特征:总结发现了什么样的业务规律和特征。
- 业务变化:业务指标有何变化?业务出现的问题是什么?业务短板是什么?
- 业务建议:对于前面发现的业务问题,给出可行的业务建议和业务策略。

(3)模板设计。

如果证明整个分析是有价值的,接下来则要考虑如何实现后续的自动化分析。比如,可以做成Excel模板,只需要更新数据源,后续的分析结果就能自动完成。

(4)系统开发。

如果部署有大数据系统,或者数据量过大,则可以采用开发语言(比如Python、R、JAVA语言)完成整个分析和挖掘过程,以便后续实现自动化的数据分析与挖掘。

现将数据分析标准流程中的知识要点罗列一下,如图4-8所示。

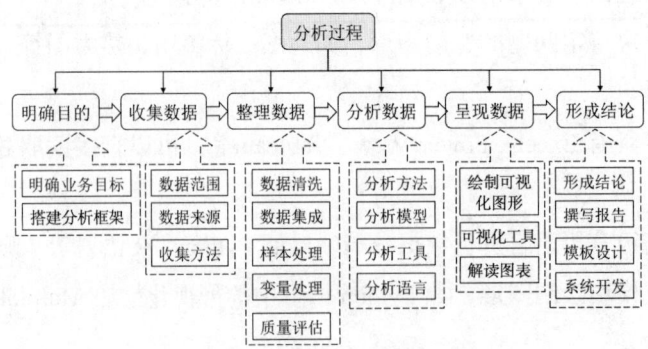

图4-8 数据分析标准过程

上面描述的数据分析六步曲,是一个通用的数据分析过程。

当然,在具体的数据分析任务时,业务问题不一样,应用场景不一样,数据不一样,每个步骤要做的内容也会有一些差别,也并不是说所有数据分析一定会经历所有的过程和步骤。

数据分析是一个闭环的过程，体现的是一种严谨的思维方式（包括分析过程、分析框架、分析方法、分析模型、分析工具），而不是一堆方法和模型的堆砌！

需要强调的是，一个数据分析项目，不只是数据专家的事情，它需要业务专家和数据专家密切配合，分工合作，共同完成。

第1步，明确目的，一般是由业务部门或者主管提出业务目标，然后由业务专家和数据专家一起完成问题的分解和细化。

第2~5步，一般由数据专家主导完成。

第6步，形成结论，撰写报告，一般是由业务专家主导，数据专家参与，共同完成，而系统开发则由数据技术专家完成。

本章小结

本章主要介绍了业务分析的三个阶段（现状分析、原因分析、预测分析），数据分析的五大种类（描述性分析、诊断性分析、预测性分析、推断性分析、专题性分析），重点介绍了数据分析六步曲（明确目的、收集数据、整理数据、分析数据、呈现数据、形成结论）。

第 5 章 数据分析框架

本章导读

业务数据化,是大数据决策最重要的一个环节。但如何才能将业务问题转化为数据问题呢?本章重点介绍从借助业务模型来确定分析思路,到搭建全面系统的数据分析框架,最终转化为数据问题的过程。

知识要点

通过本章学习,读者应掌握如下知识和技能:

- 掌握特定的业务模型,比如精准营销的 6R 准则、用户行为分析的 5W2H 等;
- 学会利用业务模型,来搭建全面系统的数据分析框架;
- 掌握业务目标分解的四层结构:业务目标、分析维度 / 分析步骤、业务问题、涉及数据 / 核心指标。

5.1 数据分析思路

数据分析六步法,其实最难最重要的一步就是如何确定分析思路,搭建良好的数据分析的框架,用以指导后续的业务数据分析。

分析思路不同于分析方法。分析方法是告诉大家如何对数据进行分析,但分析思路是告诉大家如何从宏观角度来进行数据分析,它的作用是帮助大家将复杂的问题进行分解,将笼统的业务目标进行细化,转化成具体的数据问题,使用数据来进一步探索业务的特征和规律,找出解决业务问题的答案,如图 5-1 所示。

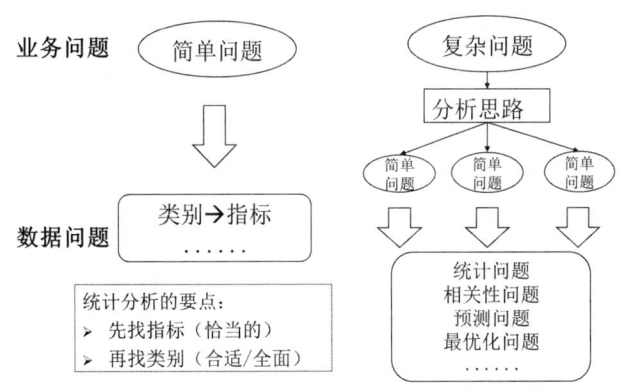

图 5-1 业务数据化

如果业务问题比较简单，可以直接将问题转化为统计问题进行回答。比如，领导想知道哪个产品最受欢迎，则可以按产品统计销量，直接就能够回答领导的问题。

但是，如果业务目标比较复杂，比如，领导想要了解用户的消费习惯，此时就需要确定合适的分析思路了，借助分析思路来实现对业务问题的分解和细化。

数据分析思路和分析框架，主要来源于业务模型。业务问题不一样，分析的思路不一样，搭建的数据分析框架也就不一样。比如，采用 4P 来实现企业经营分析，采用 SWOT 来展开竞品分析，采用波特五力来实现对市场竞争对手的分析等。

数据分析思路，主要内容包括以下几点。

（1）分析维度：需要从哪些角度、哪些维度进行思考？需要重点考虑哪些要素？

（2）分析步骤：分析时有哪些关键步骤？先做什么，再做什么？每个步骤重点要考虑什么？

（3）业务问题：业务目标分解后，有哪些具体的业务问题（细粒度）要回答？

（4）涉及数据：要回答上述业务问题，涉及哪些数据，以及哪些核心指标？

下面举例子来说明如何构建一个良好的分析思路，搭建系统的数据分析框架。

精准营销分析框架（6R 准则）

> **案例**
>
> 某通信运营商的市场营销部，准备开展一次产品（手机）销售活动，请从大数据的角度给予指导和支撑。

精准营销，是一个复杂的业务目标或业务场景，并不是靠一个分析方法或模型就能够搞定的。要用数据的思维解决这个业务问题，就需要构建整个精准营销的分析框架。

简单地讲，现在要解决的业务目标就是卖手机，即向客户销售手机。很显然，这是一个市场营销的问题，其实也是一个精准营销的问题。

那么，什么是精准营销呢？最简洁的描述，精准营销就是将最合适的产品卖给最需要的人。但这个描述，并不全面。精准营销，其实是有一个业务模型的，叫作 6R 准则（R-Right）。精准营销就是把恰当的信息、正确的产品，卖给最有需求的正确的客户，其中还要考虑在最佳的时机内，以合理的价格，通过合适的渠道或促销方式卖给客户。这也就意味着，要成功地向客户卖出手机，需要考虑至少 6 个要素，如图 5-2 所示。

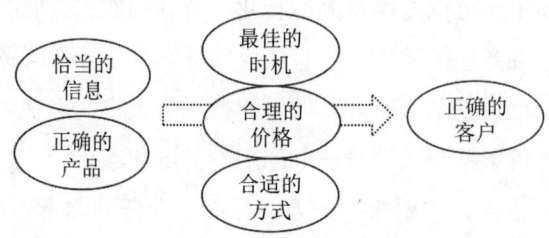

图 5-2　精准营销 6R 准则

所以，接下来要借助这个业务模型来搭建全面的精准营销业务数据分析框架，先找客户、再匹配产品、确定价格、寻找时机，等等。

5.2.1　正确的客户

首先，得思考一下，谁是目标客户。哪些人会有购买手机的需求呢？仔细思考，会发现至少有两种目标人群：一种是没有手机的人，即新客户；另一种是准备换手机的人，即老客户。

很显然，当前没有手机的人比较少，因此，重点客户应该是准备换手机的存量客户。

接下来需要考虑的是，如何才能找到那些准备换手机的客户呢？当然，过去常规的方法是做调研，询问用户是否有换手机的需求，但这需要去接触客户。用大数据的思维，考虑的则是，哪些数据能够体现出这些客户有换手机的需求呢？要收集哪些数据呢？显然，有如下几类数据可收集。

（1）手机的使用时间越长，则说明换手机的可能性也就越高。

（2）如果在网络上搜索过手机，说明用户有可能换手机。

（3）如果维修过手机，也说明用户有可能换手机。

（4）如果在手机专卖店咨询过手机，也说明用户有可能换手机。

（5）丢失过手机的用户，显然也是目标客户。

收集上述数据，就能够判断出用户是否有换手机的需求。找客户，就变成了找数据，这就是典型的数据思维。

5.2.2 正确的产品

确定好目标客户后，接下来就需要匹配客户的产品需求，即确定产品品牌了。同样，要考虑收集哪些数据来支撑向客户推荐的手机品牌？

一般情况下，产品和客户的需求匹配有两种模式，具体如下。

（1）个性化的精准匹配。

（2）品牌定位的方式。

如果按照第一种方式，则有可能需要收集以下数据。

（1）用户以前使用过的手机品牌。

（2）用户搜索过的手机品牌，浏览时长。

……

如果按照第二种方式，则需要收集用户的年龄、职业、学历等信息，以及购买过的手机品牌等，以便找到不同品牌的用户特征。

很显然，苹果手机与小米手机、OPPO 手机定位的客户群体是不一样的，比如，苹果的客户定位一般是高端有钱的商务人士，小米的客户定位是追求性价比的用户，而 OPPO 的客户定位则是年轻时尚的喜欢拍照的用户，特别是女性用户等。

5.2.3 合理的价格

要评估给用户推荐什么价格的手机，可以从下面几个方面进行考虑。

1. 消费能力

比如，收集用户的工资、银行存款等收入数据，评估客户的消费能力。

2. 消费水平

有的客户虽然有钱，但不一定舍得花钱。因此，需要分析用户的消费水平和档次，这就要收集用户的消费账单、计算客单价等，包括客户以前使用过的手机的价格区间，来评估客户的消费水平。

3. 相关因素

除了前面要分析价格与消费能力和消费水平的关系外，还可以收集用户的性别、职业、学历等数据，分析一下价格与这些因素的关系。

5.2.4 最佳的时机

手机推荐的时机也很重要。早了，客户还没有打算更换；晚了，客户已经换了。所以，要找到给用户推荐产品的最佳时机，需要收集下面的相关数据。

1. 需求时机

（1）将手机使用时长与终端的生命周期作比较（个性化）。

（2）用户咨询、挂失、搜索、维修的时间（事件触发）。

2. 促销时机

（1）节假日、促销日。

（2）发薪日、发奖金的时候。

（3）新手机发布时间（客户群共性）。

前者的时机具有个性化的特点，比较精准；后者的时间具有普遍性，属于客户群的共性时间。

所以，从业务的角度来看，上面收集到的数据的重要性也是不一样的。需求时机部分的时间都有利于个性化的精准推荐，促销时机部分则利用了客户群的共性，虽然说也可用，但其精准性略差。所以，一般会优先利用需求时机的数据，再辅以促销时机的数据。

5.2.5 合适的方式

恰当的方式，可以指渠道或者促销方式，比如渠道有线下和线上两种类型。

1. 常规渠道

比如实体店，包括官方店、合作店、第三方店等。也包括常用的通过短信、外呼的方式将消息直达客户端这种途径。

2. 网络渠道

网络渠道，指的是线上互联网渠道，比如网站、手机App、购物平台等。

通过收集的数据来评估，用户喜欢线上还是线下，线上是喜欢通过App还是网站；线下是喜欢去官方实体店，还是喜欢去手机专卖店。

5.2.6 恰当的信息

恰当的信息，是指传递给客户的信息要恰当。比如，宣传语、广告用词、产品的功能和亮点介绍语等，都必须恰当。

举个简单的例子，假定一位老大爷说要买手机，应该怎样介绍手机呢？恰当的用词应该是：声音大，字体大，操作简单，价格便宜等。

如果是一个年轻的女性客户来买手机，应该怎样介绍手机呢？外观时尚，像素高，拍照功能强，自带美颜功能等，这些算是最恰当的信息。

所以，对于不同的人，需要构造最合适的推荐短语和宣传用语，以便打动客户，说服客户购买产品。比如，对于高端人士，宜用"彰显尊贵"类词语；对于商务人士，可用"续航时间长"等词语；对于普通人士，可用"性价比高"等宣传语；对于年轻女性，主要宣传拍照美颜功能，等等。

反之，如果面对高端人士，却强调价格便宜，可能效果适得其反。

5.2.7 喜爱的套餐

记住这一点，6R 只是精准营销的一个基础业务模型，在真实的业务场景中，这些模型是可以优化和修改的。比如说，通信运营商在给用户推荐手机的同时，也可以给用户推荐他最喜爱的或最有可能接受的业务套餐。这样，就变成了 7R 模型了。

1. 套餐偏好分析

套餐偏好分析，属于共性分析，此时需要收集如下数据。

（1）用户历史订购的套餐类型。

（2）用户每月的数据流量、通话时长等。

（3）套餐偏好考虑，比如业务套餐与用户的性别、职业、教育水平是否有关系。

2. 个性精准推荐

（1）收集足够的关于个人的数据，对用户进行兴趣爱好和产品偏好分析。

（2）或者干脆建立一个套餐预测模型，再以模型预测结果，来实现对用户进行个性化的精准推荐等。

总结起来，对于业务目标，需要从多个维度或要素进行展开和分解，然后每个维度之下，再细化成数据分析的业务问题，结合要实现的业务问题，收集有效的支撑数据，最终实现产品与客户的精准匹配，进而完成整个精准营销项目。

如图 5-3 所示，搭建一个良好的业务数据分析框架，至少要包括四层的信息。

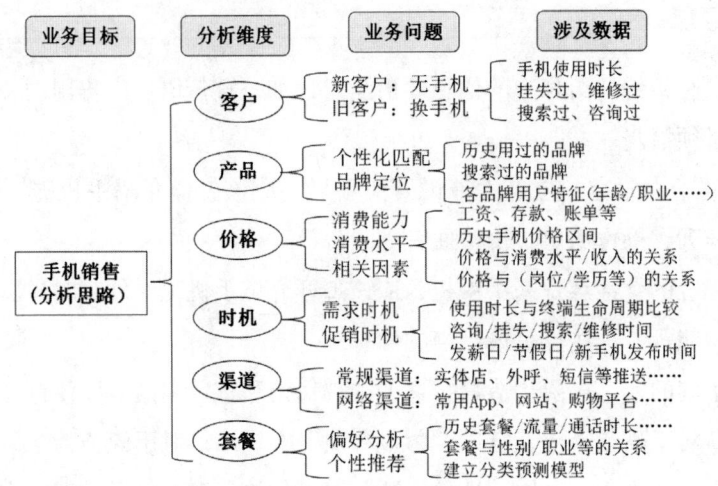

图 5-3 精准营销分析框架

第一层：业务目标（如手机销售，一般是粗粒度的任务）。

第二层：分析维度（如客户、产品、价格等）。

第三层：业务问题（如消费能力、消费水平等，一般是细粒度的任务）。

第四层：涉及数据（如品牌、价格、学历、年龄等）。

5.3 精准营销分析过程

接下来，按照数据分析六步法，把整个分析过程再简述一下，如图 5-4 所示。

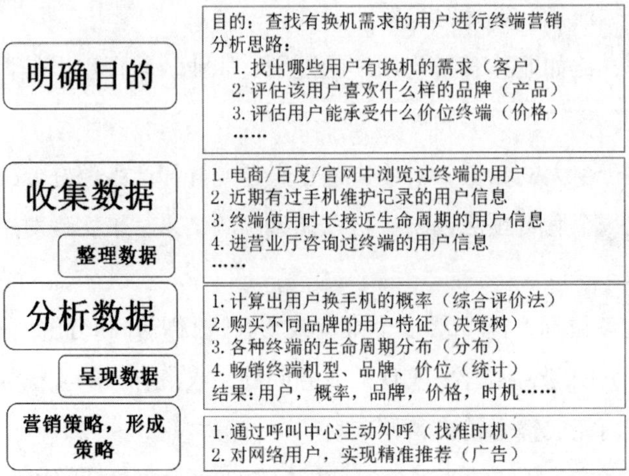

图 5-4 精准营销分析过程

1. 明确目的

经过前面的分析，商业目的更加明确，那就是给有换机需求的重点用户推荐手机，具体实施步骤如下。

第 1 步：找出有手机需求的用户。

第 2 步：给用户匹配合适的产品。

第 3 步：确定推荐手机的价格。

第 4 步：确定推送的最佳时机。

第 5 步：确定渠道或促销方式。

第 6 步：构建合适的宣传用语。

第 7 步：确定合适的增值服务推荐套餐。

2. 收集数据

完成上述的分析框架后，接下来就可以整理上述的问题和数据需求，从运营商、维修店、专卖店、官网等多方收集关于用户、手机、店铺、渠道、套餐、消费等方面的数据。

一句话，要收集什么样的数据，是由前面分析思路中每个步骤要解决的业务问题或要达成的业务目标来决定的。

3. 整理数据

整理数据，即数据预处理，是指对收集的数据进行加工整理，形成合适的数据样式，以便后续分析的过程。比如，有重复的数据，则需要删除重复行；有无效的数据，则需要修正数据值等。详细的内容，请参考第 6 章 "数据预处理"。

4. 分析数据

同样，对数据怎样分析，在某种程度也由前面分析框架中细化的主题来决定的。不过，在这一步中，重点要找到合适的分析方法来对数据进行分析。

第 1 步：找客户，此时需要找到一个合适的数据分析方法（比如综合评价法）来评估每个用户换机的概率是多少。

第 2 步：定产品，假定采用品牌定位的模式，需要分析清楚喜欢不同品牌的用户的特征是什么，以确定向什么样的人推荐什么样的手机品牌，可以用决策树模型来实现。

第 3 步：定时机，需要计算出不同品牌手机的生命周期，可以用分布分析法结合手机使用时长来确定最佳的营销时机。

……

当完成这些数据分析后，基本上可以得到一个完整的用户换机推荐表，比如形成一个 Excel 表格，表格中有用户标识、换机概率、用户喜欢的品牌列表、用户能承受的价格区间等参数，如下表所示。

用户换机推荐信息

用户 ID	换机概率	可选品牌	价格	时机	渠道
1353758****	0.85	华为	5000元~6000元	2022.8	今日头条
1382432****	0.91	OPPO、VIVO	3000元~4000元	2022.5	抖音
1868214****	0.78	苹果	7000元~8000元	2022.12	线下

5. 呈现数据

完成数据分析后，需要将分析结果进行可视化，以图形的方式直观呈现业务的特征和规律。

第一个结论，如图5-5图左所示。终端使用超过12个月是客户换机的黄金窗口，可以看出，用户换机大约有三个阶段：①在购买新机后的9个月内时，处于换机沉默期，此时很少会阅读跟手机相关的资讯和信息；②当准备换手机时，会进入新机关注期，此时用户开始了解新机功能和特征，对系统推送的手机资讯进行阅读和反馈，需要2~3个月的时间；③在了解之后，最终决定购买新机，于是进入了成交的高峰期。同时，也可以看到不同品牌的手机其生命周期也略有差异。

第二个结论，如图5-5图右所示，客户换机更倾向于选择使用过的品牌。有两个数据依据：①根据"选择使用过品牌占比"数据，如果客户原来用的苹果手机，那么换机时有78.4%的客户依然会选择苹果手机；而小米手机用户中，只有40.1%的用户依然会选择小米手机，这说明苹果手机用户的忠诚度相当高；②根据"随机选择该品牌占比"数据可知，对于新用户，有24.5%的人选择苹果手机，有25.3%的人选择小米手机，这说明在当时（2016年），小米手机对新用户的吸引力与苹果手机不相上下。

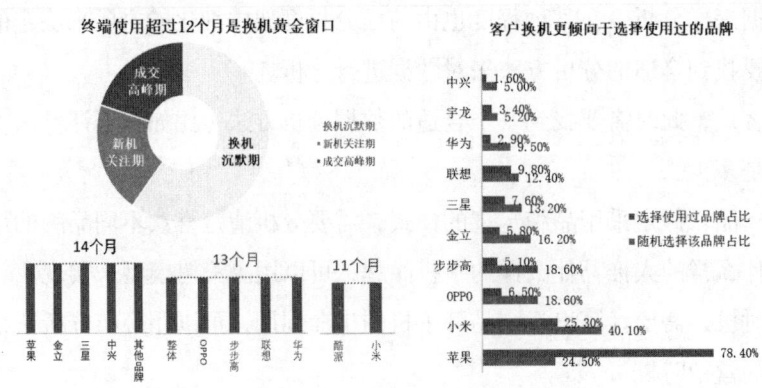

图5-5 换机数据可视化

6. 营销策略，形成结论

最后，基于上述的分析，形成最终的业务策略和建议。比如，给哪个用户，以什么样的方式，在什么时候，推荐什么样产品。

至此，一个完整的手机精准营销项目就基本上结束了。

用户行为分析框架（5W2H）

> **案例**
> 某公司希望能够了解一下用户的购买行为和消费习惯，请帮助该公司搭建一个良好的数据分析框架。

要对用户的购买行为做分析，也需要利用业务模型，比如常用的 5W2H，来搭建业务数据分析框架。

5W2H 业务模型，常用于市场营销领域的分析，即通过提问的方式，对用户的消费行为做出全面的分析，如图 5-6 所示。

图 5-6　5W2H 业务模型

整个分析框架的详细描述，如图 5-7 所示。

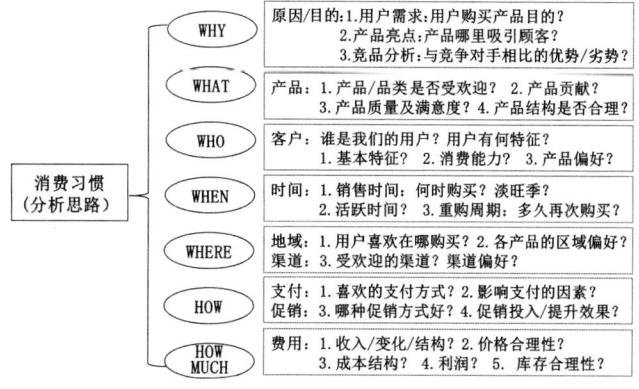

图 5-7　用户行为分析框架

5.4.1 WHY

第一个 W：为什么？

比如，客户为什么会买某个产品？要回答这个问题，就得弄清楚客户的需求是什么，该产品到底满足了客户的什么需求。

又如，客户为什么会买此产品，而不是其他产品？这就要弄明白此产品的亮点是什么，同时也要做竞品分析，以判断产品未来的改进方向。

所以，这一个维度，重点是弄明白客户的真实需求，产品与客户需求的匹配情况，以及产品的优缺点，等等。

5.4.2 WHAT

第二个 W：什么东西？什么事情？

在用户购买行为分析中，经常映射为产品。即，提供什么样的产品和服务？进一步回答，各产品的受欢迎程度如何，产品的质量如何，各产品的贡献大小，以及产品结构是否合理，对服务的满意度如何，等等。

如果是做设计的话，还得考虑产品的哪些功能和特征是最受用户欢迎的，等等。

这一维度，主要从产品维度进行提问。

5.4.3 WHO

第三个 W：谁？客户？服务人员？

在用户行为分析中，主要映射为客户。谁是客户？客户有什么基本特征？年龄 / 收入分布情况、职业 / 地域分布情况、客户结构，等等。

客户的消费能力如何？比如，收入分布、消费水平、消费层次等。

客户有什么样的产品偏好？不同的用户喜欢的产品有什么不一样？等等。

这一维度，主要在于对客户 / 客户群的特征和兴趣爱好作分析。

5.4.4 WHEN

第四个 W：什么时候？

举个典型的例子，客户喜欢什么时候来购买或消费？其活跃时间有没有时间规律？有没有季节周期？是否呈现明显的淡旺季？全年的销售计划，应该如何分解到每个月？每个月分配的比例是多少？

还有，客户的重购周期是多长？多久再次来购买某产品？举一个简单的例子，一般情况下，牙刷的重购周期是 3~4 个月，那么就可以用来实现顾问式营销：下一次给客户推荐牙刷的最佳时机是什么时候，下个月库存应该保持在多少合适，等等。

通过这些问题，来探索用户在时间上的分布规律，进一步确定最佳的销售时机，或者进行科学合理的业务目标分配。

计算销量时常用的同比、环比，就是从时间维度进行分析，探索业务随时间的变化情况。

5.4.5 WHERE

第五个 W：在哪里？什么渠道？

主要考虑地域，用户喜欢在哪里购买商品？哪个省市区县？城市还是农村？科技园还是住宅区？

另外，渠道也可以纳入这一维度。客户喜欢通过什么渠道购买商品？以及在不同的渠道，是否受欢迎的产品也不一样？

5.4.6 HOW

第一个 H：HOW，就是怎么做？怎么办？

在购买行为中，经常理解为促销方式，或者支付方式。

客户喜欢的支付方式是什么？不同的场景，采用的支付方式是否也不一样？

哪种促销方式效果好？不同的促销方式，带来的销量提升效果差异是怎样的？促销力度与促销效果如何量化计算？投入产出比是多少？

5.4.7 HOW MUCH

第二个 H：HOW MUCH，就是费用，所有与钱有关的都可以放在这个维度进行考虑。

比如，财务中的指标分析，收入情况、收入结构的变化？价格的合理性？以及产品的成本、利润，等等。

另外，库存合理性、周转率等，也可以放在这个维度考虑。因为库存积压的主要是资金，而只有流动的资金才能够产生价值，积压的资金应该越少越好。

对用户行为作分析的时候，可以从这七个维度展开思考，这样就形成了全方位多维度的业务数据分析框架。

5.5 零售行业指标体系

在搭建数据分析框架时，还应构建业务指标体系。下面以零售行业的指标体系为例，来描述分层分级构建指标体系。

传统的零售行业非常重视"人、货、场"三个核心要素，如图 5-8 所示，就从这三个维度分别展开构建指标体系。

图 5-8 零售行业"人、货、场"要素

5.5.1 人（销售员、消费者）

人，包括销售人员，以及消费者。既要提升员工工作效率，也要想办法激活消费潜力，挖掘客户价值，提升客户忠诚度，以最终实现企业价值最大化。

1. 销售员

企业员工管理中的数据分析，一般分为两个方面：一是员工效能分析，主要指员工的销售指标和服务效能指标；二是员工结构分析，包括员工流失率、人力结构、薪资合理性等。

2. 消费者

顾客管理，包括顾客消费能力评估、顾客价值评估、会员维护情况等，常用的指标如图 5-9 所示。

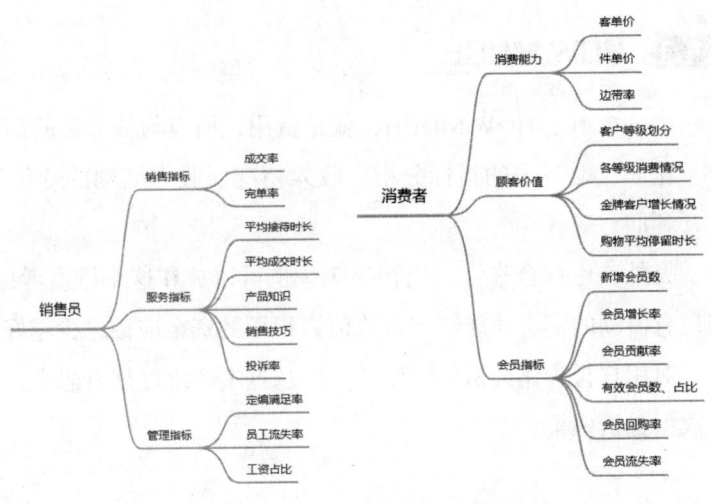

图 5-9 零售行业常用指标（人）

5.5.2 货（商品）

货，指的是商品。商品数据分析，一般围绕"进销存"展开，对采购物流的各环节、销售商品情况，以及库存流通实施监控，如图 5-10 所示。

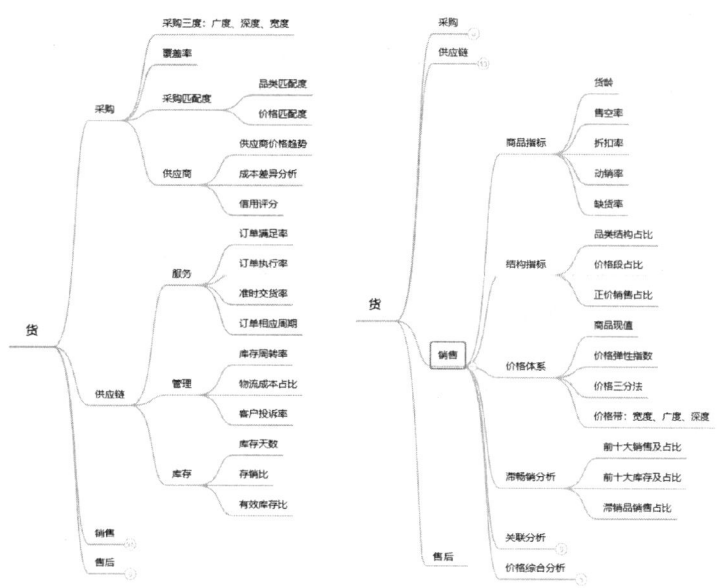

图 5-10 零售行业常用指标（货）

5.5.3 场（店铺）

场，指的是销售场景，比如线下门店、线上网站、小程序、App 等。如图 5-11 所示，需要考虑坪效、成交率、连带率等指标。

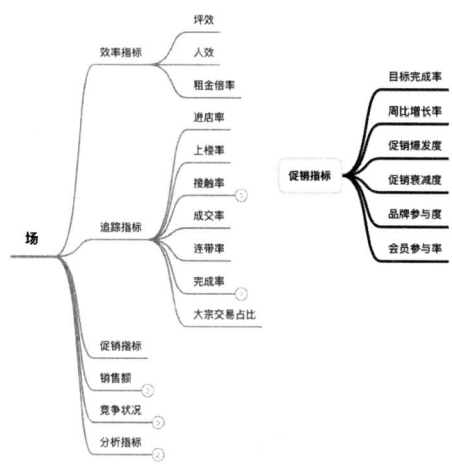

图 5-11 零售行业常用指标（场）

当然，指标体系需要根据企业自身的业务需求来构建。详细的零售行业指标体系，可以参考帆软网站：https://www.fanruan.com/bw/lshy 和《数据化管理》一书。

 本章小结

确定分析思路、搭建业务数据的分析框架，是大数据决策最重要的环节，决定着整个数据项目的成败。

本章描述了如何利用业务模型来搭建数据分析框架；如何将复杂的业务目标按照四个层级进行分解和细化（业务目标、分析维度/分析步骤、业务问题、涉及数据/核心指标）；并重要介绍了精准营销、用户行为分析等业务场景的实现，希望读者能够举一反三，应用此模式来实现对其他业务目标的分解与细化。

第6章 数据预处理

本章导读

在现实生活中,绝大多数的数据都是不完整、不一致的,甚至有错误的数据,无法直接进行数据分析和数据挖掘,所以需要进行数据预处理。本章主要介绍数据预处理的基本任务和常见操作。

知识要点

通过本章学习,读者应掌握如下知识和技能:

- 了解数据预处理的主要任务;
- 学会如何对异常数据进行清洗;
- 理解数据集成的几种方式;
- 了解样本行的处理,以及变量列的处理。

6.1 预处理任务

数据预处理(data preprocessing),简称整理数据,是指对收集的数据进行加工整理,形成合适的数据样式,以便后续分析的过程。

一般情况下,数据预处理有四大主要任务,如图6-1所示。

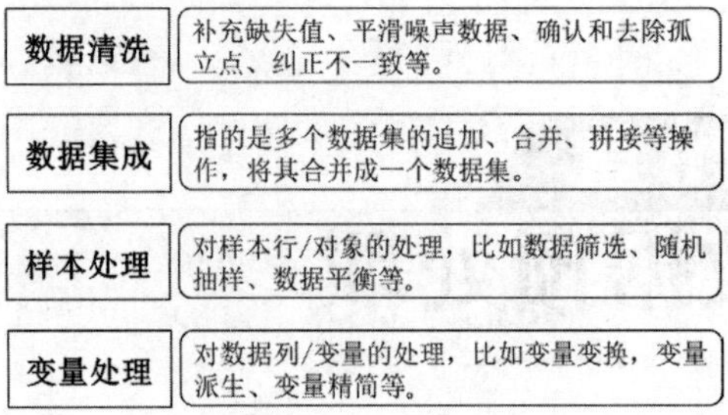

数据清洗	补充缺失值、平滑噪声数据、确认和去除孤立点、纠正不一致等。
数据集成	指的是多个数据集的追加、合并、拼接等操作，将其合并成一个数据集。
样本处理	对样本行/对象的处理，比如数据筛选、随机抽样、数据平衡等。
变量处理	对数据列/变量的处理，比如变量变换，变量派生、变量精简等。

图 6-1　数据预处理四大任务

1. 数据集成

将多张数据表进行合并，形成一张宽表，以便后续的数据分析和挖掘。

2. 数据清洗

收集到的数据集，一般总会有噪声数据，比如重复的、错误的、缺失的数据，此时需要对数据进行清洗。所谓的清洗，主要是指对异常数据的处理，包括去重、删除、填充、修改，等等。

3. 样本处理

样本处理，指的是对数据的行的处理，即样本对象的处理。包括样本对象的筛选、随机抽样、样本平衡，等等。

4. 变量处理

变量处理，指的是对数据的列的处理，即特征、属性的处理，包括变量变换、变量派生、变量精简，等等。

注意，数据预处理这四大任务是不分先后顺序的，下面将分别对四大任务进行介绍。

数据集成

在工作中，数据集往往来源于不同的数据库，存在多张物理上相互独立的表格，而大多数的数据分析工具或软件，只能对单张表进行分析，因此需要将多个表进行合并、组合，形成一张宽表，以便于后续的分析。

合并多张表的过程，就是数据集成（Data Integration）。数据集成的方式，主要有样本追加和变量合并两种，具体如下。

（1）样本追加（Append）：样本行，即对象/记录的合并。

（2）变量合并（Merge）：样本列，即特征/变量的合并。

6.2.1 样本追加

样本追加，也有人称为数据追加，但考虑到数据的概念有点模糊（包含数据行和数据列），而此处特指数据行的处理，因此，准确地说，应该称为样本追加。

样本追加，即样本行的追加，指的是合并两个或两个以上的数据集的所有记录行。当两个数据集的标题相同或基本相同，但样本对象不同时，就采用这样的方式，合并后的数据集，其样本行分别来源于两个表格。

典型的场景常应用于市场营销领域，往往需要每一个月导出一张销售表，如果要合并所有月份的销售表，则需要进行样本追加。如图 6-2 所示，对于 1 月份订单表（有 4 行样本）和 2 月份订单表（有 5 行样本）进行样本追加，得到右侧表格（合并后的样本行数为"4+5=9"行）。

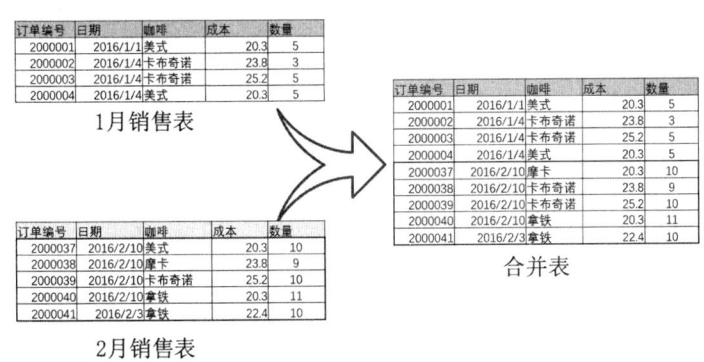

图 6-2 样本追加

样本追加，也叫横向合并（或上下合并），本质是合并数据行的对象。对于样本追加，需要注意如下事项。

（1）适用于两个表的字段相同，或者基本相同。

（2）两个表合并时，要注意字段的顺序要一致，即字段对齐。

（3）合并后的表的样本行数，等于合并前两张表的样本行数之和。

6.2.2 变量合并

变量合并，即样本列的合并，指的是合并两个数据表中不同的特征或字段。当两个数据表的样本对象集合相同或基本相同，但每个数据集记录的对象的特征或变量不同时，就采用这种方式，合并后的数据集，其字段分别来源于两个表格。

变量合并，也叫纵向合并，本质是对一个对象/样本的多个特征/属性的合并。由于合并同一个对象/样本的不同特征/属性，因此要求指定标识对象/样本的字段（主键或外键）。

如图 6-3 所示，左上图是一张订购表（主键为"订单编号"，外键为"用户 ID"），右上图是一张用户表（主键为"用户ID"）。现在要统计一下不同省份的销售数量（"省份"→"数量"），这时统计操作的字段（"省份""数量"）来源于两个不同的表（"省份"在用户表，"数量"在订单表），需要将这两张表合并起来，用过合并的字段为"用户ID"，合并表的字段，包含了两个表的字段，这就是变量合并。

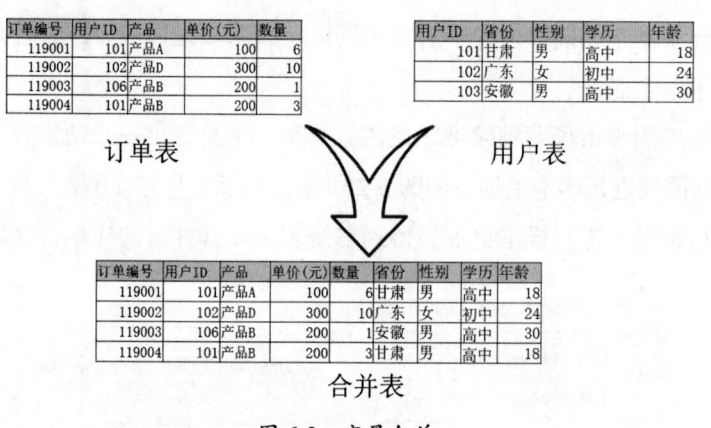

图 6-3　变量合并

变量合并，本质是在合并同一对象样本的不同特征/属性。变量合并时，需要特别注意以下几个方面。

1. 表关系类型

由于不同的表有可能表示的是不同的对象或实体，所以在合并时要注意区分左表和右表。一般情况下，两实体/对象间的关系有三种，分别是1:1、1:N和N:N。

（1）一对一关系（1:1）。

顾名思义，一对一关系指的是关联的两个实体，要么是同一个对象，要么是两个对象存在一一对应的关系（比如，一个学号对应一个身份号码）。

如图6-4所示，学员信息表（左表）和学员成绩表（右表），两个表的对象都是学员，对象是相同的，只是特征/字段不相同，此时两个表的关系就是1:1关系，合并后的对象还是学员。

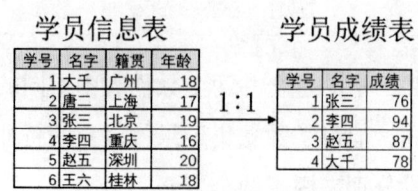

图 6-4　一对一关系（1:1）

（2）一对多关系（N:1，反过来即为1:N）。

关联的两个实体是不同的对象，存在一个实体对应多个实体的关系，即主从表关系。

如图6-5所示，一个班级可以有多个学员，因此班级信息表和学员信息表就是1∶N关系，反过来，学员信息表与班级信息表就是N∶1关系；同样，一个用户可以有多个订单，所以订单表与用户表之间就是N∶1关系。

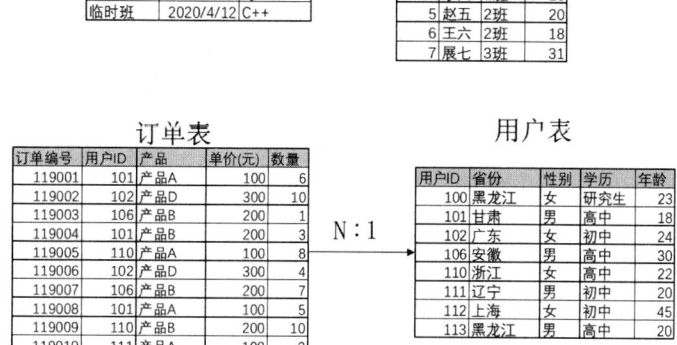

图6-5 一对多关系（N∶1和1∶N）

（3）多对多关系（N∶N）。

关联的对象是多对多的关系，此时合并，需要利用一个中间关系表来表示对象之间的对应关系。

如图6-6所示，学员信息表与课程表是多对多关系，一个学员可以选择多门课程，一个课程也可以被多个学员所选择，此时需要一个中间关系表（如学员选课表）来表示对象之间的对应关系（如图6-6图上所示）。

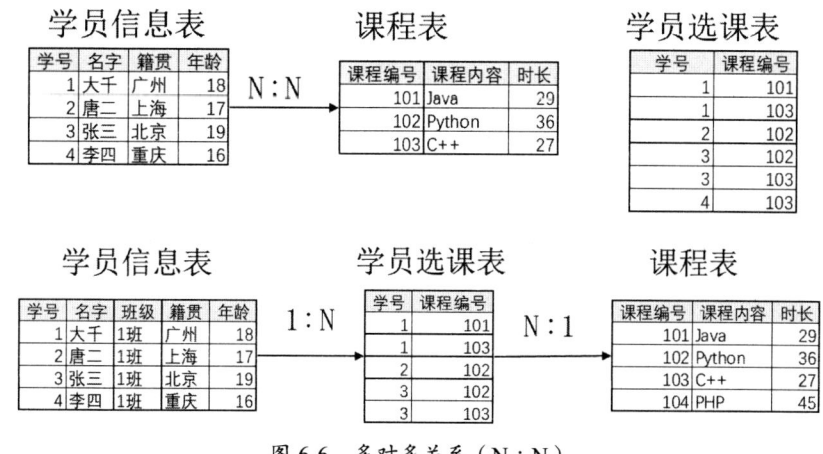

图6-6 多对多关系（N∶N）

实际上,一对一关系(1:1)是特殊的一对多关系,多对多(N:N)也可以看作是N:1和1:N的组合(如图6-6图下所示),而1:N与N:1的集成结果是相同的,因此,只需要理解N:1关系的数据集成,其他关系的集成也就理解了。

2. 表连接类型

变量合并,在数据库领域中,叫作表连接或表合并。表连接类型,主要有三大类共六种,如图6-7所示。

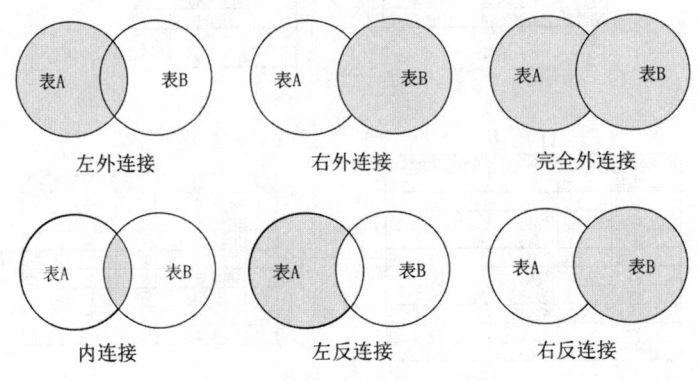

图6-7 表连接类型

(1)外连接(Outer Join)。

外连接:取一个表中的所有行(或对象),以及另一个表中匹配的行。外连接,可分为三种:左外连接(Left Outer Join),右外连接(Right Outer Join),完全外连接(Full Outer Join)。

左外连接,指的是合并表中的行,保留了左表的所有行,以及右表中的匹配行。

①合并表的样本行数,等于左表样本行数。

②如果没有匹配的行,合并后的字段值默认为空。

右外连接,指的是合并表中的行,保留了右表的所有行,以及左表中的匹配行。实际上,当左表和右表调换位置后,右外连接与左外连接的结果是完全相同的。

完全外连接,指的是合并表中的行,是两个表中所有的样本行/对象的并集(去重),无匹配的字段默认为空(缺失值)。

(2)内连接(Inner Join)。

内连接,只有一种情况,取的是两个表中的相同样本的行,舍弃不匹配的行,相当于两个集合的交集(去重)。

(3)反连接(Anti Join)。

反连接,仅取其中一个表中的样本行,剔除在另一个表中出现的样本行,相当于是两个集合的差集。反连接也有两种:左反连接和右反连接。

左反连接中,只保留左表中的行,剔除在右表中出现的样本行。

右反连接和左反连接相反,就是只保留右表中的行,而剔除在左表中出现的行。

6.2.3 连接示例

下面,举两个案例来呈现表的集成。

1. 一对一关系

如图6-8所示,现在将学员信息表当成左表,学员成绩表当成右表,两张表是1∶1关系,现在进行合并,下图显示了不同的连接类型的合并结果。

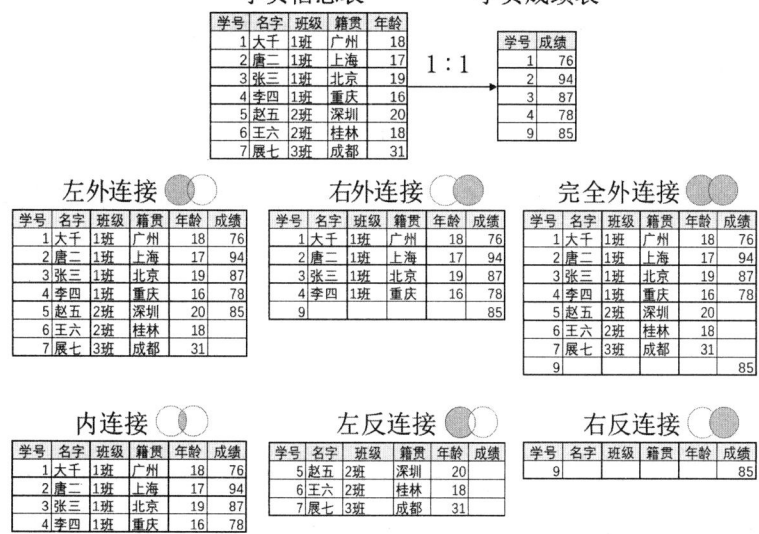

图6-8 1∶1关系连接结果

2. 一对多关系

如图6-9所示,将学员信息表作为左表,班级表作为右表,两张表是N∶1关系,现在进行合并,下图显示了不同的连接类型的合并结果。

图6-9 N∶1关系连接结果

左外连接

学号	名字	班级	年龄	开班时间	课程
1	大千	1班	18	2020/2/5	Java
2	唐二	1班	17	2020/2/5	Java
3	张三	1班	19	2020/2/5	Java
4	李四	1班	16	2020/2/5	Java
5	赵五	2班	20	2020/3/8	Python
6	王六	2班	18	2020/3/8	Python
7	展七	3班	31		

右外连接

学号	名字	班级	年龄	开班时间	课程
1	大千	1班	18	2020/2/5	Java
2	唐二	1班	17	2020/2/5	Java
3	张三	1班	19	2020/2/5	Java
4	李四	1班	16	2020/2/5	Java
5	赵五	2班	20	2020/3/8	Python
6	王六	2班	18	2020/3/8	Python
		临时班		2020/4/12	C++

完全外连接

学号	名字	班级	年龄	开班时间	课程
1	大千	1班	18	2020/2/5	Java
2	唐二	1班	17	2020/2/5	Java
3	张三	1班	19	2020/2/5	Java
4	李四	1班	16	2020/2/5	Java
5	赵五	2班	20	2020/3/8	Python
6	王六	2班	18	2020/3/8	Python
7	展七	3班	31		
		临时班		2020/4/12	C++

内连接

学号	名字	班级	年龄	开班时间	课程
1	大千	1班	18	2020/2/5	Java
2	唐二	1班	17	2020/2/5	Java
3	张三	1班	19	2020/2/5	Java
4	李四	1班	16	2020/2/5	Java
5	赵五	2班	20	2020/3/8	Python
6	王六	2班	18	2020/3/8	Python

左反连接

学号	名字	班级	年龄	开班时间	课程
7	展七	3班	31		

右反连接

学号	名字	班级	年龄	开班时间	课程
		临时班		2020/4/12	C++

图 6-9　N∶1 关系连接结果（续）

从前面的表连接结果可以知道，完全外连接是两张表合并后的全集，其他的连接类型，都可以看作是全外连接表的子表。

6.3　数据清洗

在现实生活中，收集到的数据往往避免不了有数据错误、数据之间相互冲突的情况，这些数据称为"脏数据"（Dirty Read）。显然，这些不符合要求的"脏数据"会影响数据分析的质量和结果，因此，需要想办法处理掉，这个过程就叫作数据清洗（Data cleaning）。

简单地讲，数据清洗其实就是对异常数据的处理。而所谓的异常数据，主要包含 4 类数据：重复值、错误值、离群值和缺失值。

6.3.1　重复值处理

重复值，主要指的是相同或者几乎相同的样本行。

在数据集中，一般根据主键（唯一标识）来区分重复值，比如身份证号或手机号相同的两条样本，都是重复数据。

如图 6-10 所示，存在两个"订单编号"相同（都是"119006"）的样本行，这就是重复数据。

订单编号	用户ID	产品	单价(元)	数量
119001	101	产品A	100	6
119002	102	产品D	300	10
119003	106	产品B	200	1
119004	101	产品B	200	3
119005	110	产品A	100	8
119006	**102**	**产品D**	**300**	**4**
119006	**102**	**产品D**	**300**	**4**
119007	106	产品B	200	7
119008	101	产品A	100	5
119009	110	产品B	200	10
119010	111	产品A	100	3

图 6-10　重复值

对于重复值，常用的处理方式就是去重，即只保留其中一条样本，其他的都删除。

6.3.2 错误值处理

错误值，也称无效值，主要是指在有效取值范围外的值（不包括空值）。比如，身高不能为负，分数中的分母不能为 0，等等。

错误值、无效值一般无法通过技术的手段来识别，需要结合业务场景和经验来判断。对于错误值，常用的处理方式如下。

（1）手动纠正或替换。

（2）直接删除行。

（3）修改为空值。

如图 6-11 所示，在"是否无偿献血"列中，明显可以看出，应该只取"Yes"或"No"两个值，但在数据列中还有两个无效值（第 3、8、12 行的"1"和"0"），依靠业务经验可以基本判断出，出现了数据取值不一致的情况，需要手动纠正或替换，可以将这里的"1"和"0"，分别替换为"Yes"和"No"。

而在"家庭人均年收入"列，第 9 行的"999999"，也是无效值，但这个值无法依靠业务经验判断如何修改，因此，面对这类无效值，要么将第 9 行直接删除（假定不影响分析），要么将这行的值，先修改为空值，留待后续统一处理（参考 6.3.4 小节"缺失值处理"）。

编号	是否无偿献血	家庭人均年收入	在校综合评价指数	家长是否鼓励	是否参与
1	Yes	46580	100	Not Encouraged	No
2	Yes		121	Not Encouraged	No
3	1	63482	102	Encouraged	Yes
4	No	40454	129	Not Encouraged	No
5	Yes	7333	86	Not Encouraged	No
6	No	17617	105	Not Encouraged	No
7	Yes	33540	110	Not Encouraged	No
8	1	48171	102	Not Encouraged	Yes
9	Yes	**999999**	120	Encouraged	Yes
10	Yes	33153	112	Not Encouraged	No
11	Yes	10331	94	Not Encouraged	No
12	0	33505	106	Not Encouraged	Yes
13	No	30052	76	Encouraged	Yes

图 6-11　错误值

6.3.3 离群值处理

离群值（Outlier），主要指的是其特征异于大部分数据特征的数据值。

离群值不等于无效值。从业务层面来理解，不能出现无效值，但离群值是有可能出现的，只是出现的频次或者可能性比较小而已。比如说，某个人的年龄是100岁，这个100岁是无效值，还是离群值呢？因为，有权威媒体报道的最长寿的中国人是135岁，所以活了100岁的人是可能存在的，只是出现的频次极低而已。此时，100岁应该不是错误值，而是离群值。

当然，如何判断某个数据与其他数据相比差异较大，是一个技术概念，采用的技术手段不同，找到的离群值也是不一样的。

下面介绍七种检验离群值的方法，前三种是针对单个变量来检验的，后四种一般是针对多个变量来检验的。在实际的工作中，最常用的是基于标准差和四分位距的检验方法。

1. 基于平均偏差检验

这种方法，也叫4d法（4倍平均偏差法），即离平均值的差在4倍平均偏差d之外的值，就算离群值。

这种方法适用于数据个数比较少的情况，在数据量小于30个的情况下可以用这种方法来检验。

举一个例子，现在得到5组实验数据，具体如下。

30.18，30.56，30.23，30.35，30.32。

如何判断"30.56"是不是离群值呢？操作如下。

（1）除了该值外，先计算其余数据的算术平均值（μ=30.27）。

（2）除了该值外，再计算其余数据的绝对偏差（AD=|x-μ|，以及平均偏差（d=sum(AD)/4=0.065）。

（3）判断：如果该值与均值的距离大于4d（即AD>4d），则为离群值，否则不是离群值。比如在上例中，因为"|30.56-30.27|=0.29>4×0.065"，所以"30.56"是离群值。

在上述计算过程中，注意要先排除需要检验的值，再计算均值和偏差。

2. 基于标准差检验

在概率统计中，有一个著名的3σ（Sigma）原则，即如果一个变量的取值是满足正态分布的，那么可以得出如下结论（其中μ为均值，σ为标准差），如图6-12所示。

（1）在范围（$\mu-\sigma$，$\mu+\sigma$）内的数据个数，约占总体的68.26%。

（2）在范围（$\mu-2\sigma$，$\mu+2\sigma$）内的数据个数，约占总体的95.44%。

（3）在范围（$\mu-3\sigma$，$\mu+3\sigma$）内的数据个数，约占总体的99.74%。

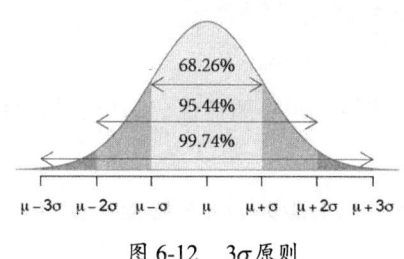

图 6-12　3σ 原则

而离群值，指的是离均值超过 3 倍标准差的数据。举一个简单的例子，现在收集了全国人民的身高，假定平均身高 μ=170 厘米，而标准差 σ=10 厘米（方便计算），那么哪些人的身高算是异常身高呢？

按照 3σ 原则，可以计算出，在 140 厘米以下和 200 厘米以上的都算是异常身高；而在 140 厘米到 200 厘米之间的身高是正常身高。

在实际工作中，有时还经常定义一种特殊的离群值，那就是极端值：离均值超过 5 倍标准差的值，叫作极端值。可见，极端值一定是离群值，但离群值不一定是极端值。

3. 基于四分位距检验

在前面讲的基于标准差检验方法，要求变量值服从正态分布，但如果数据不服从正态分布，怎么办？此时就可以采用基于四分位距检验法。

在后面将讲解四分位数、四分位距等统计指标，以及可视化的箱形图，超过箱形图中上下边界的值，都属于离群值，如图 6-13 所示。

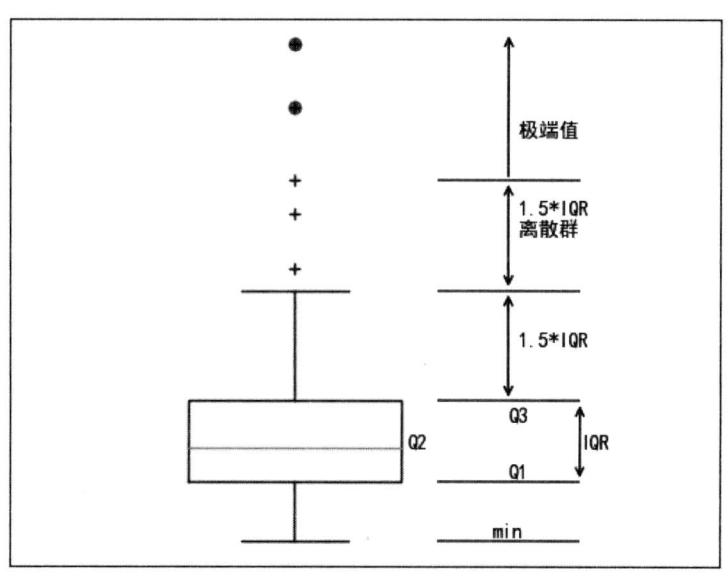

图 6-13　基于四分位距检验离群值

上边界值 =max{ 最大值，$Q_3+1.5 \times IQR$ }。

下边界值 =min{ 最小值，$Q_1-1.5 \times IQR$ }。

简单地讲，超出 1.5 倍 IQR 的值，叫作离群值；超出 3 倍 IQR 的值，叫作极端值。

4. 基于聚类检验

通过聚类，也可发现离群值。相似或者相近的数据聚合在一起形成各个聚类，而那些位于这些聚类集合之外的数据样本，就是离群值。

如图 6-14 所示，左边、右上角和右下角的 3 个样本数据都是离群值数据。

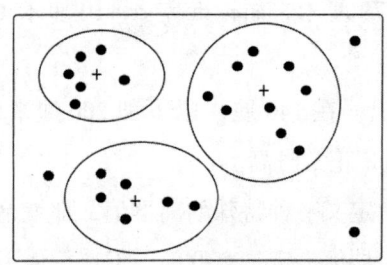

图 6-14　基于聚类检验离群值

5. 基于模型来检验

如果某些数据可以用模型进行拟合，那么，离群值就是那些不能使用模型完美拟合的数据。注意，这种方法需要借助模型来判断。

如图 6-15 所示，有两个变量的数据集，尽管单个变量的数据不会出现离群值，但是，除了左上角的 4 个点外，其余数据点基本上可以通过回归模型来拟合。因此，左上角的 4 个点就是离群值，或者叫作预测离群值。

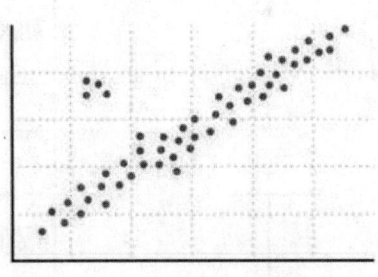

图 6-15　预测离群值

6. 基于密度来检验

当一个点的局部密度显著低于它的大部分近邻时，也可认为是离群值。

如图 6-16 所示，黑圆点的密度明显不同于其他圆点的密度，因此，可以认为黑圆点就是离群值。

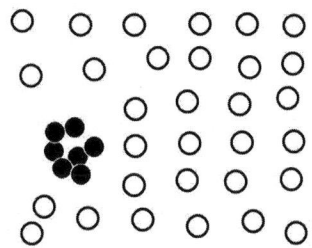

图 6-16　基于密度检验离群值

这种方法，比较适合非均匀分布的数据集。

7. 基于距离来检验

在几何空间中，离群值也就是那些远离其他数据的值。通常，可以基于样本间的距离来进行判断。

如图 6-17 所示，最右侧的 O_3 点，明显远离其他点，基本上可以认为是一个离群值。

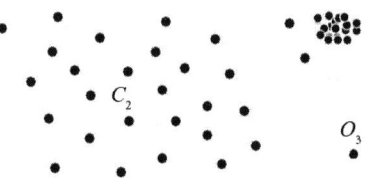

图 6-17　基于距离检验离群值

这种方法，由于要计算所有数据点的距离，计算量巨大，不适用于大数据集，也不能处理具有不同密度区域的数据集。

对于找出来的离群值，常用的处理方法有如下几种。

（1）设为空值法。即把此样本的字段值设为空值。

（2）截尾法。一个样本行，只要某个属性/字段是离群值，就删除整个样本行。这种处理方法简单，易操作，但由于某一个属性异常，也把其他属性的值删掉了，导致有可能删除了其他有用的信息。一般只有用后 4 种方法发现离群值时，才采用这种处理方法。

（3）缩尾法。即将离群值修改为最近的极值，这适合于单变量的离群值。比如，在基于标准差或四分位距的检验方法中，将大于上边界值的离群值，修改为上边界值（$\mu+3\sigma$ 或 $Q_3+1.5 \times IQR$），将低于下边界值的离群值，修改为下边界值（$\mu-3\sigma$ 或 $Q_1-1.5 \times IQR$）。

在实际的工作中，最常用的处理方法是极端值采用截尾法，离群值采用缩尾法；或者，数据量大的时候采用截尾法，数据量小的时候采用缩尾法。

6.3.4 缺失值处理

缺失值，也就是空值，指的是由于无法采集到，或者因为人为失误漏录的数据。如图6-18所示，编号为"2"的样本，其"家庭人均年收入"就是缺失值。

编号	是否无偿献血	家庭人均年收入	在校综合评价指数	家长是否鼓励	是否参与
1	Yes	46580	100	Not Encouraged	No
2	Yes		121	Not Encouraged	No
3	Yes	63482	102	Encouraged	Yes
4	No	40454	129	Not Encouraged	No
5	Yes	7333	86	Not Encouraged	No
6	No	17617	105	Not Encouraged	No
7	Yes	33540	110	Not Encouraged	No
8	Yes	48171	102	Not Encouraged	Yes

图6-18 缺失值

> **注意** 缺失值和空串有时候并不完全一样，缺失值表示没有值，而空串本身是有值的，只不过是空字符串而已。这个要结合具体业务场景来严格区分。

1. 处理方法

对于缺失值，常用的三种处理方法如下。

（1）暂不处理。在有些应用场景中，比如决策树建模，缺失值对建模的影响不大，这个时候缺失值可以保留，暂不处理。

（2）删除样本行。在有些应用场景中，比如回归建模，不允许存在缺失值，这个时候需要将整个样本都删除，或者采用下面填充的方法。

（3）填充/插补。考虑到删除样本行，有可能把其他有用的信息也删除了。因此，可以采用填充值的方式。缺失值的插补/填充有很多方式，比如插补固定值（均值、中位数、众数等）、同类均值、极大似然估计、多重插补，等等。

下面介绍常用的插补缺失值的方式。

2. 插补缺失值的方法

（1）固定值插补。

固定值插补，即用一个固定的值来填补缺失值。

这里的固定值，可以是指定的一个默认值（如"0"），也可以是计算出来的某个值。一般情况下，对于数值型变量（比如收入），就用平均值或中位数等来插补；对于类别型变量（比如省份），就用众数（出现频率最高的值）来补齐。

（2）分层均值插补。

比如，用户的身高值出现缺失，考虑到不同性别的身高往往存在较大的差异，用均值插补就不太合适。此时，可以采用同类均值插补，即分别计算不同性别的平均身高（男性平均身高、女性平均身高），然后按照用户的性别来插补不同平均身高值。

分层均值插补，核心的问题是如何分类分层。即需要根据业务场景来考虑，比如，对于"身高"字段，可以按性别来分层，也可以按年龄段来分层，甚至可以用多个变量（或者采用聚类的方式）进行分层，然后计算各层的均值，再进行分层插补。对于"收入"字段，可以按居住地、行业、岗位级别等来分层，然后再进行分层均值填充。

（3）邻近值插补。

在某些具有时间趋势的数据集中，后一个时期的数据值往往会受到前一个或多个时期的数据值的影响，此时可以采用邻近值插补。

邻近值插补，也有很多方式，具体如下。

①向下填充，用前一个时期的值替换空值。

②向上填充，用后一个时期的值替换空值。

③前后均值填充，即用前后两个时期的均值替换中间的空值。

如图6-19所示，第3个时期是空值，那么在前后均值填充时，就用第2和第4个时期的均值"(6+5)/2=5.5"来填充。

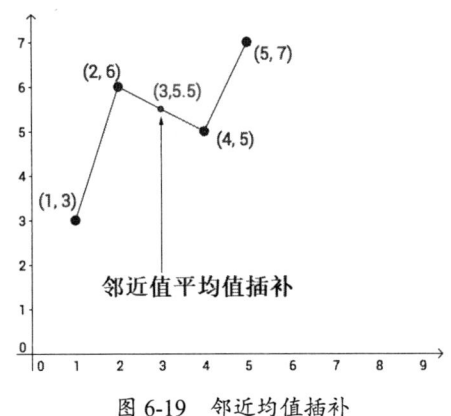

图6-19 邻近均值插补

（4）拉格朗日插值。

给定二维平面上n个点，一定可以找到一个$n-1$次多项式，使得这个多项式经过这n个点。所以，在缺失值插补时，往往会找到缺失值前后的若干个有值的点，先构造出一个拉格朗日函数，然后再计算出缺失值的函数值，再替换空值。

如图6-20所示，"$x=3$"是缺失点，取其前后各两个点共4个点（$x=1$、2、4、5），先利用这4个点，找出经过这4个点的拉格朗日函数，然后再将"$x=3$"代入拉格朗日函数，即可算出缺失值"$y=6.94$"。

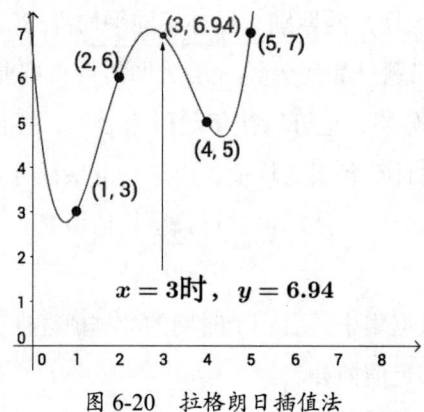

图 6-20 拉格朗日插值法

可见，当"$n=2$"时，拉格朗日插值（曲线插补）就"退化"成了前面的邻近均值插补（线性插补）。

当然，还有很多其他的插值法，如牛顿插值法、泰勒插值法、多重插补，等等。有兴趣的读者可以在网络上查找相关的资料。

样本处理

样本处理，指的是对数据记录行的处理，包括筛选、抽样、平衡等。

6.4.1 数据筛选

数据筛选（data screening），指的是从数据集中按照某种选择准则筛选出部分样本对象的过程，这样可以减少样本数据量。

比如，收集全校学生的成绩数据集后，要对某个班、某个年级的学生进行单独分析，就需要进行筛选。

数据筛选与随机抽样不一样，数据筛选是只选择出符合条件的样本，是需要指定筛选条件的；但随机抽样不需要指定条件，选出的样本具有随机性。

6.4.2 随机抽样

抽样（Sampling），指的是从全部数据中随机选择部分数据进行分析。此时，全体数据称为总体（Population），抽取的部分数据称为样本（Sample）。

在小数据时代，由于受限于数据处理能力，对于海量数据的处理是不可能的，因此需要从原始数据集中，抽取合适数量的数据进行分析，这就需要随机抽样。但在大数据时代，计算能力是足够的，是不需要随机抽样的。

不过，在数据建模的模型评估时，需要将数据集划分为训练集和测试集，会用到随机抽样。

6.4.3 数据平衡

在数据预测建模时，训练集中常常有正负两类样本，如果正负样本数的比例相差过大，就叫数据倾斜，也就是数据不平衡。数据倾斜，往往会导致训练出来的模型质量不够好，甚至模型不可用。

比如，要建立一个是否健康的预测模型，现在收集到数据集中，有99%的居民是健康的，患病的只有1%，这就出现典型的数据不平衡。如果用这样的数据集来建模，得到的模型有可能是，"模型预测所有人都是健康的"，这个模型的准确率是99%。但这种模型根本就不可用，因为它没有办法提前发现患者以便治疗。

所以，为了达到更好的模型整体预测效果，正反样本的比例要保持均衡，这就是数据平衡。

如何才能确保数据平衡呢？一般有如下几种方式。

1. 欠抽样

欠抽样（Undersampling），就是通过减少比例多的那类样本（部分抽样），最终使得正负样本比例均衡。

如图6-21图左所示，假定有99万的健康用户，1万的患病用户，要达到正负样本平衡，可以从99万健康用户中抽取部分样本（假定2万），再把所有患病用户全部抽取出来，这样2万健康用户和1万患者形成了最终的训练样本集，其中正负样本的比例就相对平衡而不会倾斜了。

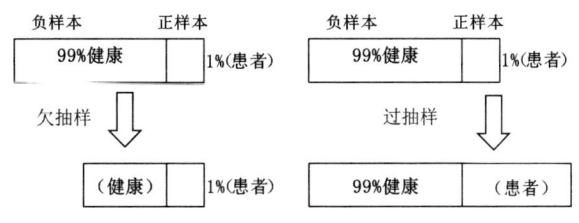

图 6-21 欠抽样与过抽样

2. 过抽样

过抽样（Oversampling），其实就是重复抽样，增加比例小的那一类样本，最终使得正负样本比例均衡。在总体样本比较少的情况下，如果采用欠抽样，将导致样本量更少，也不利于建模，此时可采用过抽样。

如图 6-21 图右所示，从患者中通过进行有放回的重复抽样，比如重复抽取 3 万次，得到 3 万的患者样本（注意有重复的样本），然后再与全部负样本或部分负样本（比如负样本中抽取 5 万）组合成最终的训练样本集，这样也能达到数据平衡。

3. 样本加权

也可以通过样本加权的方式，来解决数据不平衡的问题。即根据样本的比例情况，来设置各样本的权重。在建模的过程中，模型算法会将各样本的权重考虑在内，以得到最优的模型。

比如，在利用 Python 进行逻辑回归建模时，都有参数如 class_weight、sample_weigth，来改变类别和样本的权重，这样也能降低倾斜数据对模型的影响。

解决数据不平衡的方法还有很多，比如数据合成（SMOTE，ADASYN）等，有兴趣的读者可以在网络上搜索相关的资料。

其实，上述多种方法都是可以共存的。

6.5 变量处理

变量处理，指的是对数据列的处理，包括变量变换、变量派生、变量提取等的处理。在常规的数据分析中，叫作变量处理；在数据挖掘和机器学习的场景中，也叫作特征工程。下表列出了常用的变量处理方式。

变量处理方式

处理方式	描述	示例
变量变换	原变量值转换为新值。数据标准化，就是变量变换的一种典型形式	将"年龄"字段进行标准化处理
变量派生	生成新的变量	基于"出生日期"，派生"年龄"字段
变量提取	从原变量中提取生成新的变量	从身份证号码中提取"出生日期""籍贯""性别"等字段
特征选择	从多个变量中，选择少数几个重要变量	
因子合并	将多个变量合并成少数几个新的因子	
类型转换	数据类型的转化	将年龄转换成年龄段，或者将性别转换成哑变量

变量处理比较复杂，需要考虑业务场景，也需要结合数据量纲大小，以及数据模型的需要，才能知道应该对数据进行哪些变量处理。

下面总结一下数据预处理的主要知识点，如图 6-22 所示。

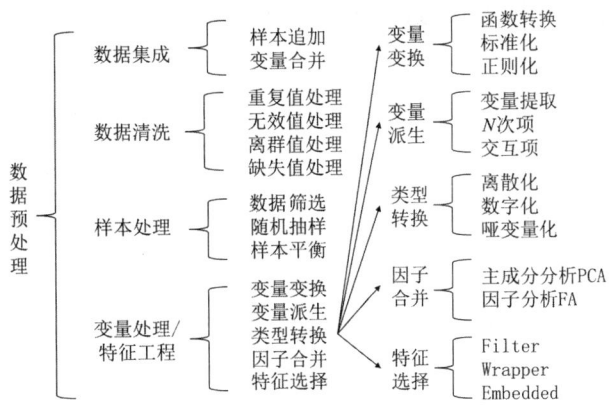

图 6-22 数据预处理主要知识点

6.6 质量评估

数据预处理结束后，就可以对数据的最终质量进行评估，看是否满足数据分析的要求。

数据质量，可以通过几个方面进行衡量：完整性、准确性、一致性、唯一性、时效性、全面性等。

1. 完整性

即数据是否有缺失，缺失的比例是否过大。一般情况下，要求样本数据尽量有，不能为空。当然，在数据量较大的情况下，部分数据缺失是不会影响分析结果的，这是可以容忍的。但大量的数据缺失，将导致分析结果不具有代表性。

2. 准确性

即正确性，收集到的数据要准确真实，不能够随意编造，要杜绝数据造假。当然，由于数据的测量精度不够，造成的数据不准确，暂时不在本书考虑范围内。

3. 一致性

同一个事物的数据，即使数据来源不相同，也要求其含义是相同的。比如说用户学历，有的地方叫学历，有的地方称为教育水平；或者一个人的性别，有的数据集用"男"和"女"来表示，有的数据集用"1"和"0"表示，这都是数据不一致性的表现。同一类事物的属性或特征，其含义和取值都应该是相同的，这就是一致性。

4. 唯一性

即数据的重复性，指的是同一个样本数据，一般只出现一次，不要重复出现。对于重复样本，需要去重，只保留一条样本数据，多余的样本数据都要整行删除。

特殊场景除外，比如前面提到的过抽样和自助抽样法中，都会出现重复样本数据。

5. 时效性

即时间有效性，同一件事物在不同的时间具有很大的性质上的差异。比如，要预测当月的产品销量，那么收集 10 年以前的产品销量来做预测，是否有效呢？考虑到 10 年前的销售环境和消费习惯都发生了大大的变化，所以这些数据在理论上是不具备时效性的。

6. 全面性

全面性，或称完备性，即收集的数据维度是否足够和全面，是否能够全面系统地呈现业务信息。这也需要基于业务场景和业务需要来评估。

本章小结

数据预处理，是一个非常复杂而且耗时的过程，主要包含四大任务：数据集成、数据清洗、样本处理、变量处理。各大任务之下，还涉及具体的操作处理。在实际应用中，往往需要结合具体的业务场景和业务数据，选择部分预处理操作。比如，在常规数据分析时，涉及数据集成、数据清洗的操作较多；而在数据建模时，需要重点考虑特征降维（特征选择、因子合并）、类型转换（哑变量化、离散化）、样本平衡、变量标准化等。

第Ⅲ部分 描述统计分析篇

本篇主要介绍常规的数据统计分析知识。统计分析,即基于分组、汇总、合计等手段,实现对业务数据指标的探索和分析。常规的统计分析,在任何行业、任何领域都有大量的应用,是所有数据分析的基础。

统计分析主要涉及的内容如下:

(1)认识数据集的格式及常用数据类型;
(2)理解统计分析的操作模型和关键要素;
(3)掌握常用的数据统计指标;
(4)掌握常用的统计分析方法;
(5)熟练使用可视化图形来呈现数据分析结果;
(6)学会解读图形,提炼业务信息。

关键词: 数据统计分析基础,数据统计分析方法,数据可视化。

第7章 数据统计分析基础

本章导读

统计分析，是最常用的数据分析方法，操作简单，应用广泛，可以用在任何一个行业和领域。本章主要介绍统计分析的基础知识，包括数据集、操作模式、操作步骤等内容。

知识要点

通过本章学习，读者应掌握如下知识和技能：

- 了解数据集的格式和数据类型；
- 理解统计分析的两个关键要素：指标和类别；
- 掌握统计分析的三个操作步骤；
- 了解常用统计指标的含义和应用场景。

7.1 认识数据集

在分析数据之前，先来认识常用的数据集和数据类型。因为对于不同的数据类型，需要采用的分析手段是不一样的。

数据集，也就是常说的数据表，是数据对象和对象属性的集合。属性，是指数据对象的特征，比如一个物品的颜色、温度等。

7.1.1 数据集格式

数据集，一般由行和列组成。图7-1所示的就是一个最典型的数据集表格。

图 7-1　数据集格式

数据集的每一行，都是一个数据对象（在图 7-1 中是"订单编号"），所有的行合起来就是一个数据对象的集合。数据行，有时也叫作样本、记录、对象、案例、事件等。

数据集的每一列，往往是数据对象的基本特征和属性的描述。数据列，在业务层面，一般叫作属性、特征等；在数据领域，数据列也叫作变量、字段、标题等。

数据中的变量或字段，一般有如下几类。

（1）样本标识。正如前面所说，数据是对一个客观事物的描述，所以在数据集中，往往会有一个表示事物的唯一标识，如订单编号、用户 ID。

（2）日期变量。表示当前事件发生的时间，如订购日期。

（3）对象属性。表示事物的属性或状况的字段，比如，学历是用户的属性，产品是订单的属性。

7.1.2　数据存储类型

一般情况下，数据集中的每个样本的同一个字段，其数据类型是相同的。在实际的应用中，往往简单地把数据类型分为三种：数值型、类别型和日期型。数据类型如图 7-2 所示。

（1）数值型，如数量、单价等。其进一步可分为离散型（Discrete）的和连续型（Range）的。比如，单价是连续的，一般用浮点数表示，而家庭人数等是离散的，一般用整数表示。

（2）类别型，如学历、产品等。其进一步可分为无序型（Unordered）和有序型（Ordered）。比如，产品名称是无序型的，而学历是有序型的（即可以比较大小或高低）。

（3）日期型，如出生日期、订购日期等。

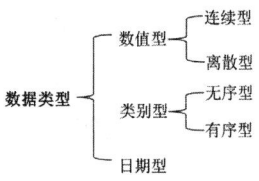

图 7-2　数据类型

数据的存储类型，指的是数据在数据库中的存储格式。一般情况下，数据存储的形式有如下几种。

（1）二进制存储：数值型变量，比如年龄、单价、销量等，在数据库中是以二进制格式存储的。

（2）字符串存储：类别型变量，比如学历、产品等，在数据库中是以字符串形式存储的。

（3）日期型字段比较特殊，看起来像是字符串格式，而实际上在数据中也是以二进制形式存储的。在 Excel 中，时间存储的是自 1900 年 1 月 1 日凌晨来的天数；而在 SPSS 中，存储的是自 1582 年 10 月 14 日零点以来的秒数。

7.1.3 数据统计类型

相对于存储类型而言，在做数据分析时更常用到统计类型，也叫作测量尺度（measure scale），即这个字段类型能够用来做什么样的处理和操作。

统计类型一般有四种，如表 7-1 所示。

表 7-1 数据统计类型及含义

数据类型	统计类型	存储类型	含义	示例
定性的（分类）	名义（nominal）	字符串	无序，不可运算	性别、省份等
	次序（ordinal）	字符串/数值	有序，不可运算	学历、职称等
定量的（数值）	间隔（interval）	数值	有序，可加减运算	温度、日期等
	比率（ration）	数值	有序，可四则运算	价格、金额、销量等

（1）nominal，标称或者名义。

即无序的类别型变量。名义类型的变量只能用来比较是否相等，而不能比较大小，更不能用来进行四则运算，比如性别、产品名等。

此类字段，常用的统计指标有频次/计数。

（2）ordinal，序数或次序。

即有序的类别型变量。次序类型的变量可以比较是否相等，也可以比较大小，但不能进行四则运算，比如学历、职称、名次、等级等。

此类字段，常用的统计指标有频次/计数、中位数、众数。

（3）interval，间隔或区间。

即有序且可做加减运算的数值型变量，比如温度、年份、纬度等。由于等距尺度的零点是任意选取的，就拿温度来说，以冰融化时的温度作为零度，其余的温度只是在这个零度的基础上的差值，所以等距尺度的相加和相减是有意义的，但乘法和除法运算的结果不是唯一的，所以没有意义。

此类字段，常用的统计指标有频次/计数、中位数、众数、平均值、标准差。

（4）ratio 比率。

比率尺度，既可以排序、比较大小、做加减运算，也可以做乘除等四则运算的数值型变量，如价格、销量、长度等。

此类字段，所有复杂的统计指标都可用。

名义和有序尺度是定性的（qualitative）、分类的（categorical）、没有计量单位；而等距和等比尺度是定量的（quantitative）、数值的（numeric）、有计量单位。

除了名义类型是无序类型外，其余类型都是有序类型（即可以排序和比较大小）。在 SPSS 中，为了方便统计，将后两者（间隔和比率）都称为度量（Scale）类型。

不过，在实际的工作中，并不一定要将数据类型分得这么详细，只需要知道数据类型有三类，即数值、类别、日期，就够了。

7.2 统计分析基础

本节将抛开专业的学术概念，描述一下统计分析的基础知识。简单地说，统计分析就是用分类和比较的方式来回答业务问题。这句话可以从以下两个方面来理解。

（1）统计分析只有一个目的，就是回答业务问题，即透过数据来发现业务的运行规律和发展变化。

（2）统计分析有两个操作：一是分类，二是比较。

①分类，或叫作分组，指的是将对象按照某种原则进行划分，分成不同的组别。

②比较，就是比较不同组的指标。

因此，有时将统计分析简单地理解为分类汇总。

7.2.1 操作模式

统计的操作模式，就是分类汇总，即先分类，再汇总，通常简写为"类别→指标"形式。比如：

（1）产品→销售额，表示按照产品名称来统计不同产品的销售额；

（2）学历→销量，表示按照学历类别来统计不同学历的销量；

（3）区域→客单价，表示按照区域类别来统计不同区域的客单价指标。

假定要回答哪个产品最受欢迎的问题，将其转换为统计问题的思路就是：产品→销量。

如图 7-3 所示，假定要统计各个产品的销量（产品→销量）。首先按照"产品"字段将所有样本分成三个组（行分组），然后每个组再单独按照"数量"字段进行汇总（列汇总），这样就得到了每个组的销量指标。

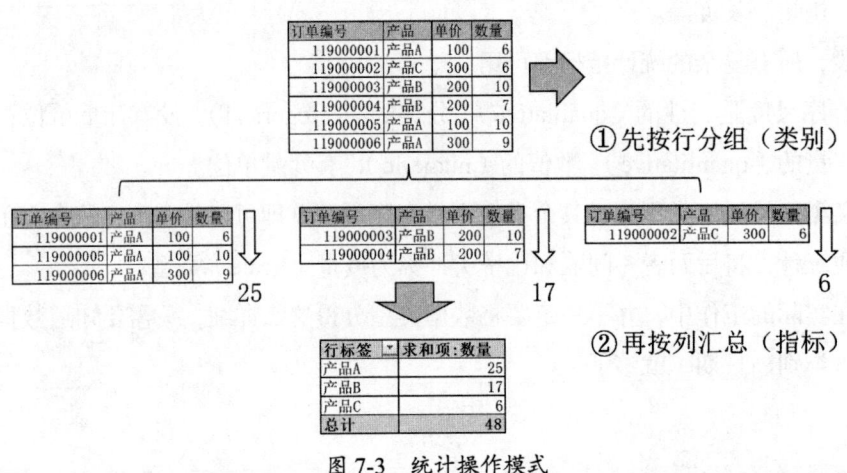

图 7-3　统计操作模式

所有统计方法，其操作模式是相同的，先是行分组，再是列汇总。

7.2.2　关键要素

在统计分析中，有两个关键要素：一个是指标，一个是类别。所以，统计分析的操作模式就是按类别统计指标，如图 7-4 所示。

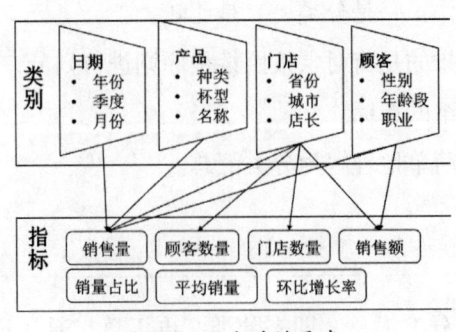

图 7-4　两个关键要素

1. 指标

指标，也就是度量（metric），是对业务目标的一般性描述，指在企业运营和管理过程中，用来衡量各个环节的业务运行状况的参数和规格。

关于指标，有指标名和指标值之分。比如，总产量、销量、销售金额、新增人数、合格率、利润率等，都是指标名称。

不同的指标名，其含义是不一样的。比如，产品销量反映的是产品受用户欢迎的程度，销量越高，说明越受欢迎；销售金额反映的是产品的贡献大小，销售额越高，说明贡献越大；合格率反映的是产品的质量情况，合格率越高，说明生产的质量越好；客单价反映的是用户的消费能力，客单价越高，说明用户的消费能力越强，也说明用户的消费层次越高。

指标值，就是指标名称的具体取值。比如，在某时间段内的销量的真实取值，以"2021年的产品销量为5000"为例，"5000"就是指标值。

指标值，往往是由数值型变量指定汇总方式，就能够得到。比如，将字段"数量"指定汇总方式为求和，于是就得到了具体的销量值。

2. 类别

类别，一般对应数据集中的分类变量，如学历、产品等。在数据分析中，经常用这些字段来实现对数据对象的划分和分组。

比如，可以按照学历，将所有的用户分成五个组（类别值）：初中、高中、大专、本科、研究生，然后再进一步统计每个组的用户的产品销量。

7.2.3 三个操作步骤

弄明白统计的操作模式后，接下来，统计分析就容易实现和操作了。一个典型的统计分析，要经过三个步骤。

（1）统计。即按类别统计指标（类别→指标），得到透视表结果。

（2）画图。即可视化，基于透视表画出相应的图形。

（3）解读。观察可视化图形，结合业务场景，提取出业务的运行规律和特征。

如图7-5所示，首先按照星期统计平均销量，得到透视表；接下来，基于透视表画出柱形图；最后，观察图形，可以得到产品销量在时间上的分布规律（或者说，客流量在时间上的规律）。

在常规的统计领域，几乎所有的统计模式和步骤都是类似的。

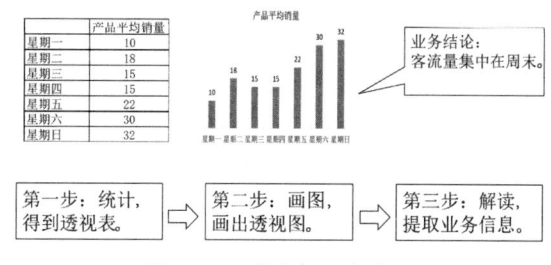

图7-5　统计分析三个步骤

7.2.4 透视表组成结构

统计，是分析的基础。在 Excel 中，完成统计汇总功能最常用的就是透视表。透视表的设计，是围绕统计分析的理论基础构建出来的，是一个可以完全实现"类别→指标"功能的工具。

一个典型的透视表的配置界面，如图 7-6 所示，包含如下几个部分。

（1）候选字段。

（2）筛选区域（用于样本筛选）。

（3）行标签、列标签（用于样本行分组）。

（4）值标签（用于字段列汇总）。

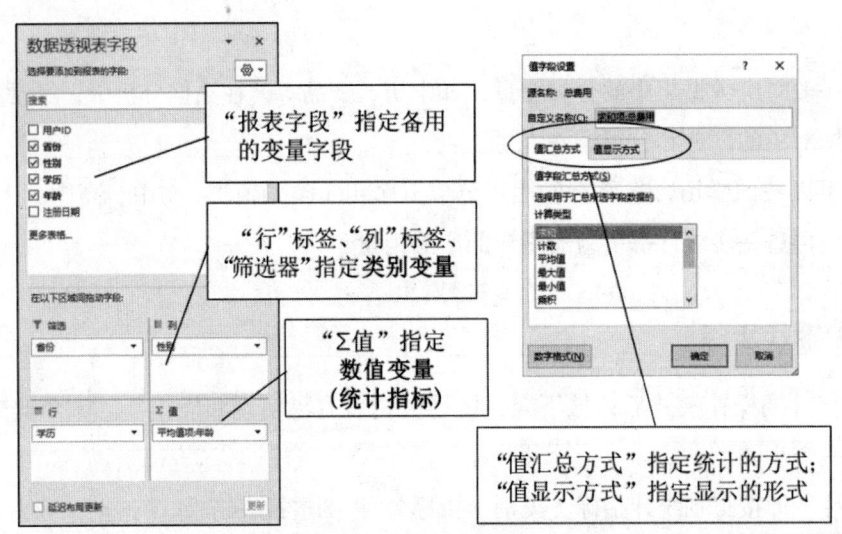

图 7-6 透视表模板

实际上，除了值标签外，其余字段区域（"筛选"区域、行标签、列标签）的配置可以为空，即不需要拉入候选字段。如果要拉入字段，则字段要求只能是类别型字段；而值标签，可拉入数值型字段，而且还要在"值字段设置"界面中，指定汇总方式（计数、求和等），一般默认的汇总方式是求和。

这些部分，对应到 7.2.2 小节讲到的两个关键要素表述如下。

● 类别，对应"筛选"区域、行标签、列标签。

● 指标，对应值标签、"汇总方式"。

按照功能划分，数据透视表有三个组成部分，如图 7-7 所示。

第 7 章 数据统计分析基础

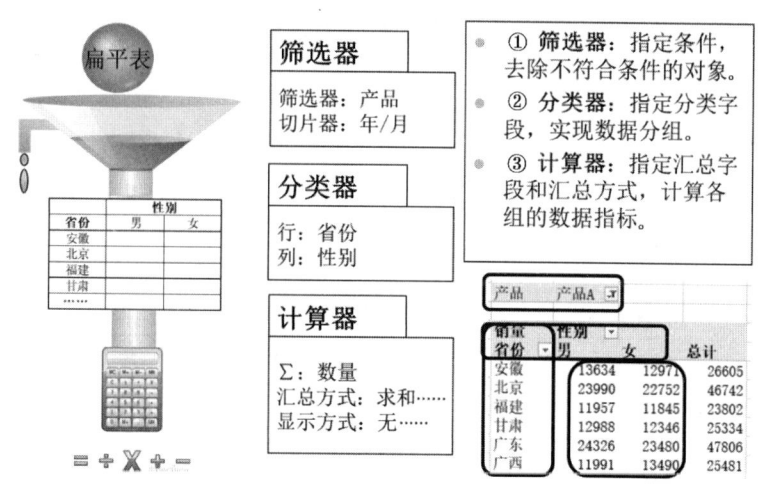

图 7-7 透视表三个组成部分

（1）筛选器。

透视表中的筛选区域，以及菜单中的切片器功能，都属于筛选器功能。

筛选器功能，专门负责实现数据对象的选取，只有满足条件的数据对象才能进行数据操作和汇总，那些不满足条件的数据对象将会被剔除。比如，只对"产品＝产品A"的数据样本进行统计。不选的话，表示对所有的产品对象进行统计。

（2）分类器。

透视表中的行标签、列标签，都属于分类器功能。

分类器功能，实现数据对象的分类或分组，按照某个字段值进行分组。比如，图中表示筛选后的数据对象，按照省份（31 个值）和性别（2 个值）两个变量的不同取值，进行分组。这意味着要将订单分为"31×2=62"个组。

（3）计算器。

透视表中的值标签，属于计算器。

计算器功能，实现分组后的数据集对数值的聚合（即列汇总）。要聚合的话，就需要指定聚合函数或汇总方式（如计数、求和、最大/小值、标准差等）。如图 7-7 所示，将得到 62 个销量值（一个组一个值）。

7.3 常用统计指标

在统计分析中，常用的描述性指标一般有三大类：集中趋势、离散程度、分布形态。常用的统计指标及其含义，如表 7-2 所示。

表 7-2 常用统计指标及含义

类别	指标术语	说明
集中趋势	平均值	所有数据之和除以样本个数
	中位数	数据排序后，最中间位置的数值
	众数	出现频次最多的数值（对离散型数据）
离散程度	极差	最大值与最小值之间的差值
	标准差/均方差	所有数值与均值之间的差值
	四分位距	上四分位数与下四分位数之间的差值
	变异系数	标准差除以均值
分布形态	偏度	反映数据分布的对称情况
	峰度	反映数据分布陡峭程度

7.3.1 集中趋势

数据的集中趋势（central tendency），指的是一组数据向某一中心聚集的情况，反映了数据的中心位置，即数据的整体水平。

常用的指标有平均值、中位数和众数等。

1. 平均值

平均值（Mean），简称均值，是最基本、最常用的指标，是表示数据集中程度的重要指标，适用于数值型数据。

平均值，包括算术平均值、几何平均值和调和平均值等。平时所说的均值，往往指的是算术平均值，其他的两个均值只在特定的应用场景中使用。

（1）算术平均值。

算术平均值，即将所有的数据相加，再除以数据的个数，一般用"μ"或者"$\bar{x}$"表示。

比如，有 n 个数据值 x_1，x_2，$\cdots$，x_n，则算术平均值的计算公式如下。

$$\mu = \bar{x} = \frac{x_1 + x_2 + \ldots + x_n}{n} = \frac{\sum_{i=1}^{n} x_i}{n} = \frac{1}{n}\sum_{i=1}^{n} x_i$$

① 优点：因为均值考虑了所有的数据，所以一般情况下均值比较准确。

② 缺点：均值容易受离群值的影响。当数据中出现离群值时，所得到的均值结果将会出现较大的偏差。比如，在网络上经常调侃的"我和马云的平均收入是好几个亿"，或者在平时看新闻时说的收入"拖后腿"，其实指的就是均值出现较大偏差而不具有代表性所闹出的笑话。

为了解决均值偏差的问题，在实际应用过程中，很少对所有数据做平均值，往往会用截尾平均（即去除 2 倍标准差 σ 外的离群值，相当于去除头部和尾部的 5% 的数据之后，再对剩下的 95% 的数据求平均值）来代替。

在一些体育比较赛中，经常会有去掉一个最高分和去掉一个最低分，然后再计算其平均值，将其作为最后的得分的计分方式，就是一种简化的截尾平均。

（2）几何平均值。

几何平均值，即将所有数据相乘，再开 n 次根，公式如下。

$$G = \sqrt[n]{\prod_{i=1}^{n} x_i} = \sqrt[n]{x_1 x_2 \ldots x_n}$$

几何平均值，适用于具有等比或近似等比关系的数据，比如计算平均年利率。

（3）调和平均值。

调和平均值，又称倒数平均值，即数据倒数的算术平均值的倒数，用 H_n 来表示，公式如下。

$$\frac{1}{H_n} = \frac{1}{n}\left(\frac{1}{x_1} + \frac{1}{x_2} + \ldots + \frac{1}{x_n}\right) = \frac{1}{n}\sum_{i=1}^{n}\frac{1}{x_i}$$

等价于如下公式。

$$H_n = \frac{n}{\sum_{i=1}^{n}\frac{1}{x_i}} = \frac{n}{\frac{1}{x_1} + \frac{1}{x_2} + \ldots + \frac{1}{x_n}}$$

一般情况下，上述三种平均值的关系是：调和平均值≤几何平均值≤算术平均值。

2. 中位数

将一组数据按照大小顺序排序，位于最中间位置的数据即中位数（Median）。中位数，一般应用于数值型变量的分析。

中位数，基本上将这组数据划分为个数相等的两个部分，有一半的数据比中位数大，有一半的数据比中位数小，如图 7-8 所示。

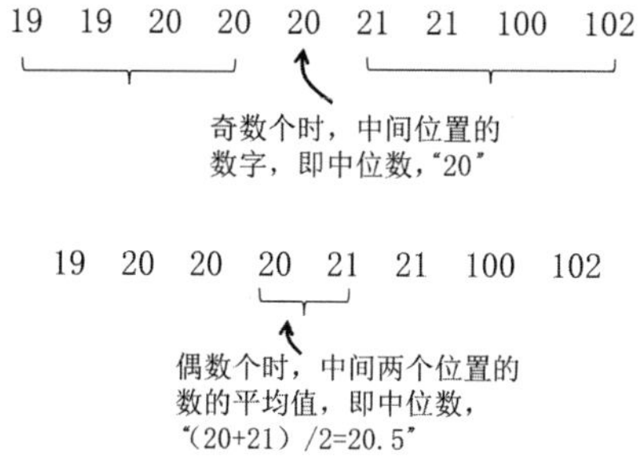

19　19　20　20　20　21　21　100　102
奇数个时，中间位置的
数字，即中位数，"20"

19　20　20　20　21　21　100　102
偶数个时，中间两个位置的
数的平均值，即中位数，
"(20+21)/2=20.5"

图 7-8　中位数示意图

当数据个数为奇数时，中位数即为最中间的数。如果有 N 个数，则中间数的位置为"(N+1)/2"；当数据个数为偶数时，中位数为中间两个数的平均值，中间位置为"$N/2$，$N/2+1$。"

中位数不受极值影响，因此对极值缺乏敏感性。

3. 众数

众数（Mode），数据中出现次数最多的数值，即发生频率最高（频数最大）的数值，代表分布的是高峰，适用于离散型数据（包括离散数值型，以及类别型数据），一般不能用于连续数值型数据，如图7-9所示。

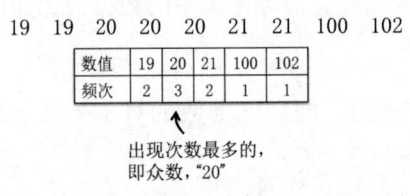

图 7-9　众数示意图

众数可能不止一个，也不容易受极端值影响。

注意，上述代表集中趋势的几个指标的区别如下。

（1）平均值，由所有数据计算而得，会因每个数据的变化而变化，代表所有的数据，但容易受极端值的影响，因此在实际应用中经常用截尾平均来代替。

（2）中位数，需要排序，不受极端值的影响。所以部分数据的变动，对中位数没有影响。

（3）众数，通过计算频次得到，反映频数最多的数值，也不易受极端值的影响，仅用于离散型数值变量或类别型变量。

1.3.2　离散程度

如果说，集中趋势表示的是一组数据的中心值，那么离散程度（Measures of Dispersion），就表示数据的波动大小和变化大小，指的是一组数据与平均值的偏离程度。

离散程度，常用的指标有极差（全距）、标准差/均方差、变异系数、四分位距等。

1. 极差（全距）

极差，或者叫作全距（Range），指的是数据的跨度，即范围大小，如图7-10所示。极差=最大值－最小值。显然，极差越大，离散程度越大；反之，离散程度越小。

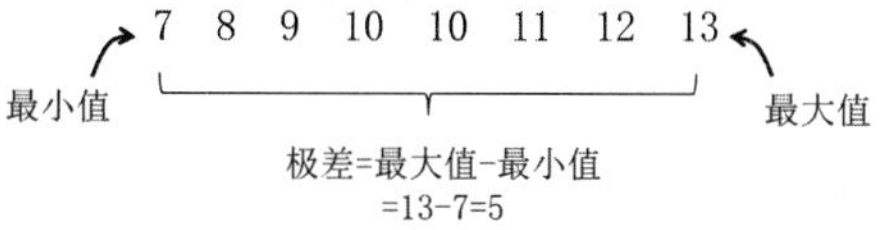

```
    7  8  9  10  10  11  12  13
最小值                              最大值
       极差=最大值-最小值
            =13-7=5
```

图 7-10 极差示意图

由于极差只涉及两个极值，不能反映其他数据的变化，因此只能粗略估计数据的偏离程度。显然，极差对极值（最大值和最小值）比较敏感。

2. 标准差 / 均方差

标准差（Standard Deviation），也称均方差（Mean Square Error），指的是一组数据中各数据与均值的平均偏离程度，一般用 σ 表示，读作 Sigma。

标准差 / 均方差，主要用来反映数据的分散程度或波动大小，比较常用。标准差 / 均方差越大，表示数据越分散，波动越大；标准差 / 均方差越小，表示数据越集中，波动越小。

标准差的平方，叫作方差（Variance/ Deviation Variance），用 σ^2 表示。方差，又可以分为样本方差和总体方差。为了区别这两种方差，一般样本方差常用 s^2 来表示，总体方差用 σ^2 表示。

（1）样本方差。

样本方差，计算公式如下。

$$s^2 = \frac{1}{n-1}\sum_{i=1}^{n}(x_i - \bar{x})^2$$

其中，"$\bar{x}$"为平均值，"n"为数据个数。

（2）总体方差。

总体方差，计算公式如下。

$$\sigma^2 = \frac{1}{n}\sum_{i=1}^{n}(x_i - \bar{x})^2$$

> **注意** 样本方差和总体方差，唯一的区别是分母不同。样本方差中，分母为"$n-1$"，而总体方差中分母为"n"。为何有此差别，请参考后面第 V 部分"统计推断篇"内容。

3. 变异系数

当需要比较两组数据的离散程度大小的时候，如果两组数据的测量尺度相差太大，或者数据量纲不同，直接使用标准差进行比较不太合适，此时就应该使用变异系数先消除测量尺度和量纲的影响，再进行比较。

变异系数（Coefficient of Variation），其计算公式如下。

$$cv = \frac{\sigma}{\mu} \times 100\%$$

变异系数为相对数,没有单位,可以理解为标准化后的标准差。

比如,要比较年龄和收入的离散程度有什么不一样,此时,考虑到年龄和收入的量纲差异,可以使用变异系数来进行比较。

4. 四分位距

分位距,是对全距的一种改进。常用的分位距有四分位距、八分位距和十分位距。其中,四分位距是最常用的。

将数据从小到大排列,并分成数量相等的四等份,处于三个分割点位置的数值,即四分位数(Quartile)。四分位数有三个分割点,依次记作 Q_1、Q_2、Q_3,如图 7-11 所示。

Q_1 为下四分位数,即排在第 25% 位置的数值。

Q_2 就是中位数,即排在第 50% 位置的数值。

Q_3 为上四分位数,即排在第 75% 位置的数值。

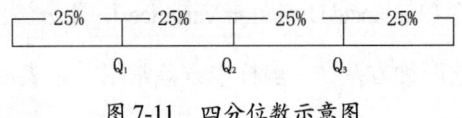

图 7-11 四分位数示意图

各个四分位数具体确定方法如下(以上四分位数为例,其余类似)。

(1)计算 $3/4 \times n$(n 为数据个数)。

(2)若结果为整数,则上四分位数位于 $3/4 \times n$ 这个位置和下一个位置的中间,取这两个位置上的数值的平均值为 Q_3;

(3)若结果不为整数,则向上取整,所得位置上的数值为 Q_3。

而四分位距(Interquartile Range,IQR),指的是上四分位数与下四分位数的差值,即 IQR=Q_3-Q_1。与极差相比,四分位距较少受到异常值的影响,比较稳定,所以常用来剔除异常值。

最适合用来表达四分位数和四分位距的图形是箱形图,通过箱形图可以直观观察图形的离散情况,以及异常值情况(箱形图的画法请参考本书第 9 章相关内容)。

类似地,将一组数据从小到大排序,分成 100 等份,每等份之间的数据叫作百分位数,第 k 百分位数就是处于数据范围 k% 处的数值,用 P_k 表示。P_{25} 就是下四分位数,P_{75} 就是上四分位数,P_{50} 就是中位数。

1.3.3 分布形态

分布形态(Distribution),指的是数据分布的对称情况和陡峭程度。直方图是对分布形态最直观的体现，可以反映出数据主要集中在哪个区间。

常用的指标有偏度和峰度。

1. 偏度

偏度（Skewness），反映数据在平均值两侧的对称情况，如图 7-12 所示。正态分布的数据，其偏度为"0"，表示左右对称；偏度小于"0"，表示左偏（左尾长），也叫作负偏态；偏度大于"0"，表示右偏（右尾长），也叫作正偏态。

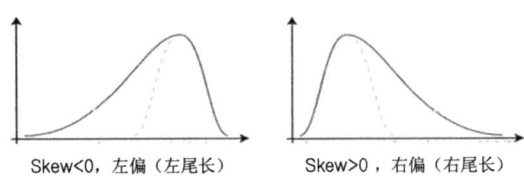

图 7-12　偏度示意图

偏度的计算公式如下。

$$Skewness = \frac{1}{(n-1)}\sum_{i=1}^{n}\left(\frac{x_i - \bar{x}}{\sigma}\right)^3$$

一般情况下，平均值、中位数、众数与分布的关系，如图 7-13 所示。

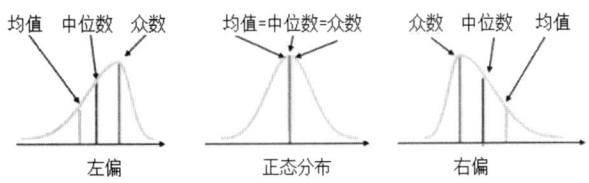

图 7-13　平均值、中位数、众数与分布的关系

若数据分布为对称分布，则平均值、中位数、众数近似相等。

若数据分布为左偏，则一般满足：平均值 < 中位数 < 众数。

若数据分布为右偏，则一般满足：平均值 > 中位数 > 众数。

2. 峰度

峰度（Kurtosis），衡量的是数据分布的陡峭程度，如图 7-14 所示。

峰度等于"0"，表示陡峭程度和正态分布相同；峰度大于"0"，表示比正态分布陡峭（尖峰）；峰度小于"0"，表示比正态分布平缓（平峰或低峰）。

一般情况下，偏度和峰度可结合起来检验样本数据的分布是否满足正态分布。显然，正态分布的数据其偏度和峰度都近似为"0"。

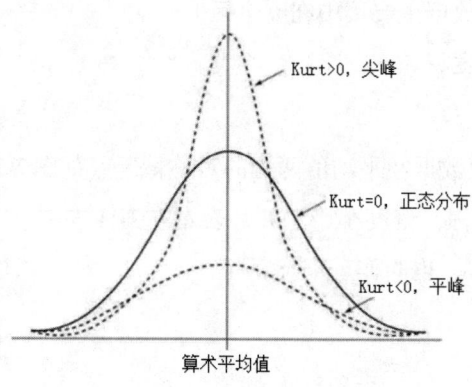

图 7-14 峰度示意图

峰度的计算公式如下。

$$Kurtosis = \frac{1}{(n-1)} \sum_{i=1}^{n} \left(\frac{x_i - \bar{x}}{\sigma} \right)^4 - 3$$

7.3.4 统计汇总函数

描述统计指标，对应的 Excel 函数，如表 7-3 所示。

表 7-3 Excel 指标函数

指标	函数	说明
计数	COUNT	数据的个数
求和	SUM	数据值之和
最大值	MAX	数据中最大的值
最小值	MIN	数据中最小的值
平均值	AVERAGE	数据值的平均值
中位数	MEDIAN	排在中间位置的数据值
众数	MODE	出现次数最多的数据值
样本方差	VAR.S	样本的均方差
样本标准差	STDEV.S	样本的波动大小
总体方差	VAR.P	总体的均方差
总体标准差	STDEV.P	总体的波动大小
偏度	SKEW	分布的对称性
峰度	KURT	分布的陡峭程度
百分位数	PERCENTILE.EXC	分位数值

在常规的统计分析中，除了使用统计指标外，往往还要结合可视化图形来直观呈现数据的规律和特征。最常用的图形有直方图、箱形图等，详细请参考后面第 9 章相关内容。

本章小结

数据类型不一样，在统计领域中的作用也是不一样的。

统计分析有两个关键要素：指标、类别/维度。指标是用来表示业务的，而类别表示的是观察角度或比较维度，是用来对样本进行分组的。统计分析的操作模式就是按类别统计指标，简写为"类别→指标"。

统计分析有三个操作步骤：统计→画图→解读。①统计：按类别统计数据指标，得到透视表。②画图：绘制一个合适的图形，能够直观表达某种业务信息。③解读：观察可视化图形，从业务层面进行解读（规律/变化/层次/关系等）。

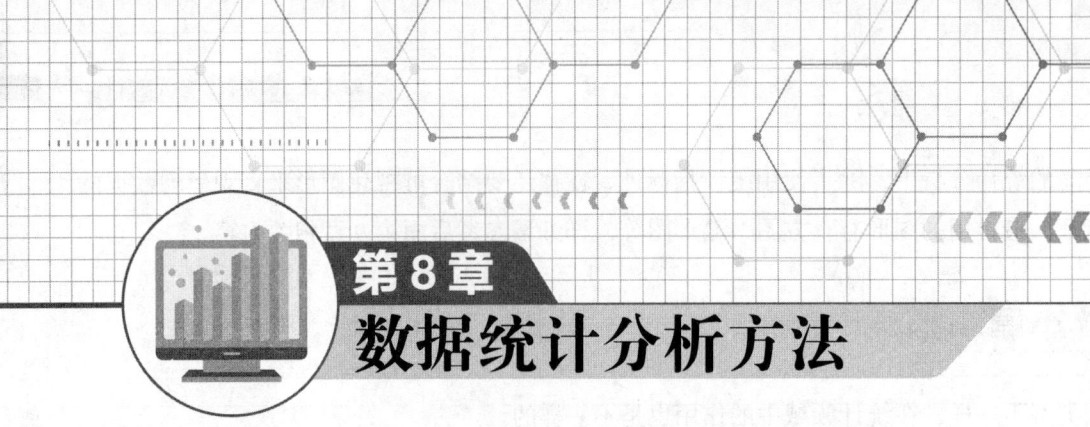

第8章 数据统计分析方法

本章导读

统计分析方法，是应用最广泛的数据分析方法，几乎可用于任何行业和任何领域，工作中80%的业务场景，都能用统计分析方法来解决。本章主要介绍最常用的统计分析方法，利用这些方法，从那些杂乱无章的数据中，提取出业务规律、业务特征和业务变化，来支撑业务决策。

知识要点

通过本章学习，读者应掌握如下知识和技能：

- 掌握基本统计分析方法（对比、结构、分布、趋势、交叉、杜邦、漏斗等）；
- 学会对用户的消费水平、消费层次的分析（对比分析、分布分析）；
- 学会对用户构成、收入结构的分析（结构分析）；
- 学会对销售淡旺季、周期性规律的分析（趋势分析）；
- 学会对用户的产品偏好，学会提取某类用户的典型特征（交叉分析）；
- 学会对业务指标的层层分解，寻找业务短板及业务策略（杜邦分析）；
- 学会对电商转化率的分析模式，实现流程优化（漏斗分析）。

8.1 对比分析法

任何事物都有共性和个性，只有通过对比才能分辨出事物的性质、变化、发展，从而更深刻地认识事物的本质和规律。

对比分析法（Contrastive Analysis）是最简单、最常用的分析方法，即将两个或两个以上的数据指标值进行比较，来发现其中的差异和变化，从而揭示事物的发展变化情况和规律性。

对比分析法，其操作模式是"类别→指标"，一般结合柱形图来呈现差距。

下面，先从一个最简单的问题开始，讲解对比分析法。

8.1.1 案例：用户特征分析

案例

某公司领导想了解一下用户的地域分布特征，特收集用户的明细信息，如表 8-1 所示，请分析并给出结论。

表 8-1 用户明细表

用户ID	省份	性别	学历	年龄	注册日期
100000	黑龙江	女	研究生	23	2010/1/23
100001	甘肃	男	高中	18	2010/5/9
100002	广东	女	初中	24	2010/6/20
100006	安徽	男	高中	30	2010/8/9
100010	浙江	女	高中	22	2010/8/1
100011	辽宁	男	初中	20	2010/8/9
100012	上海	女	初中	45	2010/7/2
100013	黑龙江	男	高中	20	2010/7/16

1. 将业务问题转化为统计问题

案例中的业务问题虽然比较简单，但希望读者能够养成规范的思考习惯，按照如下过程进行思考，如图 8-1 所示。

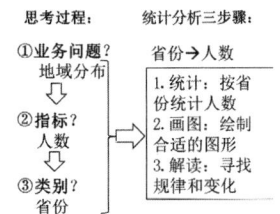

图 8-1 将业务问题转化为统计问题

（1）要弄明白回答的业务问题是什么，即所有用户的地域分布特征。

（2）将业务问题转化为数据问题。

本案例中，要将其转化为一个统计分析的问题（即要找出统计分析的指标和类别）。因此，接下来要弄清楚统计的业务指标是什么。基于业务问题，很明显，要统计的指标是人数。接下来要思考类别是什么，即按照什么类别或维度来统计上述指标。本案例中，表示地域的字段是"省份"，所以类别就是省份。

（3）将业务问题转化为统计问题，就是"省份→人数"。

2. 统计分析三个步骤

将业务问题转化为数据问题后，将进入统计分析的操作步骤（统计→画图→解读）。

第 1 步：统计，得到透视表。插入透视表，将"省份"字段拉入行标签，将"用户 ID"拉入值标签，且指定汇总方式为"计数"，于是就得到了透视表（如图 8-2 图左所示）。

第 2 步：画图，得到透视图。当得到透视表后，就可以插入可视化图形了。本例中，选择簇状柱形图，于是就得到透视图（如图 8-2 图右所示）。

第 3 步：解读，形成业务结论。结合透视表和透视图进行解读，从数据和图形中提炼出业务的规律和特征。

如图 8-2 所示，可提取出用户在地域上的分布特征。

- 用户主要集中在一线城市（北上广）。
- 西北部城市的用户较少（青海、西藏）。

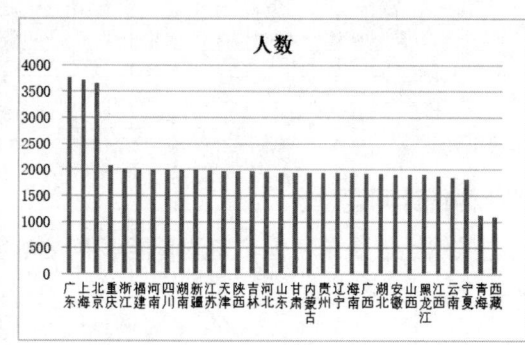

图 8-2　用户地域特征分析

8.1.2 案例：增量不增收

案例

某电信运营商，面临增量不增收的困境，特收集用户的基本信息和消费数据信息，如表 8-2 所示，请分析一下并给出分析结果。

表 8-2　运营商用户表

UID	居住地	婚姻状况	教育水平	性别	电子支付	年龄	收入	家庭人数	开通月数	消费金额
1	上海	已婚	本科	男	No	44	64	2	13	35.41
2	广州	已婚	研究生	男	No	33	136	6	11	99.96
3	广州	已婚	初中	女	No	52	116	2	68	156.61
4	上海	未婚	高中	女	No	33	33	1	33	78.38
5	上海	已婚	初中	男	No	30	30	4	23	36.78
6	上海	未婚	高中	女	No	39	78	1	41	114
7	广州	已婚	高中	女	Yes	22	19	5	45	80.4
8	上海	未婚	高中	男	Yes	35	76	3	38	192.48
9	广州	已婚	本科	男	No	59	166	5	45	133.13
10	北京	已婚	初中	男	No	41	72	3	68	133.11

下面简单描述一下本案例的整个思考和操作过程。

1. 业务数据化

首先，要将业务问题转化为数据问题（即统计问题，先找出指标和类别）。

（1）统计指标。

所谓的增量不增收，其实就是用户数多了，但总收入并没有随之成倍增加，这相当于人均消费金额变低了，所以本例要分析的统计指标是人均消费或客单价，也就是要计算平均消费金额，即要对"消费金额"求平均值。

（2）类别或维度。

在统计分析中，光有指标不叫分析，要分析的话，往往还要找到类别。在数据集中，类别变量有多个：居住地、婚姻状况、教育水平、性别等，都属于类别变量。由于本例中提出的是一个开放性的问题，所以，可以尝试从不同的类别变量来进行分析。

于是，将增量不增收转化为统计问题，可以分别按"居住地""婚姻状况""教育水平""性别"等来统计平均消费金额，需要做以下几个统计表。

①居住地→平均消费金额。

②婚姻状况→平均消费金额。

③教育水平→平均消费金额。

④性别→平均消费金额。

2. 数据信息化

接下来，按照统计分析的三个步骤进行操作，提取业务信息和业务结论。

第1步：根据前面要统计的4个类别表，先统计得到数据透视表，效果如图8-3所示。

行标签	平均消费金额
未婚	90.25
已婚	107.00
总计	98.54

行标签	平均消费金额
男	97.00
女	99.98
总计	98.54

行标签	平均消费金额
北京	98.19
广州	99.02
上海	98.39
总计	98.54

行标签	平均消费金额
初中	87.49
高中	97.24
大专	96.98
本科	105.86
研究生	117.35
总计	98.54

图8-3 增量不增收（统计）

第2步：根据需要画图，得到透视图，效果如图8-4所示。

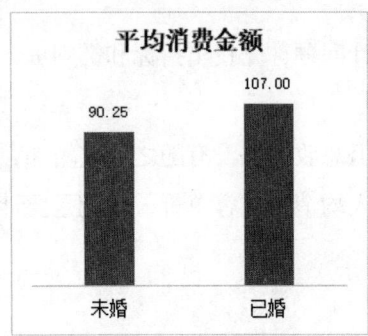
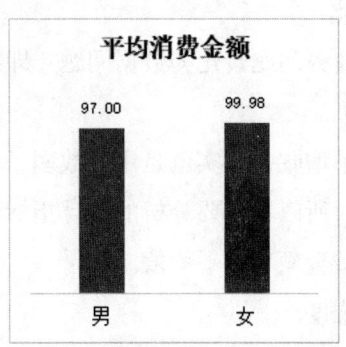
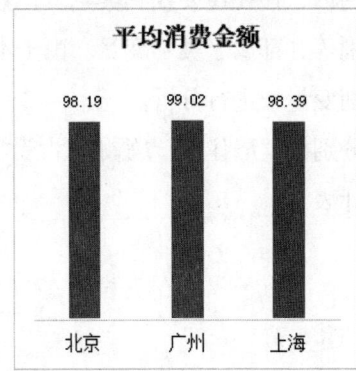
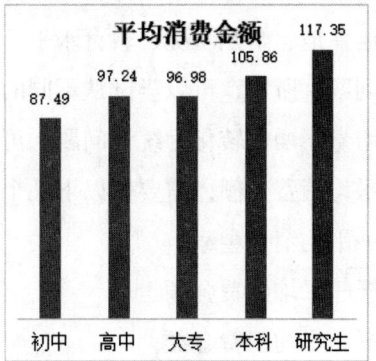

图8-4　增量不增收（画图）

第3步：观察并解读可视化图形，可以得到如下业务规律信息。

①不同居住地，其消费水平差异不大。
②不同的性别，其消费水平差异也不大。
③已婚用户比未婚用户的消费水平更高。
④学历越高，其消费水平也就越高。

从业务层面看，后两个结果更有价值，可以重点汇报。

3. 信息策略化

最后，形成最终的业务策略。基于前面的分析结果，考虑到商业目的是要提升用户的消费水平，所以，要想解决增量不增收的问题，给出如下建议。

● 优先发展已婚或高学历的用户。

8.1.3　统计分析思路框架

现在，将前面讲的思维的三个环节与统计分析的三个操作步骤结合起来，就形成了一个完整的数据分析思路框架，如图8-5所示。

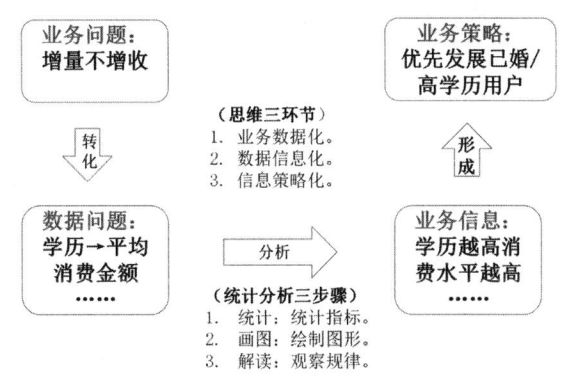

图 8-5 统计分析的思路框架

（1）业务数据化，即要将业务问题转化为数据问题。本业务问题，是增量不增收的问题，转化为数据问题，其实是消费水平分析的问题。要转化为统计问题，就要找到两个关键的要素，一个是指标（即平均消费金额），一个是类别（居住地、性别、婚姻状况、教育水平）。

①居住地→平均消费金额。

②婚姻状况→平均消费金额。

③教育水平→平均消费金额。

……

（2）数据信息化，即分析数据，提取业务信息。按照前面的分析，执行数据统计操作，得到透视表，画出透视图，观察图形，解读出业务规律。

①已婚比未婚用户的消费更高。

②学历越高，消费水平也越高。

（3）信息策略化，即形成最终的业务策略。找到了业务规律信息，结合商业目的，自然就形成了业务策略。

◆ 优先发展高学历或已婚的用户。

如果要让策略进一步落地的话，就要结合当地的城市特点，比如找到高校区、高新区、CBD 等地域，去发展高学历的用户。

8.2 结构分析法

结构分析法（Structural Analysis），是通过考察事物的总体与其内部各组成部分之间的关系，进而认识事物整体结构特征的一种方法。最典型的结构分析，就是市场占有率分析。

结构分析是在分组的基础上，计算各组成部分所占比重，从而分清事物构成的主要问题和一般问题,抓住主要矛盾,进而评估事物结构的合理性。

结构分析的操作模式是"类别→占比",即按类别统计百分比,常用饼图来表示结构组成。

8.2.1 案例:静态结构分析

> **案例**
>
> 某运营商和物流公司,分别对其收入结构(业务→收入占比)及物流成本结构(项目→物流费用)做了分析,如图 8-6 所示。

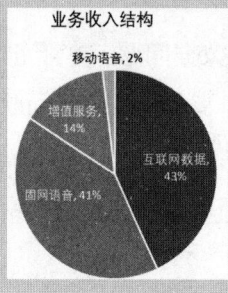
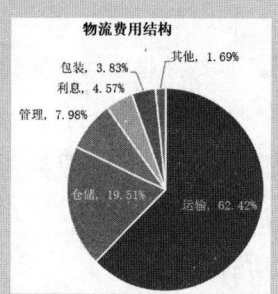

图 8-6　静态结构图

其统计操作步骤和对比分析法是一样的,此处不再赘述,只是其解读的重点不一样。同上,可以得到如下结论。

(1)业务收入不均衡,特别是固网语音收入占比太大,而移动语音收入占比过小,这不符合业务发展的趋势(移动互联网),需要想办法将固网语音迁移到移动语音。

(2)成本中,运输和仓储费用占比较大,需要优先从运输和仓储入手考虑优化措施,以降低物流成本。

8.2.2 案例:动态结构分析

上述结构分析,主要是一种静态分析,即对一定时间内事物的组成结构的分析。如果要对不同时期内事物的结构变化作分析,则属于动态结构分析。

一般情况下,饼图用于静态结构分析,要作动态结构分析,可以用堆积百分比柱形图来呈现,既实现了结构分析,又作了对比分析。

> **案例**
>
> 某运营商,按照时间和品牌两个维度,计算每年的各品牌占比(年份+品牌→占有率),然后画出相应的堆积百分比柱形图,如图 8-7 所示。请观察一下品牌结构的动态变化,是在变好,还是在变坏?

图 8-7　动态结构图

可以直观地看出，随着时间的推移，整个结构是在向好的方向在发展。因为，全球通品牌针对的是高端客户，其比例在增加，说明盈利能力在增强；而动感地带品牌针对的是年轻客户，其比例也在增加，这说明未来的发展有潜力；神州行针对的是普通客户，其比例在降低，是没有大的问题的。

8.2.3 案例：财务结构分析

前面的结构分析用的主要是饼图和百分比堆积图，其共同特点是将整体都当作"1"来看待，这样可以突出部分的占比情况。但在有的情况下，不仅要看部分构成，还需要呈现总体的数值大小。典型的如财务领域的资产结构分析、负债结构分析、盈利结构分析、利润分配结构分析等，不仅要看部分构成，还要看总体的情况。

> 案例
>
> 员工小王，为了解自己工资的开销情况，于是收集数据，并作出结构瀑布图，如图 8-8 所示。

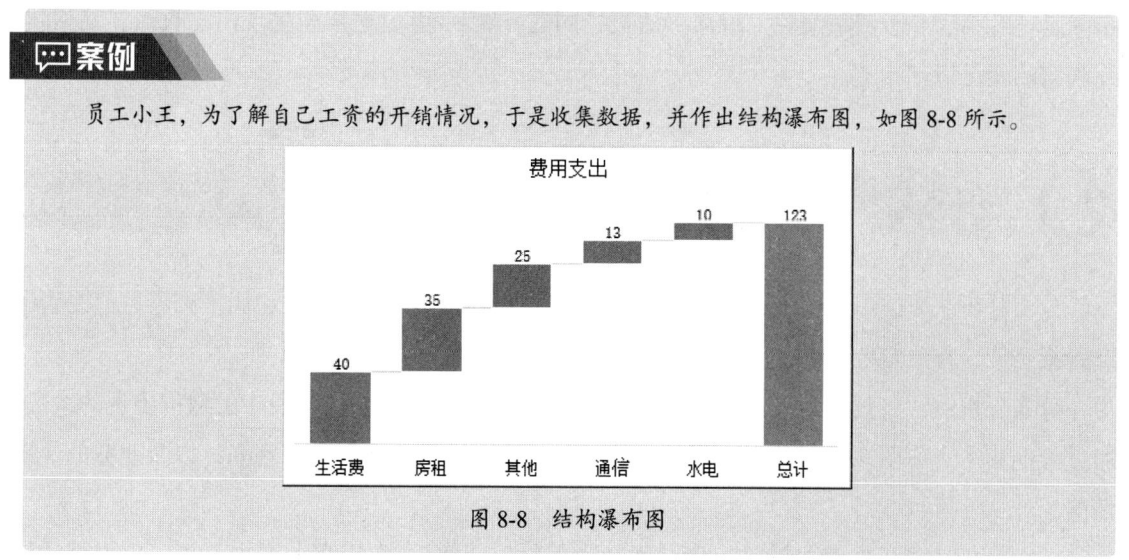

图 8-8　结构瀑布图

从结构瀑布图中，不但可看出消费的总金额，也可看出主要消费在哪些项，在哪些方面还有节约的空间。

当然，如果想看财务数据的整体变化，则可以使用变化瀑布图。变化瀑布图，是由多个结构瀑布图构成的，这样更能看出总体值的变化状态。

案例

某公司财务人员，想了解收入与净利润之间的变化关系，收集了公司的财务数据，得到了如图8-9所示的变化瀑布图。

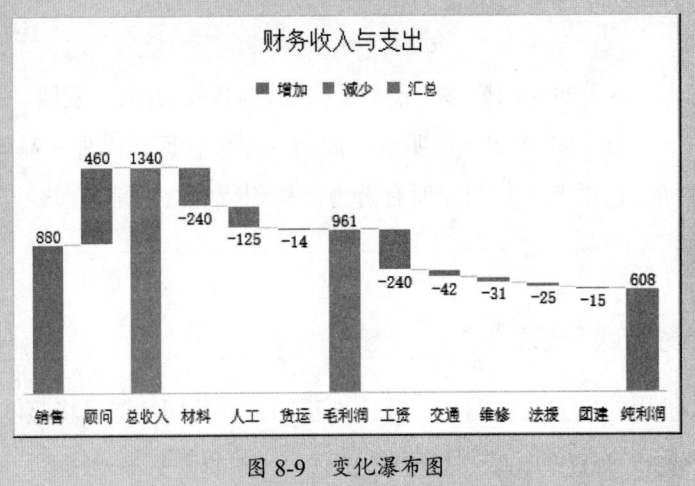

图 8-9　变化瀑布图

图8-9中的变化瀑布图，由三个结构瀑布图依次构成。第一个结构瀑布图，是"销售＋顾问＝总收入"，第二个结构瀑布图是"总收入－材料－人工－货运＝毛利润"，第三个结构瀑布图是"毛利润－工资－交通－维修－法援－团建＝纯利润"，这样就呈现出总收入、毛利润、纯利润的变化情况。

8.3　分布分析法

分布分析法（Distributional Analysis），又称直方图（Histogram）法，用来查看数值是否围绕着某个值，在一定范围内变动。

分布分析法，将数据划分为不同的区间或组，并计算出各组/区间段中的数据出现的次数，通过绘制频率直方图来显示各组之间频数的差别，从而揭示数据的分布规律，以及业务的层次情况。

分布分析法的操作模式就是分段计数"数据段→计数"，常用直方图来呈现。直方图的横坐标一定是数据段或数据区间,而纵坐标一定是计数(而不能是求和、平均值等)。所以,直方图,可以是柱形图;但柱形图,不一定是直方图。

8.3.1 案例:运营商用户消费分布

如图 8-10 所示,画的是三个运营商的用户消费分布图(消费段→人数),可明显看出不同运营商的用户的消费层次和消费水平。

(1)运营商 1:低端消费者居多,主要是在 30~50 元消费区间。

(2)运营商 2:中端消费者居多,主要是在 100~150 元消费区间。

(3)运营商 3:高端消费者居多,主要是在 150~250 元消费区间。

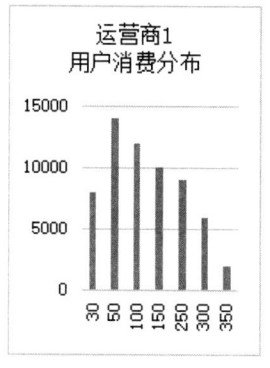
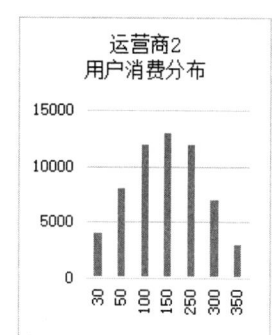
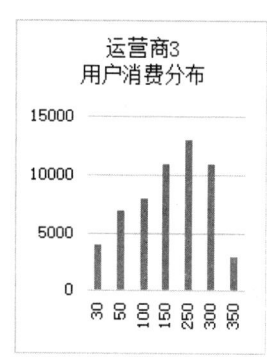

图 8-10 运营商用户消费分布

8.3.2 案例:银行用户消费分析

案例

某商业银行,收集了本行信用卡用户在每个月的消费金额,如表 8-3 所示,请分析一下用户的消费水平和消费层次。

表格 8-3 银行用户消费表

用户 ID	用户消费金额
100006	3993
100053	8886
100185	3218
100225	6798
100238	4027

按照前面的数据思维的指导，要评估消费水平，可以采用第7章第3节的统计指标来描述，如平均值、中位数、标准差等。要评估消费层次，则需要画出消费的分布直方图。

1. 消费水平

在 Excel 中，有几种方法可以求得相应的统计指标。比如，采用第 7 章 7.3.4 小节介绍的 Excel 函数来统计平均值、标准差等指标，也可以采用描述统计菜单来进行统计，统计后可以得到众多的描述指标，如图 8-11 图左所示。

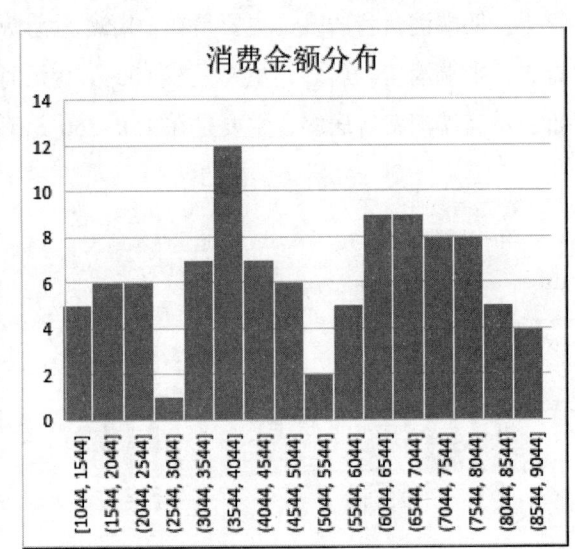

图 8-11　银行用户消费层次

2. 消费分布

要对用户的消费分布作分析，需要绘制分布直方图（消费段→人数），如图 8-11 图右所示，消费区间宽度设置为"500"。

最后解读指标，观察直方图的波峰波谷的规律，可以看出银行用户群的消费有三个档次，分别如下。

（1）用户群的消费区间是在 1000~9000 范围内，均值在 5000 左右。

（2）有三个消费层次：低端消费在 1000~3000 范围内，中端消费在 3000~5500 范围内，高端消费在 5500~9000 范围内。

当判断出用户的消费档次或层次后，银行就可以基于此消费规律进行合适的产品定价，或者进行精准价格的产品推荐。

8.3.3 案例：运营商流量分布

> **案例**
>
> 某电信运营商，比较重视流量经营，于是收集了用户每个月使用的数据流量。假定流量分布如图 8-12 所示（考虑人数过多，下图是以折线图呈现，而不是直方图），请根据分布来制定流量套餐段的合理划分。
>
>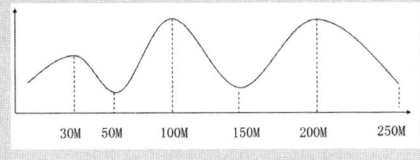
>
> 图 8-12　电信用户流量分布

直观观察，会发现按照使用流量，用户应该有三个层次：0~50M，50~150M，150~250M。

如果要利用流量分布来划分流量套餐段，一般有两种划分方式：按波谷或按波峰。这两种划分方式有什么区别呢？下面做一个简单的分析。

1. 按波谷划分

基于流量分布，按波谷来划分，划分后的流量套餐段为：[0，50M]，(50，150M]，(150，250M]。

这样划分的好处是什么呢？由于是按照波谷划分的，对用户的影响就相对较小。比如，第一个套餐段中，大量的用户使用的流量主要是在 30M 左右，所以用户在选择套餐时就比较清楚明确；同时，考虑到封顶的流量是 50M，还有剩余流量没有使用完，用户还可以继续使用流量。

总的来说，按波谷划分的好处是对用户有利，方便用户选择套餐，有利于刺激用户多使用流量。显然，这在流量套餐推广的初期是比较合适的。

2. 按波峰划分

基于流量分布，按波峰来划分，则划分后的流量套餐段为：[0，30M]，(30，100M]，(100，200M]，(200，250M]。

显然，按波峰划分的方式，对用户的影响会比较大。比如，第二个套餐段中，大量的用户使用的流量集中在 100M 左右，用户一不小心就容易超出套餐流量，超出套餐后，就需要多付钱；同时，如果用户发现自己的流量总是超出套餐后，就说明选择的套餐不合适了。那么，就有两种可能性，要么用户不敢再使用流量，要么用户会选择升级到下一个套餐。

所以，按波峰划分的好处是对运营商有利，有利于增加收入，牵引用户由低套餐向高套餐迁移。在用户养成使用流量的习惯之后，采用这种划分方式会更加合适。

可以看出，当找到了用户的使用流量分布后，如何形成业务策略，其实也是一个仁者见仁，智者见智的过程。不同的使用策略，效果也是不一样的，就看如何结合商业模式和场景来制定业务策略了。

8.4 趋势分析法

趋势分析法（Trend Analysis），是指按照时间的先后顺序，将数据指标进行对比，得出数据的增减变化情况。

趋势分析，主要探索随着时间的变化，事物的发展趋势和变化规律，属于一种动态分析。其典型的特征是，横坐标为时间维度，可以是年、季度、月、周、日、时、分、秒等，一般常用折线图来表示。

趋势分析，经常用来探索事物是否呈现季节周期性变化、是否有淡旺季，其操作模式是"时间段→指标"。

8.4.1 案例：手机销量淡旺季

案例

某运营商收集了一年的手机销量数据，然后按照时间维度，画出了手机销售量的折线图，如图8-13所示。

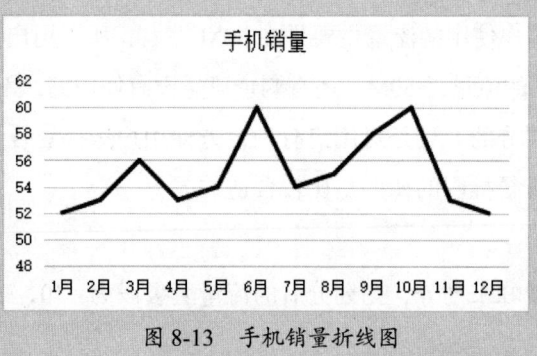

图8-13 手机销量折线图

从折线图中可以直观地看出如下信息。

1. 销售淡季

可以明显看出手机销售淡季是在11、12、1月，刚好是在过春节前。

2. 销售旺季

而销售旺季是在6月、10月，旺季为什么会在这两个月呢？

10月，有国庆黄金周，经常会有产品促销，所以手机销量比较高。

而6月，刚好是毕业季，高中生、大学生毕业，大概率会在这个时间购买新手机，所以6月也会是手机销售的旺季。

8.4.2 案例：订单需求的周期性

> **案例**
>
> 某跨国公司，收集了全球的订单数据，如表8-4所示，请分析一下该公司产品销售的周期性，以及淡旺季情况。

表8-4 全球订单数据表

订单ID	订购日期	产品ID	类别	子类别	销售额	数量	折扣	利润
CA-2014-AB10015140-41954	2014/11/11	TEC-PH-5816	技术	电话	$221.98	2	0	$62.15
IN-2014-JR162107-41675	2014/2/5	FUR-CH-5379	家具	椅子	$3,709.40	9	0.1	-$288.77
IN-2014-CR127307-41929	2014/10/17	TEc-PH-5356	技术	电话	$5.175.17	9	0.1	$919.97
Es-2014-KM1637548-41667	2014/1/28	TEC-PH-5267	技术	电话	$2.892.51	5	0.1	-$96.54
SG-2014-RH9495111-41948	2014/11/5	TEc-c0-6011	技术	复印机	$2.832.96	8	0	$311.52
IN-2014-JM156557-41818	2014/6/28	TEC-PH-5842	技术	电话	$2.862.68	5	0.1	$763.28
IN-2012-TS2134092-41219	2012/11/6	FUR-CH-5378	家具	椅子	$1.822.08	4	0	$564.84

利用表格中"订购日期"字段，可以作趋势分析，分别按照不同的时间粒度（年，年+季度，年+月份，季度，月份）对产品销量进行统计，可视化后如图8-14所示。

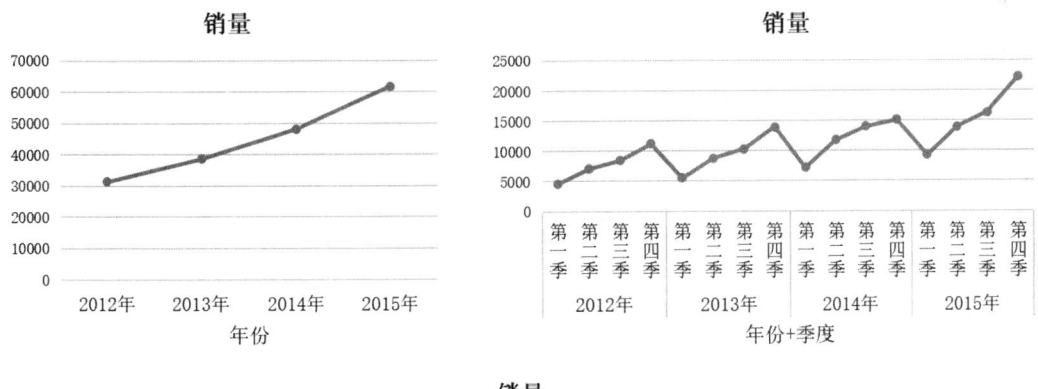

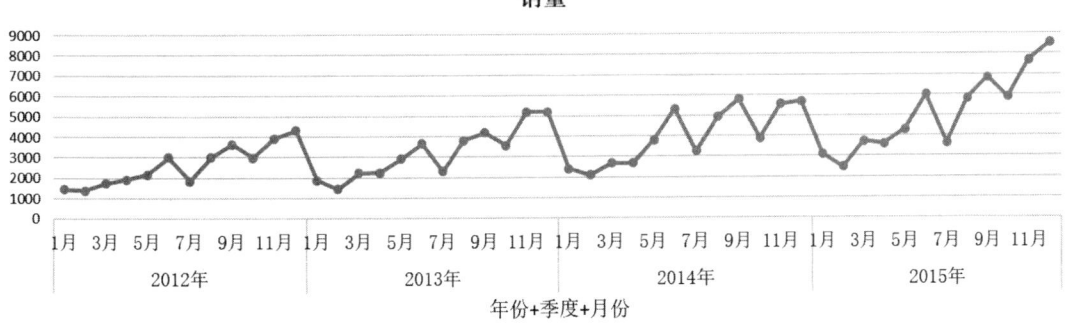

图8-14 手机销量趋势（上）

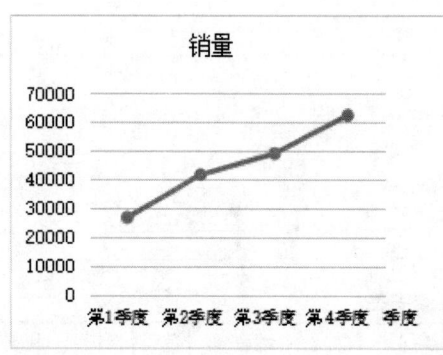 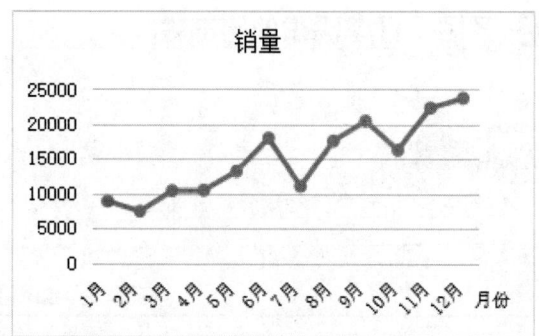

图 8-14　手机销量趋势（下）

观察可知有如下规律。

- 总体上，销量呈每年稳步上升趋势。
- 具有明显的季节周期性波动，销量在每年中按季度逐步上升。
- 销量呈现的周期时长为半年。每半年末（上半年为 6 月份，下半年为 12 月份）是销售旺季，每半年初（上半年为 2 月份，下半年为 7 月份）是销售淡季。

8.4.3　案例：破解零售店的销售规律

在零售行业，经常需要探索销售规律，或者说客流量的规律，常用趋势分析来探索客流或销量在时间上的规律。在《数据化管理》一书中，曾提到过一个数据案例：要探索零售店的客流量的规律，收集了零售店的销售数据，分析步骤基本如下。

（1）先排除特殊日期的销量，比如节假日、促销的日子，等等。因为目的是要探索平时的客流规律，所以要先排除特殊日期的干扰。

（2）按时间粒度（星期），统计一周中每天的平均销量。

（3）再将销量转换成权重指数（相当于除以某个平均值）。

（4）绘制出各个店铺的可视化图形。

结果如图 8-15 所示，通过观察，可以解读出零售店的客流规律。

（1）最典型的是古北店，几乎所有零售店都是这样：周末客流量最多，而周一最少。

（2）春熙店中，周三是亮点，原因很简单，周三是这个店的会员日。

（3）景山店中，客流比较均衡，没有明显差异，这是社区店特有的客流规律。

（4）新街口店，客流规律却相反，周末客流最少，而工作日客流较多，一般写字楼附近的店铺是这样的规律。

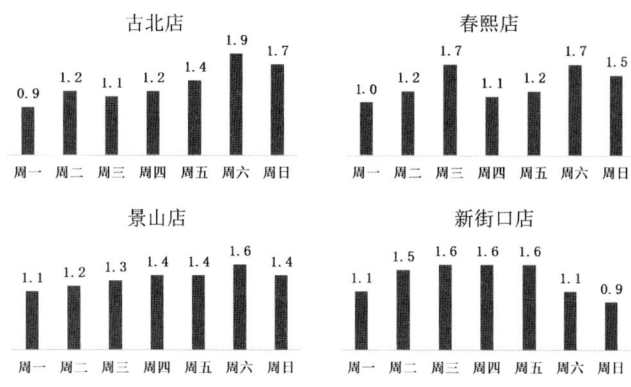

图 8-15 零售店销售规律

这是典型的趋势分析（星期→销量/权重指数），探索一周七天（工作日与非工作日）的客流及销售规律。基于这些规律，后续就可以用来指导如何安排销售人员值班，如何分解每日的销售目标，如何安排库存，如何实现月度销量预测，等等。

8.5 交叉分析法

交叉分析法（Cross Analysis），是最典型的大数据的分析方法，指的是从两个或多个角度来对数据指标进行统计分析，以便发现更细化的业务规律和特征。

交叉分析的操作模式是"类别+类别→指标"。

8.5.1 案例：各区域产品销量

最常见的交叉分析是二维交叉表，即从两个维度来实现指标的统计和分析。

案例

如图 8-16 所示，第一张表（图左上）是按"品种"统计销量，是一维统计表（产品→销量）；第二张表（图左下）是按"品种+区域"统计销量，是二维交叉表，图右分别是这两张表的可视化图形。

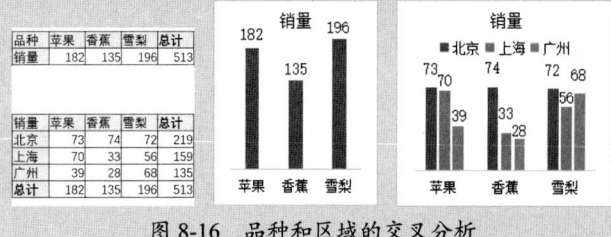

图 8-16 品种和区域的交叉分析

显然，第一张表以及对应的可视图，能够得出的结论也很简单。

- 香蕉销量比较差，需要控制香蕉库存上限。

但第二张表以及对应的可视图，从两个维度来进行销量的分析，可以得到更细化的规律。

- 香蕉的销量最差，但香蕉在北京的销量比较好，就不需要限制香蕉在北京的库存。
- 苹果的总体销量还不错，但苹果在广州的销量比较差，需求减少库存。

因此，是否要限制库存，不仅要考虑产品种类，还要结合区域和产品两个要素，才能给出最合适的库存管理策略。所以，交叉分析能够发现更细化的业务规律和特征。当然，上述案例中如果能再加上时间维度就更好了。

8.5.2 案例：产品偏好分析

案例

某通信运营商，想了解一下不同的教育水平用户，在定购的套餐类型方面的差异，特收集数据如表8-5所示，请分析并给出结果。

表8-5 运营商用户表

UID	居住地	婚姻状况	教育水平	性别	电子支付	年龄	收入	家庭人数	开通月数	消费金额	套餐类型	流失
1	上海	已婚	本科	男	No	44	64	2	13	35.41	BS	Yes
2	广州	已婚	研究生	男	No	33	136	6	11	99.96	TS	Yes
3	广州	已婚	初中	女	No	52	116	2	68	156.6	PS	No
4	上海	未婚	高中	女	No	33	33	1	33	78.38	BS	Yes
5	上海	已婚	初中	女	No	30	30	4	23	36.78	PS	No
6	上海	未婚	高中	女	No	39	78	1	41	114	PS	No
7	广州	已婚	高中	女	Yes	22	19	5	45	80.4	ES	Yes
8	上海	未婚	高中	男	Yes	35	76	3	38	192.5	TS	No
9	广州	已婚	本科	男	No	59	166	5	45	133.1	PS	No
10	北京	已婚	初中	男	No	41	72	3	68	133.1	ES	No

1. 问题转化

本案例说白了，就是要分析不同教育水平的用户在选购套餐或产品方面的偏好和差异。这个问题，依然可转化为一个数据统计的问题（先找指标，再找类别）。

（1）指标。

用哪个指标来衡量用户对产品的偏好呢？显然，应该用订购人数，即用户订购了产品就表示喜欢，不订购就表示不喜欢。订购的人数越多，表示越受欢迎。

（2）类别。

显然，这里有两个类别，一个是用户的教育水平，一个是订购的套餐类型。

所以，整个业务问题转化为数据统计问题，就是"教育水平＋套餐类型→订购人数"。

2. 统计分析

接下来，作透视表统计，得到如表 8-6 所示的表格。

表 8-6　教育水平和套餐类型交叉表

订购人数	套餐类型				总计
教育水平	BS	ES	PS	TS	
初中	75	29	91	9	204
高中	83	54	98	52	287
大专	53	53	54	49	209
本科	46	59	34	95	234
研究生	9	22	4	31	66
总计	266	217	281	236	1000

再画统计图，如图 8-17 所示。

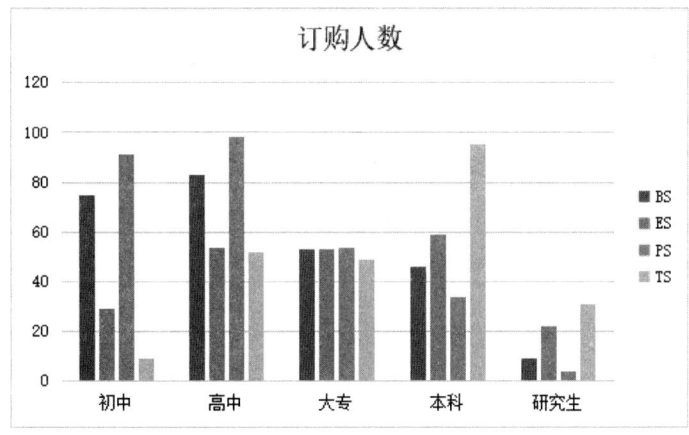

图 8-17　学历和套餐复式柱形图

3. 业务规律

最后再观察和解读，具体如下。

（1）初中生：应该比较偏好 BS 和 PS 套餐。

（2）高中生：与初中生一样。

（3）大专生：没有明显的偏好。

（4）本科生：明显偏好 TS 套餐。

（5）研究生：偏好 TS 和 ES 套餐。

总结起来就是：低学历者偏好 BS 和 PS 套餐，高学历者偏好 TS 和 ES 套餐，而大专生没有明显的偏好。

当然，上述可视化图形用的是绝对值指标。考虑到不同学历，其基数（量纲）本来就不一样，高学历的人数本来就比较少（比如，研究生的总人数只有 66 人，而其他学历的人数都在 200 人以上），用绝对值人数来做指标，似乎不太妥当。因此，可以将绝对指标转换成相对指标（行汇总百分比）来试一下，即可以将上述柱形图，转化为堆积百分比柱形图，如图 8-18 所示。

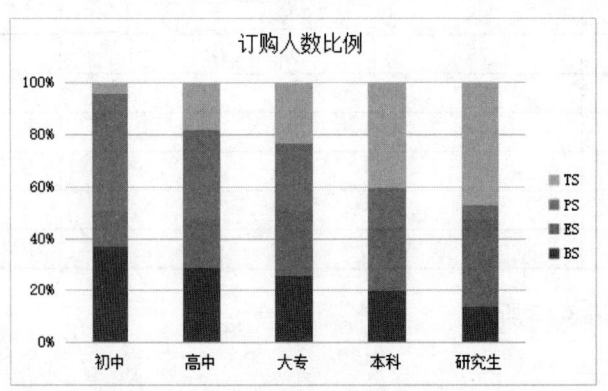

图 8-18 学历和套餐堆积百分比柱形图

在图 8-18 中，也可以明显看出学历和套餐偏好之间的关系：从左到右，学历越来越高，BS 和 PS 套餐的订购人数比例在不断下降，而 TS 和 ES 套餐的订购人数比例在不断上升。最终，可总结出如下业务规律。

（1）学历越高，越偏好 TS 和 ES 套餐。

（2）学历越低，越偏好 BS 和 PS 套餐。

4. 业务策略

找出学历和套餐偏好之间的关系后，接下来，就可以形成最终的套餐推荐策略。

● 向高学历人群，优先推荐 ES 和 TS 套餐。

● 向低学历人群，优先推荐 BS 和 PS 套餐。

最后，数据分析的整个思考和操作的过程，如图 8-19 所示。

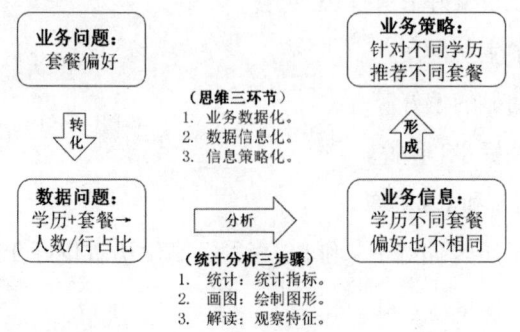

图 8-19 产品偏好分析过程

类似的,可以分析一下不同性别/职业的用户,喜欢的套餐是否也不一样,这样就形成全方位多维度的分析了。

8.5.3 案例:违约影响因素分析

交叉分析,也经常用来探索两个变量之间的相关性。

案例

某银行收集了用户的基本信息及违约数据,如表 8-7 所示,请分析一下影响用户违约的因素会有哪些?

表 8-7 银行用户表

UID	年龄	收入	婚姻状况	信用卡数	学历	车贷数量	省份	性别	违约
1	21	42	已婚	5张以上	本科	2台以上	云南	女	是
2	22	42	已婚	5张以上	初中	2台以上	上海	男	是
3	32	24	已婚	5张以上	研究生	2台以上	新疆	男	是
4	37	55	未婚	5张以上	高中	2台以上	北京	女	否
5	27	89	已婚	低于5张	本科	少于2台	北京	女	否
6	43	31	未婚	低于5张	初中	2台以上	甘肃	男	否
7	42	22	已婚	5张以上	初中	2台以上	河北	女	是
8	56	32	未婚	5张以上	高中	2台以上	山西	男	否
9	25	62	已婚	5张以上	研究生	2台以上	广东	男	否
10	48	37	已婚	5张以上	研究生	2台以上	内蒙古	男	否

1. 问题转化

要分析违约的影响因素,将其转化为数据统计问题,依然可以转化为交叉统计问题。比如,可以转化为如下几种交叉统计。

- 学历 + 违约→人数。
- 信用卡数 + 违约→人数。
- 车贷数量 + 违约→人数。
- 年龄段 + 违约→人数。
- 收入段 + 违约→人数。

……

2. 统计分析

透视表的操作过程不再赘述,可以得到如图 8-20 所示的几张透视图。

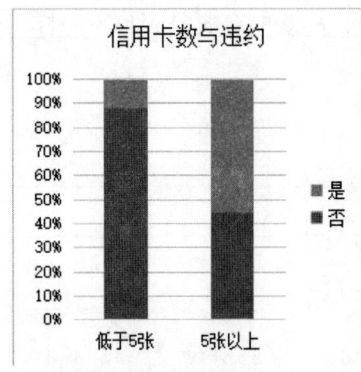
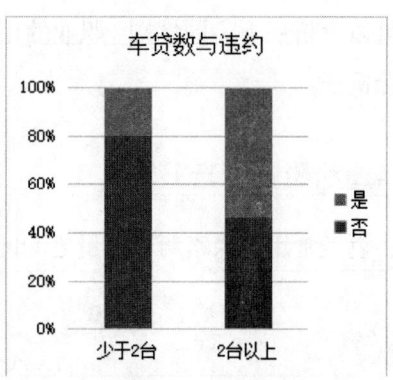
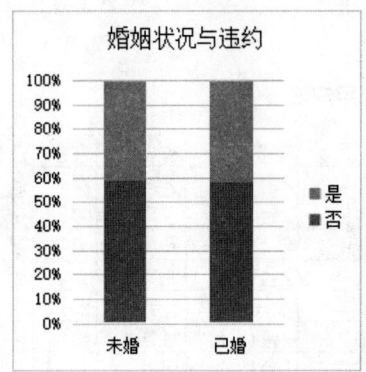
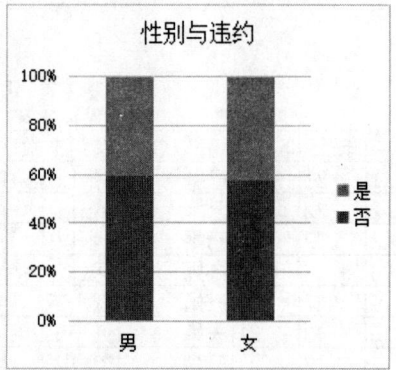
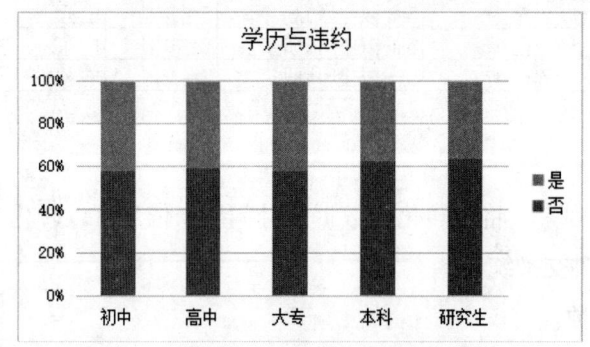

图 8-20　违约的影响因素分析

从上面的可视化图形 8-20 中，可以得到如下结论。

- 信用卡越多，违约风险越高。
- 车贷数越多，违约风险越高。
- 违约与婚姻状况、性别、学历等关系不大。

注意违约与省份的关系，如图 8-21 所示，青海和西藏的用户居然全部违约？是不是意味着青海和西藏的用户全部都是"老赖"？这个结论需要谨慎。再结合统计指标会发现，青海和西藏的总样本数分别只有 8 人、3 人，这说明样本量太小，不具有代表性，此时就需要收集更多的数据来进一步判断，不能轻易下结论。

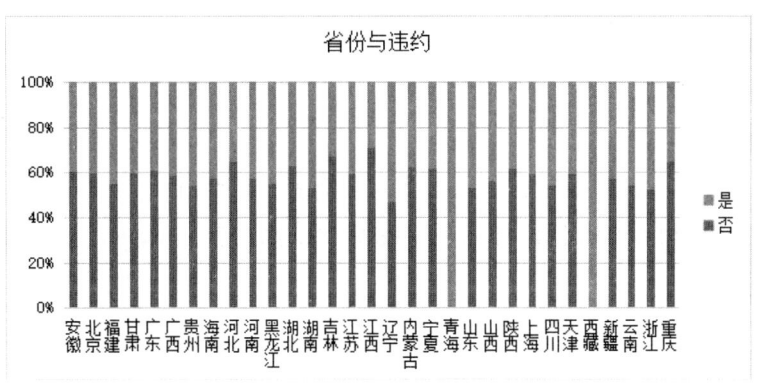

图 8-21　省份和违约的关系

对于违约与年龄、收入的关系，考虑到交叉分析法的要求是对两个类别变量的关系判断，就需要将年龄、收入转换成年龄段、收入段，然后再做交叉分析。如图 8-22 所示，可知年龄越小，违约风险越高。

 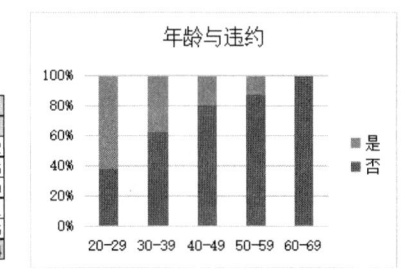

图 8-22　年龄段和违约的关系

类似地，收入段和违约的关系如图 8-23 所示，可知收入与违约也有明显关系。

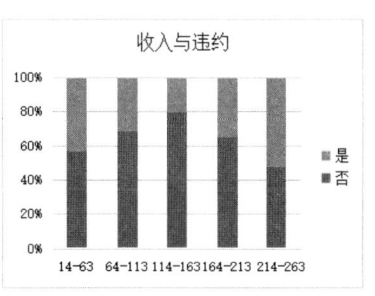

图 8-23　收入段和违约的关系

3. 业务规律

最后再观察和解读，具体如下。

（1）信用卡越多，违约风险越高。

（2）车贷数越多，违约风险越高。

（3）年龄越低，违约风险也越高。

（4）低收入和高收入者，违约风险较高。而中等收入者，违约风险较低。

4. 业务策略

一句话，违约用户的典型特征：信用卡多，车贷多，年龄偏小，收入要么较低要么较高。

如果要对单个的客户违约风险作评估，需要收集信用卡数、车贷数、年龄和收入等因素来建立模型进行评估。

8.6 杜邦分析法

杜邦分析法（DuPont Analysis），是 1912 年杜邦公司的一个销售人员 Frank Donaldsen Brown 提出的对财务指标分析的方法。其核心思想是，将核心的财务指标 ROE（净资产收益率）进行层层分解，直到找到影响核心 KPI 指标的关键指标和因素，反映出最根本的问题。

整个分析采用金字塔结构，层次清晰，条理突出。杜邦分析的特点就是，将若干评估指标按其内在联系有机地结合起来，形成一个完整的指标体系，找出影响核心 KPI 指标的决定因素和影响因素，进而加以控制和改进。

典型的杜邦分析，如图 8-24 所示，将净资产收益率（ROE）进行层层分解，就可以找到净资产收益率变化的最终原因。净资产收益率的计算公式如下。

$$ROE = 销售净利率 \times 总资产周转率 \times 权益系数$$

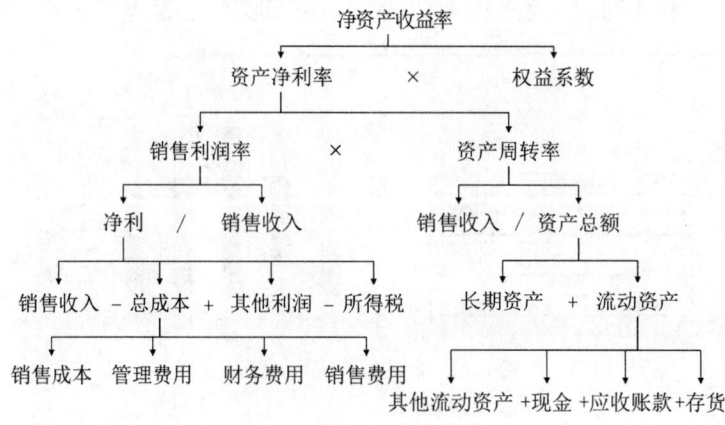

图 8-24 杜邦分析法

这一分解，有效地将企业的获利水平、经营效率和风险承担能力综合在一起，来评估企业财务管理效果。

8.6.1 案例：净资产收益率分析

杜邦分析中，结合具体的指标值，就能够更加直观地看出各指标间的量化关系。如图 8-25 所示，可知销售利润率较低（12.44%），主要是成本较高，特别是销售成本较高，基于分析结果可进一步思考如何优化营销策略，想办法提高营销的有效性。

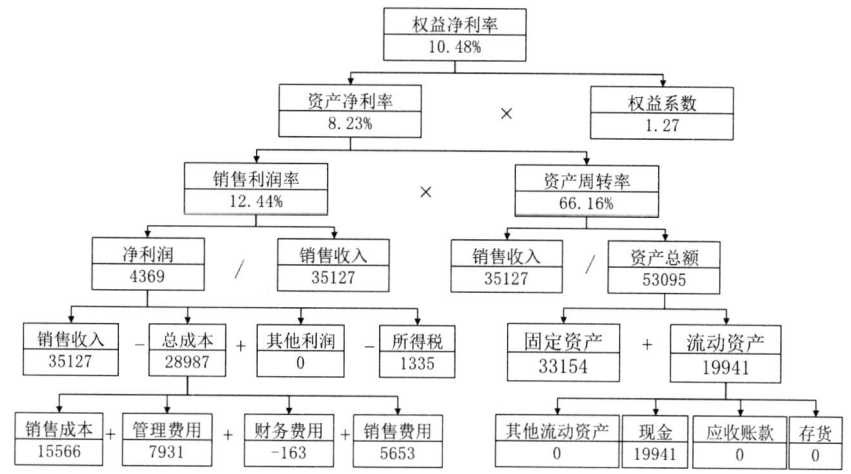

图 8-25 杜邦分析指标值

8.6.2 案例：市场占有率分析

杜邦分析法，也可以拓展开来实现对市场占有率的分析。

> **案例**
>
> 某运营商，对当前的市场占有率指标进行了分解和详细分析，如图 8-26 所示。
>
>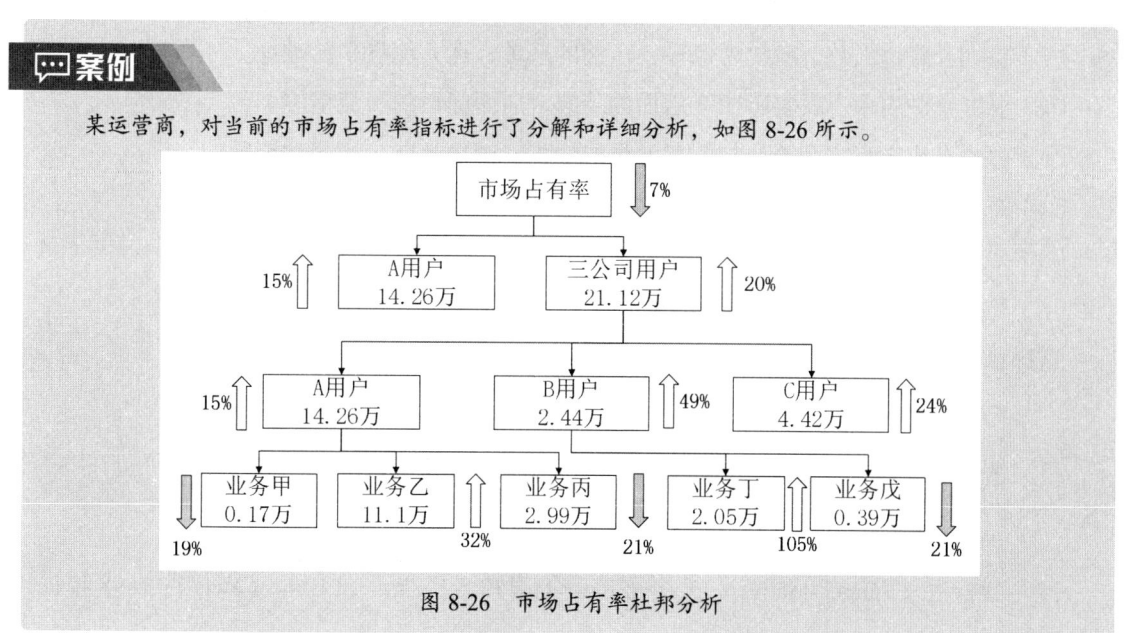

图 8-26 市场占有率杜邦分析

如图 8-26 所示，相对前一年，公司 A 用户的总数（14.26 万）是在上升（15%），但整体市场占有率却是在下降（7%），为什么呢？再向下细分，发现竞争对手公司 B 和 C 的用户总数都在上升，而且上升的幅度要超过公司 A，这解释了前面的问题；再分解公司 A 的业务种类，最终发现，业务甲的用户数居然是在下降，于是找到业务的短板所在。

当然，可以继续对业务甲进行分解，以便找到市场占有率下降的关键因素是什么。

8.6.3 案例：销售策略分析

在零售商领域，也经常使用杜邦分析来分析法销售的策略。

> **案例**
>
> 某零售商，想要提升产品的销售额，请思考并给出应对策略，如图 8-27 所示。
>
>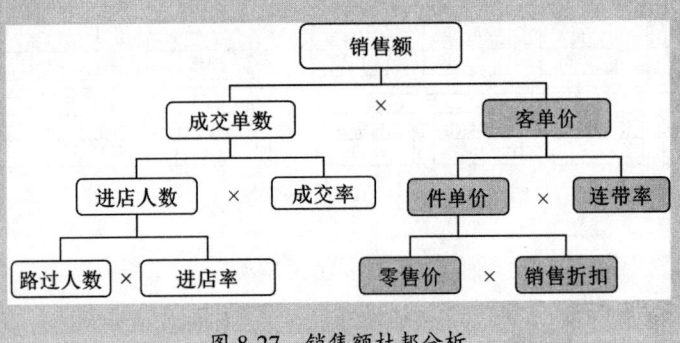
>
> 图 8-27 销售额杜邦分析

如图 8-27 所示，将销售额指标进行分解，就可以基于杜邦分析图，找出相应的策略。

（1）要提升路过人数，就要考虑零售店铺的选址，选人流量多的地址。

（2）要提升进店率，就要考虑在店面的装修、店面门口的引流措施。

（3）要提高成交率，则需要加强营业员的话术、销售技能、产品功能等的培训。

（4）要考虑零售价，就需要分析当前用户的消费能力和消费水平。

（5）要确定销售折扣，就要考虑不同促销方式带来的销量提升或变化。

（6）要提升连带率，就要做一些关联分析，考虑产品配件、不同价位的设置等。

这样思考下去，就能够全面系统地找出提升销售额的各种策略。

8.7 漏斗分析法

漏斗分析法（Funnel Analysis），最早是由美国知名广告人 St.Elmo Lewis 在 1898 年提出的，又叫作消费者漏斗、营销漏斗，是一种品牌广告的营销策略分析方法，因其形状像漏斗而得名。

漏斗分析法，适用于业务流程比较规范、周期长、环节多的流程分析，主要通过对流程中的各个环节进行分解和量化，帮助定位流程关键环节的问题，并找到业务流程改进和优化的方法，进而做出业务决策。

漏斗分析法，已经广泛应用于网站、电商、零售等用户行为分析的场景，通过反映业务流程从起点到终点各阶段各环节的状况变化情况，帮助分析产品中关键路径的转化率问题，确定整个流程的设计是否合理，步骤的优劣，以及是否存在优化的空间等，从而整体提升流程效率。

漏斗分析法，经常会和一些营销模型结合起来使用，比如 AIDA 模型，即"意识 Attention→兴趣 Interest→欲望 Desire→行为 Action"。后来，随着漏斗模型的推广，为了适应新媒体平台，以及用户行为路径的改变，经过多次的修改和扩展，慢慢演化成 AIDMA、AISAS、AARRR 等模型。

下面，将逐一描述漏斗分析在各应用场景中的应用。

8.7.1 案例：电商转化率分析

> **案例**
>
> 某电商想要对网站的销售流程进行优化，于是将整个流程的转化率进行了分析，如图 8-28 所示，请思考整个流程的优化策略。

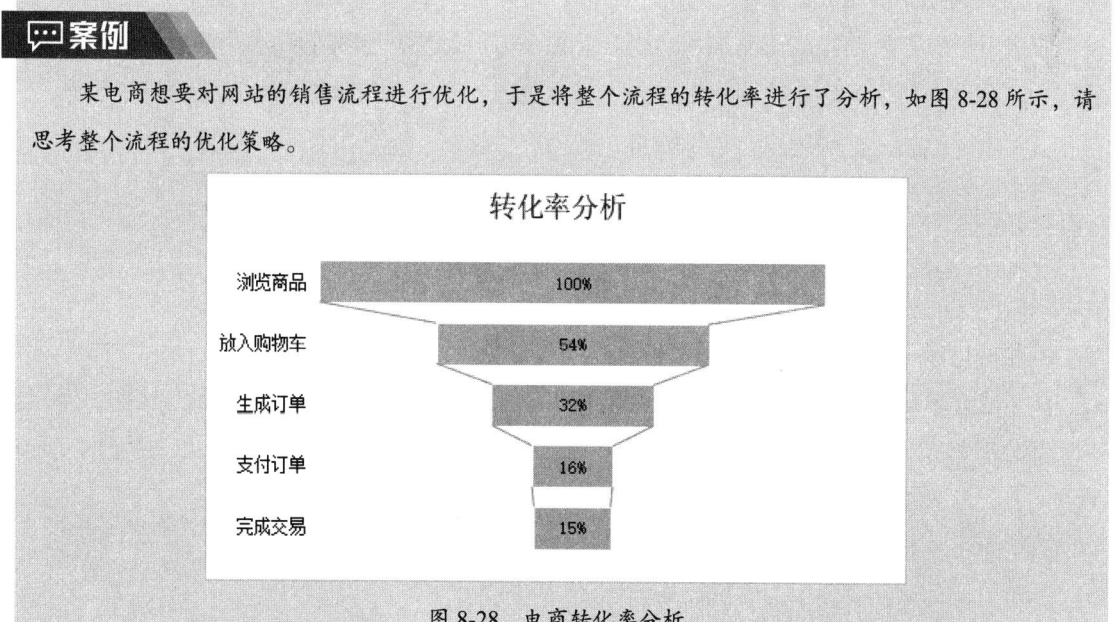

图 8-28 电商转化率分析

比如，一个客户在淘宝上购买商品，这个流程涉及如下几个环节：打开淘宝，浏览商品→选中商品，放入购物车→生成交易订单→支付订单→完成交易。

当然，用户有可能在其中的任何一个环节中止，这就意味着转化失败。那么，如何才能让用户顺利地进入下一个环节直到完成最后的交易呢？可以按照以下流程来进一步思考如何优化业务策略。

1. 浏览商品→放入购物车

首先，假定有 100% 的人在浏览商品，要想让用户进入下一步（放入购物车），那么这一环节要考虑的因素就是：如何让用户快速地找到自己想要的商品。因此，考虑的策略要满足以下几点。

（1）商品呈现要直观（如以图片方式呈现）。

（2）商品目录要分类，设计合理（如女装/男装、图书、厨具等）。

（3）要提供搜索框，关键字搜索要精准匹配（优化匹配算法）。

（4）最重要的是在首页最好能实现个性化精准推荐。

上述前三条是比较常规的策略，而最后一条的个性化精准推荐（千人千面），是目前所有电商重点考虑的。当用户打开淘宝，在首页就能够看到自己最喜欢最有可能购买的商品，而不需要去翻页查找，可以大大地提高转化率和增强用户的黏性。这就要求电商根据用户信息（如性别、年龄等）和当前的兴趣爱好，设计优秀的用户和商品的匹配算法，来实现个性化精准推荐。

2. 放入购物车→生成订单

假定用户已经将选好的商品加入购物车。很多时候，用户会将购物车当成收藏夹，只是临时存入。有没有什么策略能让用户尽快去生成订单呢？考虑的策略要满足以下几点。

（1）限时优惠。提醒用户，再不购买，就没有优惠了。

（2）库存有限。比如，显示库存量，制造商品紧俏、库存短缺的"假象"，暗示用户赶紧购买。

（3）定期自动清除购物车。当然，这个策略值得商榷。

3. 生成订单→支付订单

从生成订单到支付订单成功，这个环节，也有可能失败。原因会有哪些呢？比如，操作过于复杂（需要输入银行卡号等），或者扣款失败（用户没有钱了），等等。所以，在这个环节，考虑的业务策略要满足以下几点。

（1）提供多种支付方式：银行卡、微信、支付宝等。

（2）提供便捷的支付方式：扫码支付、自动扣款等。

（3）提供分期付款方式，相当于一次少付。

（4）提供信用卡支付方式，相当于延期付。

（5）提供其他服务，比如京东白条等。

4. 支付订单→完成交易

最后这个环节，也有可能失败。比如说，商品有问题、商品送达时间过长、用户退货，等等，最终没有完成交易。这个环节，考虑的业务策略要满足以下两点。

（1）保证商品质量。这涉及电商平台对商家的管控要求，比如，可以增加商品评价，允许用户反馈商品质量，一旦出现退货和投诉会有什么样的处罚，等等。

（2）缩短物流时间。除了优化物流外，还可以提供跟踪物流进度查询功能。

漏斗分析法，通过对各环节的转化率的差异对比，分析流程的合理性，诊断各环节出现的问题，并对异常环节进行调整和优化。

8.7.2 案例：消费者行为分析模型

漏斗分析法的本质是对流程有效性的优化，因此往往需要与表示流程的业务模型结合起来。在市场营销领域中，最常用的营销模型，包括品牌营销 AIDMA 模型、消费者行为 AISAS 模型，以及用户增长 AARRR 模型，如图 8-29 所示。

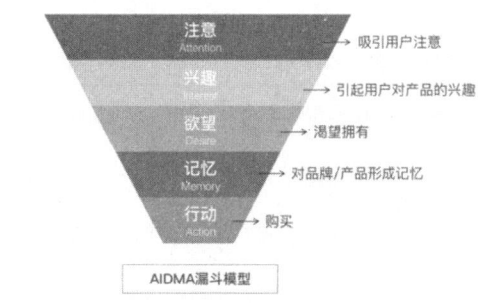

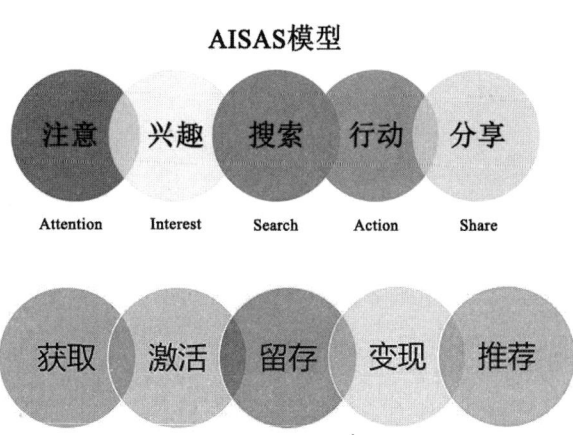

图 8-29　常用营销模型

这些业务模型,从广告引流到商品介绍,再到场景打造,引导用户参与、反馈,以及分享,最终成为忠诚客户。这里涉及多个流程环节,也需要借助漏斗分析来分析引流的效果,以及影响用户消费的关键要素是什么,同时用于对页面结构和内容的设计作优化和调整。

本章小结

数据分析方法是数据决策的重要技能。它能够帮助大家从杂乱无章的数据中,提取出业务规律和业务特征,发现业务变化。不同的分析方法,有不同的作用和适用场景,详细的描述见表 8-8。

表 8-8 常规统计分析方法

方法	说明	操作模式	常用图形
对比分析法	查看数据的差距和变化,比较事物的差异,评优劣找短板。	类别→指标	柱形图、气泡图
结构分析法	查看数据的构成,评估事物的结构合理性。	类别→占比	饼图、瀑布图、堆积百分比图
分布分析法	查看数据的分布特征,探索业务的层次。	数据段→计数	直方图、箱形图
趋势分析法	看数据的变化趋势和规律,探索淡旺季和事物的周期性规律。	时间段→指标	折线图、柱形图
交叉分析法	从多个维度看数据特征,探索变量之间的关系。	多类别→指标	复式柱形图、散点图等
杜邦分析法	将KPI指标层层分解,形成指标体系,寻找影响因素。	指标分解	杜邦图
漏斗分析法	将流程各环节展开,找到流程短板,提出优化措施。	流程步骤→指标	漏斗图

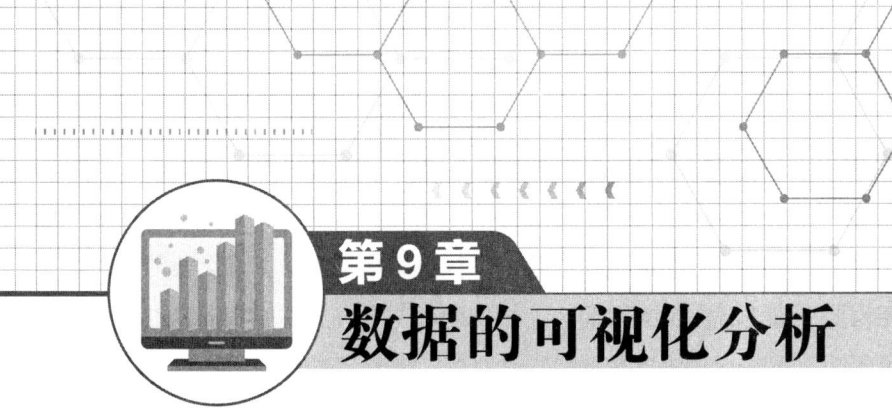

第 9 章 数据的可视化分析

本章导读

好的图表会说话,即所谓的一图胜千言。数据表格,可以更准确地描述指标;而图形,可以更直观地呈现和表达业务的信息特征。本章主要介绍数据可视化,描述各种图形的应用场景,以及利用其解读图形的要点。

知识要点

通过本章学习,读者应掌握如下知识和技能:

- 掌握绘图的基本原则;
- 了解各种图形呈现数据的优缺点;
- 学会用合适的图形呈现合适的业务信息;
- 了解各种图形模板的画图原则。

9.1 绘图基本原则

在数据呈现时,应遵循如下基本原则。

(1)能用图形的就不要用表格;能用表格的就不要用文字。按照易理解程度,肯定是图形＞表格＞文字。

(2)图表应该简洁,但要含义清晰。图表要简洁,避免使用无意义的元素,如背景、装饰线等;但重要的元素不能少,且描述要完整清晰。

(3)只选合适的图形,不选漂亮的图形。图形的首要功能是表达业务信息,合适最好,拒绝花哨的图形。

（4）元素过多时，要重点突出关注点。比如，通过颜色设置、加大字体、对比线、箭头等，来提醒读者重点关注。

（5）在一张图中建议只表达一个观点。避免在一张图中描述太多信息，会显得杂乱无章。

（6）标题要简短，用词要准确。标题文字要简短，切中业务主题。文本内容要精准描述业务结论和业务建议，切忌用文字重复描述图中数据。

9.2 柱形图

柱形图（Bar Chart），又叫柱状图，是一种用长方形的长度来呈现指标大小的统计图表，常用于对比分析，比较两个或两个以上的数值，其作用是看差距、看变化、评优劣。

柱形图，包括多种形式，如简单柱形图、复式柱形图、堆积柱形图和百分比堆积柱形图等。

9.2.1 简单柱形图

简单柱形图，适用于对单一维度或类别的数据指标进行对比。

如图9-1所示，图左是一维表（省份→人数），图右是对应的柱形图。可看出不同省份的人数的差异和变化，进而可以总结出用户在地域上的分布特征，具体如下。

- 用户主要集中在一线城市（北上广）。
- 而西北部城市的用户较少（青海、西藏）。

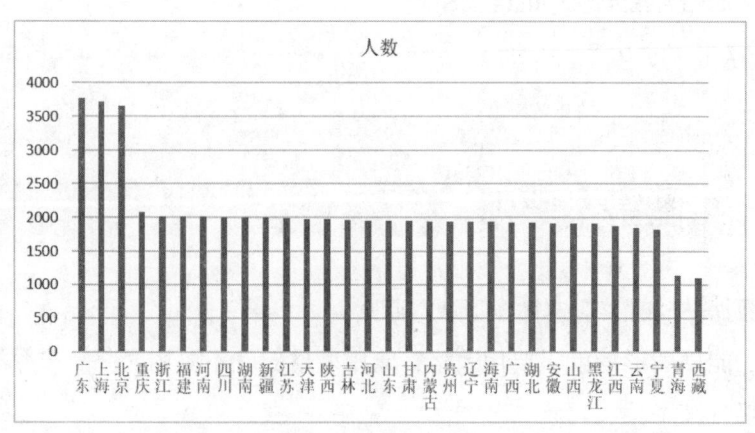

图9-1 简单柱形图（一）

又如图9-2所示，可以通过销量和销售额的对比，得出最受欢迎的产品是"产品A"，但贡献最大的却是"产品D"。

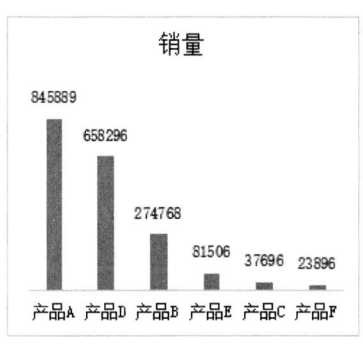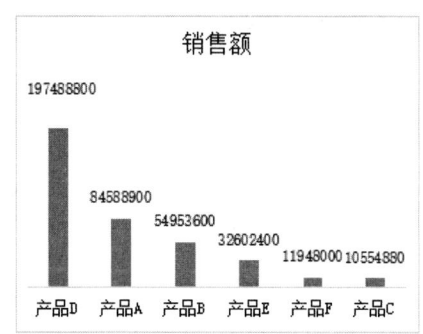

图 9-2　简单柱形图（二）

9.2.2 复式柱形图

复式柱形图，比较适用于二维或两个类别的数据指标的对比。如图 9-3 所示，图左是二维交叉表（学历＋套餐→订购人数），图右是对应的复式柱形图。

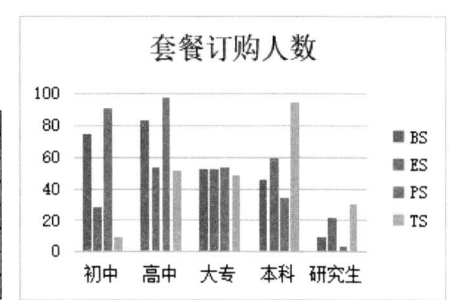

图 9-3　复式柱形图

从复式柱状图中，可以看出不同学历的用户，喜欢的套餐类型也是不一样的，具体如下。

- 初中生和高中生都喜欢 PS 和 BS 套餐。
- 大专生没有明显的套餐偏好。
- 本科生明显喜欢 TS 套餐。
- 而研究生喜欢 TS 和 ES 套餐。

9.2.3 堆积柱形图

堆积柱形图与复式柱形图类似，都用于比较二维的数据指标。不同的是，在复式柱形图中，不管是行标签还是列标签，都是将指标并列在图中；但堆积柱形图将列标签的指标，堆积在图中，这样可以看到所有列标签的指标之和。

所以，当既要比较不同类别（行标签）的指标总和，又要比较指标的不同组成部分（列标签）时，就需要用到堆积柱形图。

如图 9-4 所示，使用堆积百分比柱形图，不但可以比较不同产品的总销量差异，还可以比较不同区域的各产品销量。

● 从总的来看，雪梨是最受欢迎的，苹果其次，香蕉销量最差（列标签总计）。
● 从区域来看（列标签结合行标签）：
（1）雪梨在各区域销量差不多；
（2）苹果在广州销量最差，其余区域销量差不多；
（3）香蕉在北京销量最好，其余区域销量差不多。

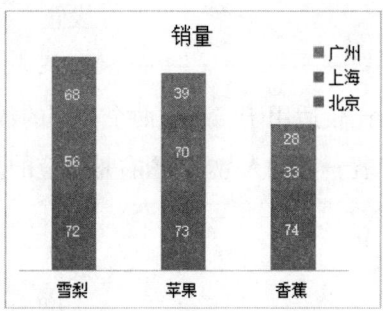

图 9-4 堆积柱形图

9.2.4 百分比堆积柱形图

在二维交叉表中，当行汇总的量纲相差较大时，为了合理比较，将其量纲进行标准化（归一化），就形成了百分比堆积柱形图，相当于数据指标变成了行汇总的百分比（绝对指标变成相对指标）。

如图 9-5 所示，考虑到研究生人数（66人）和其他学历人数（200多人）的量纲相差较大，所以可以将订购人数显示为行汇总的百分比，然后设各行的总和为 1（100%）。

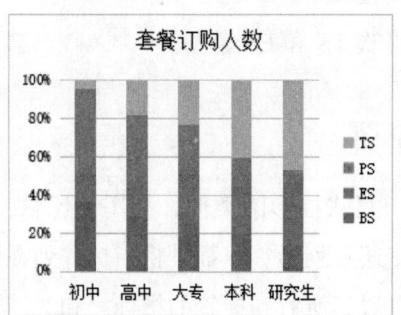

图 9-5 百分比堆积柱形图

从百分比堆积柱形图中，可以发现学历与套餐偏好的规律，具体如下。

● 学历越高，订购 TS 和 ES 的人数比例越来越高，说明学历越高，越偏好 TS 和 ES。
● 学历越低，订购 BS 和 PS 的人数比例越来越高，说明学历越低，越偏好 PS 和 BS。

9.2.5 画图原则

画柱形图的原则具体如下。

（1）文本描述方面原则如下。

● 图表标题要简洁适当，而且主题明确。
● 刻度文本不要倾斜（比如文本方向设置为"竖排"），别让读者歪着头阅读。

（2）数据项一定要排序，排序的原则如下。

● 若横坐标是有序类别（如学历、等级），则要按横坐标作升序排列。
● 若横坐标是无序类别，则要按纵坐标的数值作降序排列。

（3）关于坐标轴与数据标签的使用原则如下。

● 数据项数多时，使用纵坐标和网格线。
● 项数少时，则要添加数据标签，删除纵坐标和网格线。
● 纵坐标的刻度，一般要从"0"开始（除非想特意夸大差异）。

9.3 直方图

直方图（Histogram），有时也叫分布图，适用于对数值型数据的分析，常用于呈现数据的分布形状，探索业务的层次。

直方图与柱形图类似，都是通过柱形来呈现数据指标。不同的是，直方图的柱子之间靠得比较近。直方图，可以是柱形图，但反过来柱形图不一定是直方图。两类图的作用不相同，柱形图往往用于数据对比，而直方图用来探索业务层次。

直方图的实质是分段计数（数据段→计数）：横轴为数据区间，纵轴为计数/频次。

如图 9-6 所示，第一根柱子的含义是：在 18~23 岁共有 18005 人。后面的柱子含义类似。从年龄直方图，可看出用户偏年轻（年纪小的人数多，年纪大的人数少）。

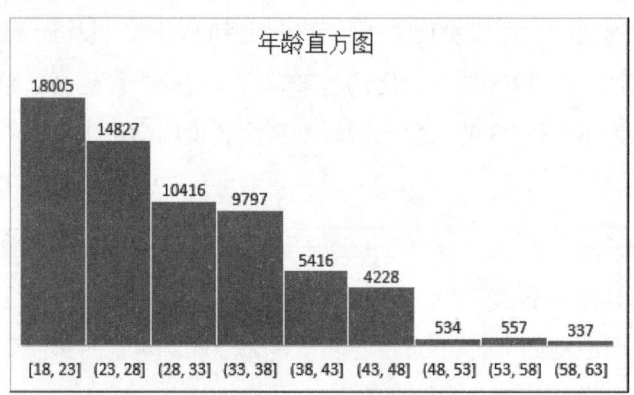

图 9-6 直方图

直方图，与统计学中的分布（比如正态分布，泊松分布等）概念有一定的关系，只不过正态分布往往是用曲线图来表示分布，而直方图用的是柱子来表示分布，这部分内容在后面介绍到数据分布时会进一步描述。

9.3.1 分布形态

常见的直方图形状，如图 9-7 所示。正态型，是常见的形状，中间高，两边低；离岛型，在右端或左端出现小岛；多峰型，有多个波峰出现；锯齿型，柱子高度出现高低不一；偏态型，一边高一边低，出现长尾；高原型，柱子高度相差较小。

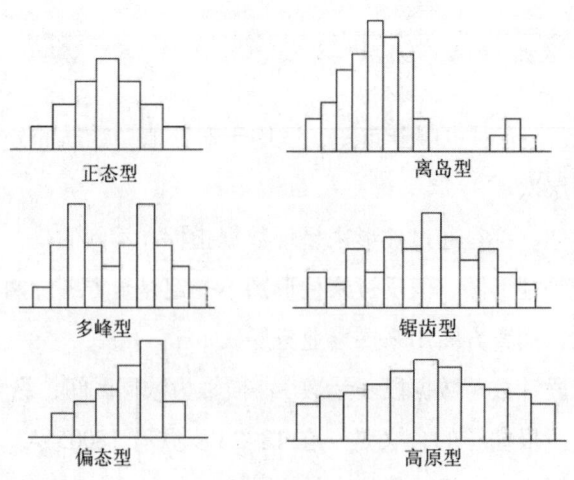

图 9-7 常见直方图形状

一般情况下，单峰直方图较多，而多峰直方图也同样存在，每个峰相当于一个业务层次。如图 9-8 所示，用户消费分布就体现出 3 个消费层次：低端消费者在 1000~3000 范围内，中端消费者在 3000~6000 范围内，高峰消费者在 6000~9000 范围内。

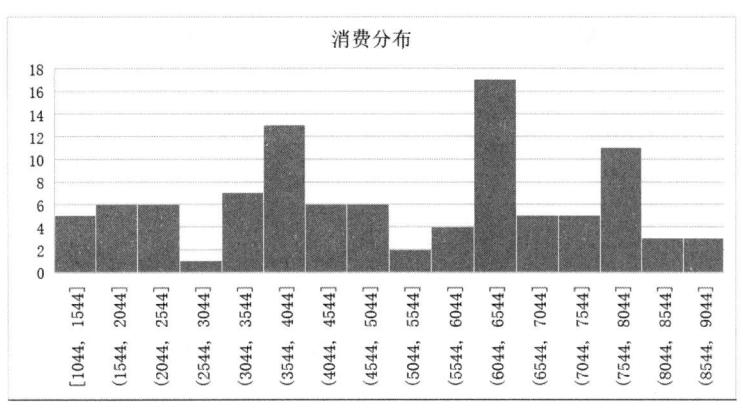

图 9-8 多峰直方图

9.3.2 溢出值考虑

当数据出现异常数据时，画出的直方图很可能出现极度偏态的状况，有可能无法较好地呈现数据的分布。此时，就需要考虑排除溢出值。

如图 9-9 所示，图左中，由于存在异常数据，导致整个收入分布呈现明显的偏态。这种情况下，考虑到高收入人数较少，可以将其合并成一个类，以避免影响整体的分布分析。比如，将超过"95"的数值合并成一个溢出箱/组，如图右所示。

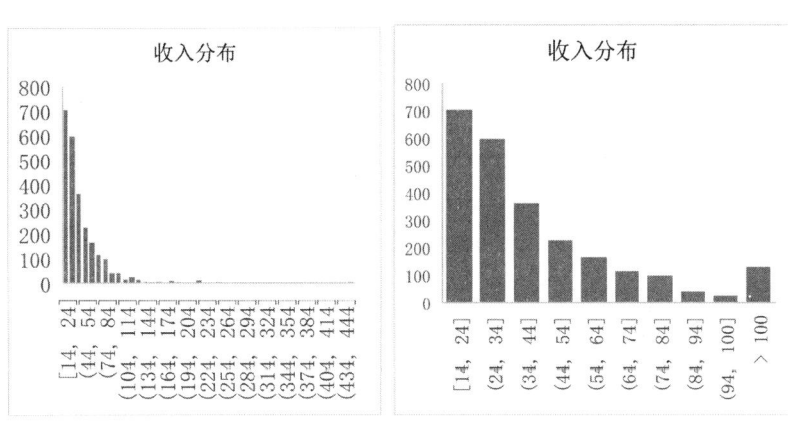

图 9-9 直方图（溢出值）

关于异常值的确定，有两种计算方式。

第一种，标准差方式，上溢出值"$\mu+3\times\sigma$"，下溢出值"$\mu-3\times\sigma$"（μ 为平均值，σ 为标准差）。

第二种，四分位距方式，上溢出值"$Q_3+1.5\times IQR$"，下溢出值"$Q_1-1.5\times IQR$"（Q_1 为下四分位数，Q_3 为上四分位数，四分位距"$IQR=Q_3-Q_1$"）。

一般情况下，若数据满足正态分布，建议采用标准差方式计算；否则，建议采用四分位距方式计算。在 Excel 中，默认采用的是标准差方式计算。

9.3.3 多组直方图

多直方图，往往用于多个类别对象的分布图比较，即在一个坐标系中画出多个直方图以便比较。

比如，想看一看违约用户和正常用户的年龄分布有什么差异，此时就需要将两类用户的年龄分布画在同一个坐标系中进行比较。如图 9-10 所示（图右），违约用户的直方图用橙色（透明度为 70%）表示，正常用户的直方图用蓝色表示。

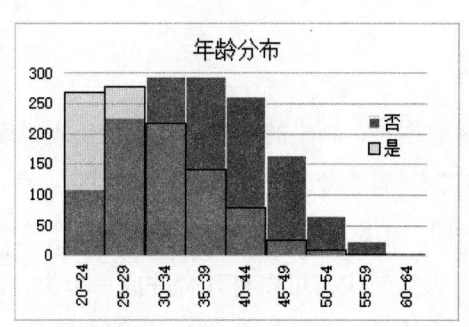

图 9-10　多组直方图

比较多直方图 9-9，可以发现以下特征。

- 违约用户，年龄在 20~30 岁范围内居多；而正常用户，年龄在 30~45 岁范围内居多。
- 相对正常用户，违约用户的年龄相对年轻。

9.3.4 画图原则

画直方图的原则参考如下。

（1）柱子间要相互靠近，即间隙宽度为"0"。

（2）柱子间边框线一般使用白色，突出边缘感。

（3）箱数划分数量要合适（以 10~20 个为宜），区间边界划分也要合适（基于业务逻辑和数据范围），以易于解读结论为宜。

（4）分布出现明显的偏态时，要设置溢出值，以便突出重要数据的分布形态。

（5）多直方图中，要注意以下几点。

①靠前的箱子的填充色要设置透明度。

②两类对象的箱宽度 / 区间要保持一致。

9.4 箱形图

箱形图（Box-plot），简称箱图，又称为盒须图，于 1977 年由美国著名统计学家约翰·图基（John Tukey）发明，因形状像箱子而得名。

箱形图中，中位数能够表示数据的集中程度，上下边界的距离表示数据的离散程度；而四分位数及边界值的相互高度表示分布差异，而边界值外有数据，表示存在异常数据（即离群值）。

9.4.1 简单箱形图

典型的箱形图如图 9-11 所示，主要由 5 个数据指标来确定：下边界、Q_1、Q_2、Q_3、上边界。其中 Q_1 是下四分位数，Q_2 是中位数，Q_3 是上四分位数，而四分位距 IQR = $Q_3 - Q_1$；而上下边界值的确定有点复杂（见后面小节）。

在箱形图中，超过上下边界的值，都为离群值。

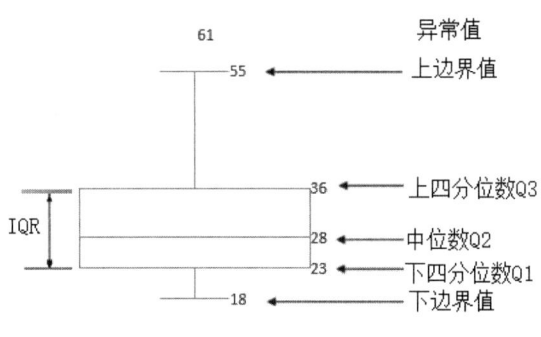

图 9-11　箱形图

1. 边界值确定

上边界值，其计算公式是：上边界值 = min{ 最大值，$Q_3 + 1.5 \times$ IQR }。

在图 9-11 中，最大值为"61"，而 $Q_3 + 1.5 \times$ IQR = 36 + 1.5 ×（36–23）=55.5，取两者最小值，因此上边界值为"55"。

下边界值，其计算公式是：下边界值 = max{ 最小值，$Q_1 - 1.5 \times$ IQR }。

如图 9-11 中，最小值为"18"，而 $Q_1 - 1.5 \times$ IQR = 23 – 1.5 ×（36–23）=3.5，取两者最大值，因此下边界值为"18"。

一般情况下（即没有异常值）时，上边界值为最大值，下边界值为最小值；当存在离群值时，上下边界值就不一定是极值了，而是区分异常值的阈值。如图 9-11 中，超过上下边界的值，都为离群值，图中"61"即为年龄数据的离群值。

2. 箱形图解读

实际上，在数据呈现单峰分布时，箱形图的含义与直方图是一致的。

如图 9-12 所示，当数据正态分布时，箱形图的四个部分的高度大致相当；当直方图呈现左偏时，箱形图的下部分（下边界 $-Q_1-Q_2$）高度较高；当直方图呈现右偏时，箱形图的上部分（Q_2-Q_3- 上边界）高度较高。

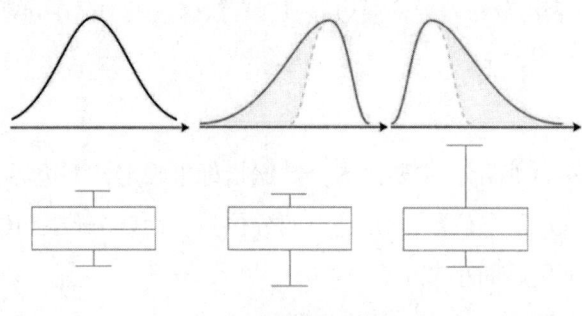

图 9-12　箱形图解读

9.4.2 分组箱形图

虽然简单箱形图基本上能够呈现数据的集中、离散和分布特征，但往往数据需要在对比中来找到差异特征，此时可以使用分组箱形图。

比如，现在要比较一下违约用户与正常用户的年龄箱形图差异，则可以画出分组箱形图，如图 9-13 所示，可以发现，相对于正常用户（对应"否"图例），违约用户的年龄相对年轻（中位数较低），这个结论与前面多直方图对比的结论是一致的。

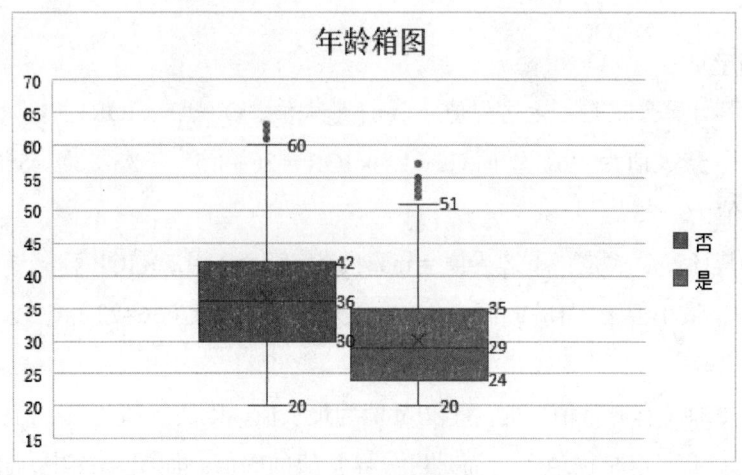

图 9-13　分组箱形图

9.4.3 画图原则

画箱形图的原则参考如下。

（1）画单箱形图时，尽量添加数据标签，不需要纵坐标；而画分组箱形图，可以使用网格线，以便比较。

（2）当存在个别特别大或特别小的异常值时，导致箱形图很扁（甚至呈一条横线），此时，要么先去除个别异常值，要么先将数据进行对数转换，再画图。

9.5 饼图

饼图（Pie Chart），主要通过将一个圆饼按照事物各部分的占比划分成多个扇形块来表示，所有扇形块的占比合起来就等于100%。

饼图，常用于结构分析，可以很好地呈现数据的占比分配，找到事物构成的重点，以评估结构占比的合理性。

9.5.1 简单饼图

现在，要分析一下不同学历的用户的贡献情况，即按照"学历→消费金额"占比画图，如图9-14所示，可知中等学历者贡献最大。

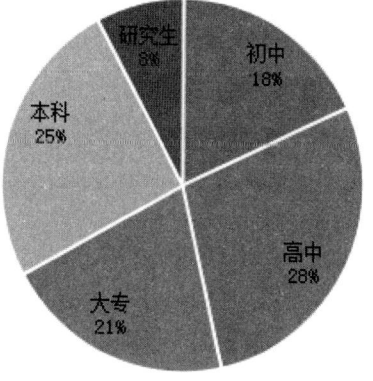

图9-14 饼图

9.5.2 复合饼图

一般情况下，饼图中的项应该尽量不超过 5 项，太多的项就不易看清，特别是存在多个比例较小的项时，不容易区分。

图 9-15 所示是某个网站流量的来源点击率，画出的饼图中项数太多，特别是小项过多，挤在一个狭小的区域，不容易识别和区分，此时，可以采用复合饼图。

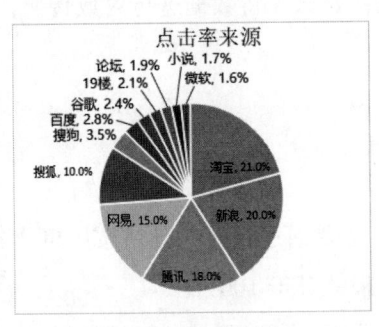

网站	点击率
淘宝	21.0%
新浪	20.0%
腾讯	18.0%
网易	15.0%
搜狐	10.0%
搜狗	3.5%
百度	2.8%
谷歌	2.4%
19楼	2.1%
论坛	1.9%
小说	1.7%
微软	1.6%

图 9-15　饼图（项数过大）

复合饼图，又叫子母饼图，即将比例较小的多个项合并成其他项，然后将这些项在另一个饼图中呈现。复合饼图，可以同时展示各大类的占比情况，同时也能够对小类中的占比情况有直观的呈现。

如图 9-16 所示，比例较大的项在第一个主要饼图中显示，其他合并项在第二个子饼图中显示，就能够更加直观地呈现出其他小项的比例大小。

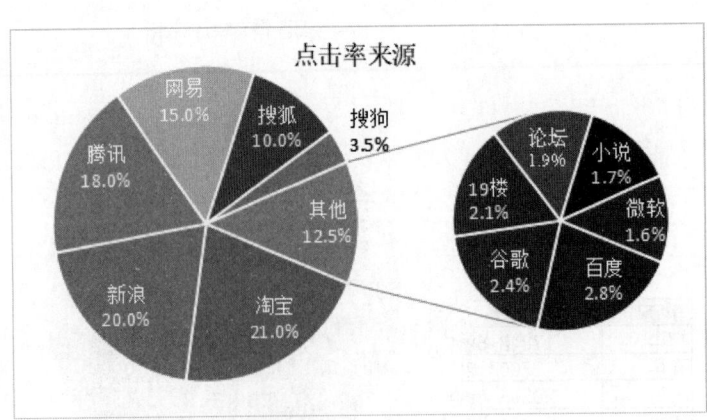

图 9-16　复合饼图

9.5.3 画图原则

画饼图的原则参考如下。

（1）重要的数据项从 12 点钟的位置开始排列，要注意排序。
（2）数据项不要太多，保持在 5 项内即可（太多会导致重点不突出）。
（3）标签文字使用反色显示，尽量对应写在扇形内；如果写在扇形外，则要用标签线连接，避免使用图例进行对应。
（4）扇形边界线使用白色，突出边缘感。
（5）当要强调某一部分时，可以使用爆炸式的饼图分离。

9.6 瀑布图

瀑布图（Waterfall Plot），是由麦肯锡顾问公司所独创的图表类型，因为形似瀑布流水而被称为瀑布图。瀑布图，也常用于结构分析，它与饼图（类别→百分比）最大的区别在于，饼图用的是相对指标（即百分比），而瀑布图呈现的是绝对值（类别→绝对指标）。

因为瀑布图能够呈现自上而下的结构组成，所以在企业经营分析、财务分析中使用较多，用以表示企业成本的构成、变化等情况。

9.6.1 结构瀑布图

结构瀑布图，主要呈现数据的总体与部分构成的关系。

如图 9-17 所示，既可以比较费用支出的每项大小（"生活费"和"房租"较高），又可以看到"总计"值的大小。

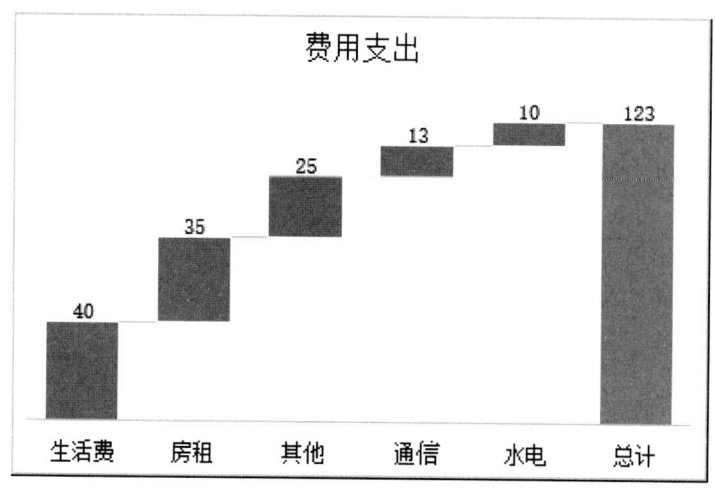

图 9-17　结构瀑布图

9.6.2 变化瀑布图

变化瀑布图，主要反映某项数据在经过一系列增减变化后，最终成为另一项数据的过程。例如，从营业额中扣除各种费用、成本、税费等，结果变成纯利润的过程，又如某个项目经费扣减各方面支出得出余额的过程，使用瀑布图可以直观呈现这些数据变化的细节。

其实，变化瀑布图是由多个结构瀑布图组成的。如图 9-18 所示，从变化瀑布图可以看出收入项、支出项和利润项的逐步变化情况，以及最终的变化结果，具体特征如下。

- “销售”和“顾问”收入，构成了“总收入”。
- “总收入”再减去“材料”“人工”等，就得到“毛利润”。
- “毛利润”再减去“工资”“交通”等，就得到“纯利润”。

收入	
销售	880
顾问	460
总收入	1340
材料	-240
人工	-125
货运	-14
毛利润	961
工资	-240
交通	-42
维修	-31
法援	-25
团建	-15
纯利润	608

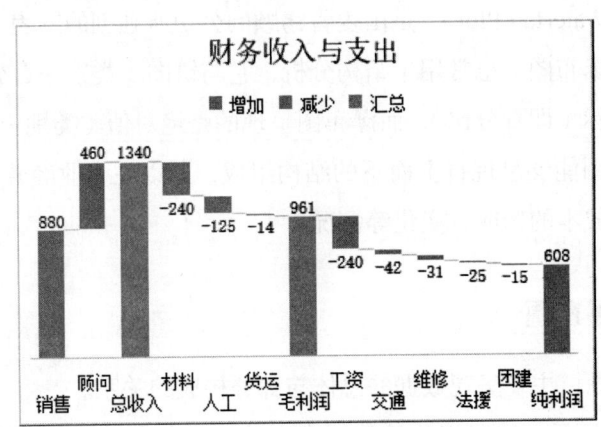

图 9-18　变化瀑布图

当然，也可以将瀑布图与数据表结合对应起来，实现数形结合，画成竖形的瀑布图，这样就更精准和直观了，如图 9-19 所示。

收入	
销售	880
顾问	460
总收入	1340
材料	-240
人工	-125
货运	-14
毛利润	961
工资	-240
交通	-42
维修	-31
法援	-25
团建	-15
纯利润	608

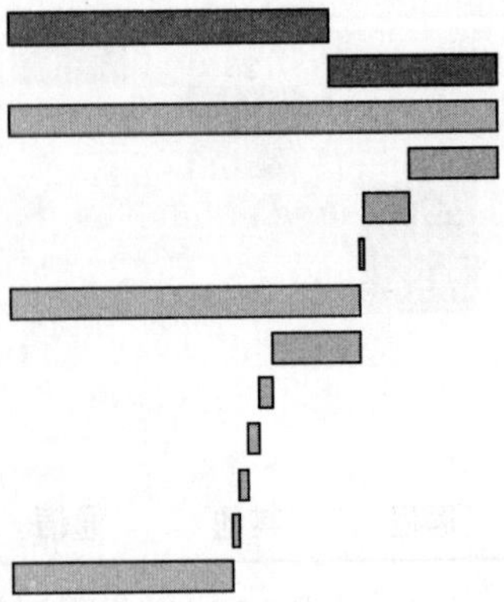

图 9-19　变化瀑布图（纵向）

9.6.3 画图原则

画瀑布图的原则参考如下。

（1）瀑布图中，各部分项尽量降序排列，确保重要项在前面。

（2）总计项与部分项的颜色，要互不相同，以示区分。

（3）变化瀑布图中，总计项要使用相同颜色的柱子，而不同部分项的颜色要有所区分。

9.7 折线图

折线图（Line Chart），主要用来显示数据的动态变化状况，属于动态分析图形。

折线图，常用于趋势分析，即横坐标为时间粒度，呈现数据指标随着时间变化而变化的过程。

9.7.1 简单折线图

如图 9-20 所示，可看出产品的订购量主要集中在月初。

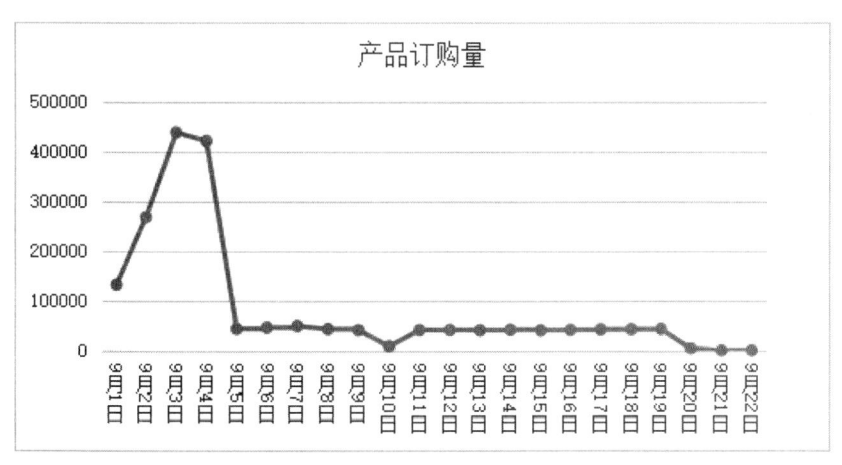

图 9-20　简单折线图

9.7.2 多折线图

多折线图，即在一张图表中呈现同类对象的多个数据指标，或者是不同类对象的同一个指标，既可以观察数据指标的变化趋势，又可以实现多指标比较。

如图 9-21 所示，图左显示的是某产品在每月的销售达标情况，图右呈现了深圳市在

2006~2015 年各区域的房价变化趋势情况，可以看出如下信息特征。

- 总体上，深圳的房价在稳定地上升。
- 福田和南山的房价差不多，普遍较高，但龙岗相对处于房价洼地。
- 罗湖从 2010 年开始，房价上涨的幅度不及福田和南山。

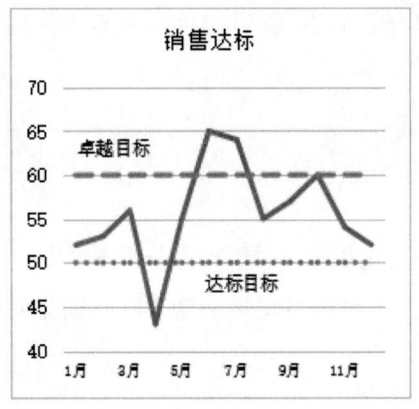
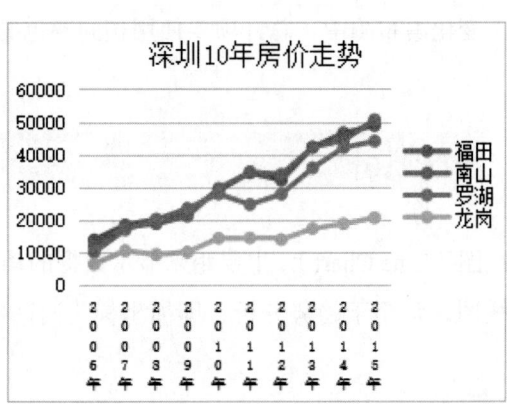

图 9-21　多折线图

9.7.3　画图原则

画折线图的基本原则参考如下。

（1）折线图的横坐标一般是时间变量，或者是有序类别，如学历/级别等。

（2）线条要粗些，比网格线和坐标轴都粗。

（3）最好使用带标志的折线图，方便对比坐标项来查看数据。

（4）分类数量少时，使用数据标签代替网格线。

（5）多折线图中，线条数量一般不超过 5 条。

9.8　散点图/气泡图

散点图（Scatter Chart），是由两组数值构成的多个坐标点的图形分布，适用于直观呈现两个数值变量之间的相关性，也适用于比较多对象之间的双指标大小。

9.8.1　散点图

如图 9-22 所示，图左呈现了两个变量之间的关系，图形显示腰围与体重是具有相关性的：

腰围越大，则体重越重。图右中，对于多个产品，按照两个指标（"贡献率"和"满意度"）进行划分，呈现出不同产品的差异性或重要性，以便制定不同的产品策略："产品六"是待改善或淘汰的产品，而"产品五"可以作为主打产品。

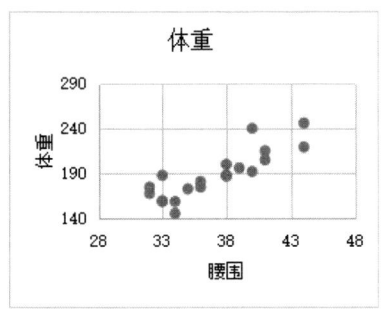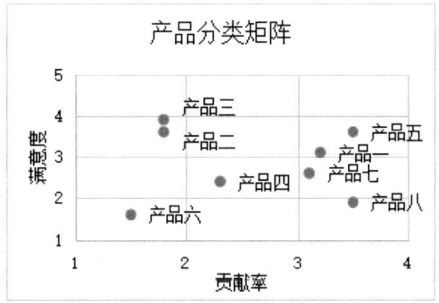

图 9-22　散点图

9.8.2 气泡图

气泡图（Bubble Chart），其实是扩展的散点图，可用于展示三个数据变量之间的关系。如图 9-23 所示，除了"贡献率"和"满意度"之外，还用气泡表示了各产品的"利润率"大小。

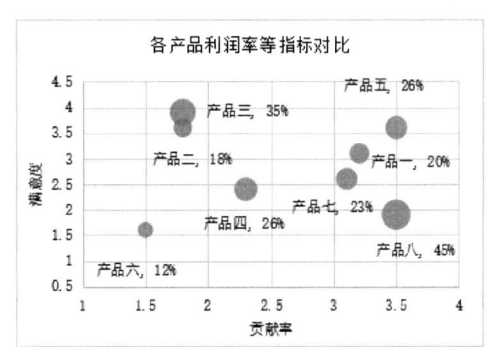

图 9-23　气泡图

9.8.3 画图原则

画散点图 / 气泡图的基本原则参考如下。

（1）注意添加两个坐标轴的标题。

（2）对于多对象分类时，要添加对象名称。

（3）注意设置坐标轴的边界值范围，以使各点尽量位于图形中央。

（4）气泡不能过大，尽量避免重叠，以能区分重要对象差异为宜。

9.9 漏斗图

漏斗图（Funnel Chart），适用于业务流程比较规范、周期长、环节多的流程分析。

9.9.1 漏斗图介绍

漏斗图从上到下，有逻辑上的顺序关系，表现随着业务流程的推进，业务目标完成的情况。

在电商领域，漏斗图常用于流程转化率分析，以找到出现问题的关键环节，并进一步给出相应的运营策略。

如图 9-24 所示，从"生成订单"到"支付订单"的转化率仅有 50%，说明这一环节流失率较高。理论上来说，不应该这么高呀！客户已经想要购买了，但由于各种原因无法支付成功，这说明需要改进支付方式，提供更多样化、更便捷的支付手段。

 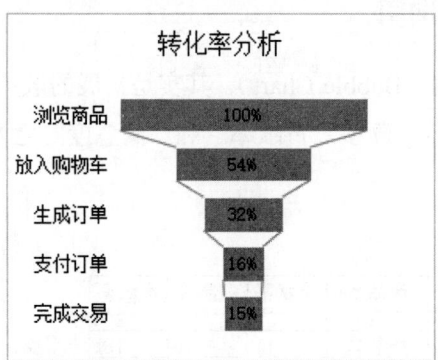

图 9-24　漏斗图（转化率分析）

9.9.2 画图原则

画漏斗图的原则参考如下。

（1）确保数据项是降序排列的，从上到下逐步变小。

（2）数据标签可以是数据值，也可以使用百分比，建议使用百分比效果更好。

（3）各项之间，建议使用连接线连接起来。

9.10 象限图

象限图，本质是散点图，再添加横纵坐标即可。

9.10.1 象限图介绍

常见的象限图有四象限图、九象限图。

四象限图,是按照两个指标将对象划分为四类,即每个指标分成两等份;而九象限图,是将每个指标分成三等份,共九等份。

如图 9-25 所示,反映了不同市县的"占有率"和"增长率"的情况。

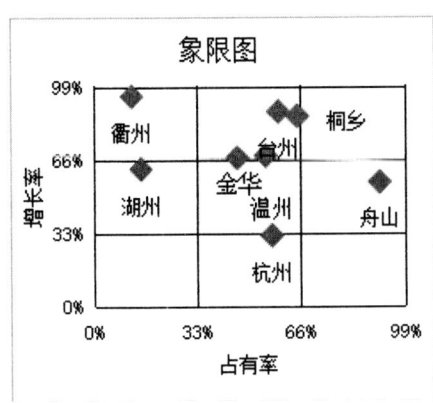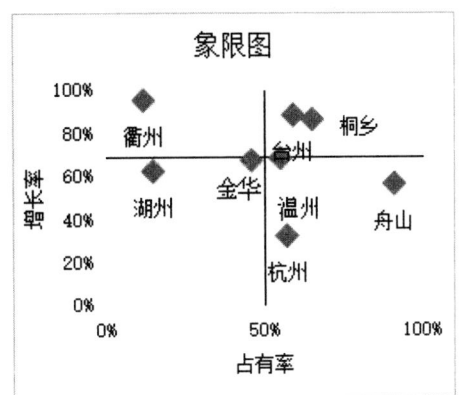

图 9-25 象限图

9.10.2 画图原则

画象限图的基本原则参考如下。

(1)注意添加横纵坐标轴的标题,横纵坐标划分要合适。
(2)添加对象名称。
(3)注意设置坐标轴的边界值范围,以使各点尽量位于图形中央。
(4)注意单位间隔大小要均匀。

9.11 帕累托图

帕累托图(Pareto Chart),又叫排列图、主次图,是按照发生频率大小顺序绘制的直方图。

9.11.1 帕累托图介绍

帕累托图,是"二八原则"的图形化体现,以意大利经济学家 V.Pareto 的名字命名,其作用就是找到对象中的关键因素(超过 80% 的占比),常用于质量管理、销售管理等方面。

如图 9-26 所示，显示冲压件最主要的质量问题是：毛刺、缺边、磕碰。

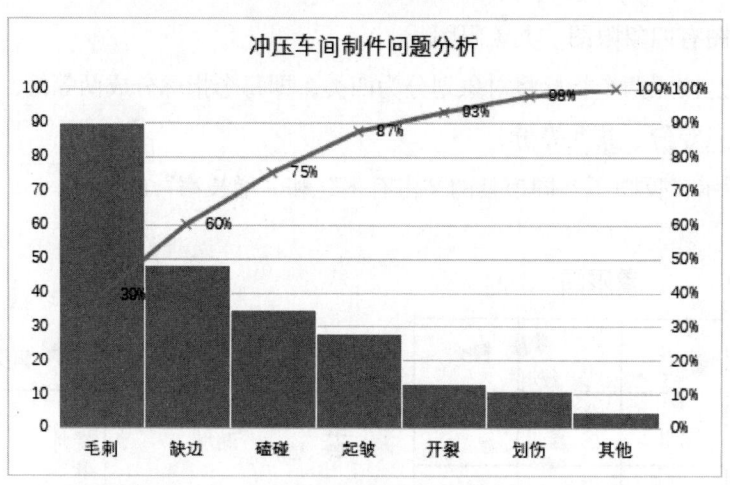

图 9-26　帕累托图

9.11.2　画图原则

画帕累托图的基本原则参考如下。

（1）按指标大小降序排列。

（2）注意添加百分比坐标的数据标签。

（3）柱子之间紧密相邻，使用白色边框隔开。

本章小结

本章主要介绍了各种可视化图形的作用、适用场景，以及画图原则。在实际过程中，要基于具体的业务场景，选择合适的图形模板，来呈现相应的业务结论。

第IV部分
影响因素分析篇

影响因素分析,也叫相关性分析,主要用作原因分析,即判断两个事物(变量)间是否存在相关性的方法。

本篇主要解决以下问题:

(1)两个事物(变量)之间是否存在显著的相关性?有没有可能相互影响?
(2)如果两个事物(变量)之间存在相关性,那么其相关程度如何度量?
(3)如果存在多个相关因素(影响因素),怎样找出各因素的影响程度或主次?

变量的类型不一样,采用的判断方法也不一样。下表列出了常用的相关性分析方法的适用场景以及作用。

相关性分析方法

方法	变量一类型	变量二类型	协变量/控制变量	作用
简单相关分析	数值	数值		1. 判断是否线性相关 2. 计算线性相关程度 r(三种相关系数公式)
偏相关分析	数值	数值	数值	
单因素方差分析	类别	数值		1. 判断因素是否有影响 2. 判断哪个因素影响更大 3. 因素组合是否有影响 4. 因素/组合的最佳水平 5. 是否还有其他影响因素
多因素方差分析	类别	数值		
协方差分析			数值	排除协变量的影响显著性
列联分析/卡方检验	类别	类别		判断是否相关联

关键词: 影响因素,相关性分析,相关分析、方差分析、列联分析/卡方检验。

第 10 章 相关分析

本章导读

"万物皆有联系",是大数据最重要的一个核心思维。所谓联系,指的就是事物之间相互影响、相互制约、同时变化的关系,这种关系就叫作相关关系,或是相关性。本章主要介绍判断两个数值型变量是否相关的方法。

知识要点

通过本章学习,读者应掌握如下知识和技能:

- 理解相关性和因果性的联系及差别;
- 掌握相关分析的操作步骤;
- 掌握三种相关系数的适用场景;
- 理解偏相关分析的应用场景。

10.1 影响因素分析

世界上的所有事物,都会受到其他事物的影响。比如,产品的销量是受到各种因素的影响的,如产品价格、品牌、质量、售后服务等,这些因素都会对产品销量有直接的影响。

又如,产品的价格是受供求状况的影响和制约的。供给增加,价格就相对下降;供给减少,价格就相对上升。

再如,在生活中,经常会遇到下面的情况。

HR 经常会问,影响员工离职的原因是什么?

销售人员会问，哪些要素会促使客户选择某产品？

营销人员会问，影响客户流失的关键因素有哪些？

销售主管会问，影响产品销量下降的原因有哪些？

……

将上述类似的业务问题转化为数据问题，都可以转化为相关性的问题。

那么，如何来评估一个事物对另一个事物是否存在影响，以及影响程度有多大呢？这就是数据分析要解决的问题，也就是影响因素分析，即寻找影响目标变量的关键因素的过程。

影响因素分析，是在小数据时代的叫法。在大数据时代，经常用相关性分析来代替影响因素分析。在不引起混淆的情况下，本书中依然会用影响因素分析来替代相关性分析的叫法。

1. 因果关系

在过去，对事物作分析时非常重视因果关系，即先有原因，再有结果。如果找不到原因，往往会觉得结果也不可信。比如，产品价格下降会导致销量上升，那么价格与销量之间应该是存在某种因果关系的，这从心理学和社会经济学上都能得到解释。

2. 相关关系

但是，统计学进一步发现，有些事物之间看起来并不一定存在因果关系，却有一定的统计学意义。例如：

在电影视频的网站上，放上零食的广告，会提升零食的销售；

银行业中信用较高的人，其发生交通事故的概率会较低；

……

这些也能够体现事物之间的关系，但这些关系并不意味着因果。一个人的信用高低与交通事故发生的可能性到底有什么关系？基本上很难找到合理的解释，也就是说信用和事故发生概率之间不一定存在因果关系，但这些在统计学上却是有意义的。

像这种不一定存在因果关系的事物，其相互关系用另一个比较贴切的说法，就叫作相关关系。而寻找两个事物之间是否存在相关性的过程，就叫作相关性分析。

3. 因果性≠相关性

严格意义上来说，因果关系和相关关系是不一样。

如果两个事物存在因果关系，那么它们一定存在相关关系。但是，存在相关关系的两个事物，却不一定是因果关系。

还可以这样理解：因果性是从业务逻辑层面来理解的，相关性是从数据层面来理解的。

理论上，在数据领域中所用的相关性分析方法，基本上都是基于统计意义的，所以只能说两个事物在统计意义上存在相关关系（即统计相关）。是否存在因果关系呢？这个仅凭数据分析方法是无法给出结论的，还需要专业人士从业务逻辑的角度来进行判断。

比如，价格会影响销量，这是已知的因果关系。即价格和销量有因果关系，那么从数据上一定也会判断出价格和销量呈相关性（除非数据量过小，没有代表性）。

又如，在第 2 章 2.4 节提到的股民的情绪指数与道琼斯指数之间的关系，股民的情绪指数在某种程度上可以反映股票的涨跌情况，说明存在相关关系，但是否存在因果关系，就无法确定了。

按照《大数据时代》一书的说法，即使找不到因果关系，只要能够找到足够多的相关性，并将这种相关性用于问题的解决过程，也能够起到巨大的作用。

4. 相关性分析方法

常用的相关性分析方法有三种：相关分析、方差分析、列联分析（也叫卡方检验），如图 10-1 所示。

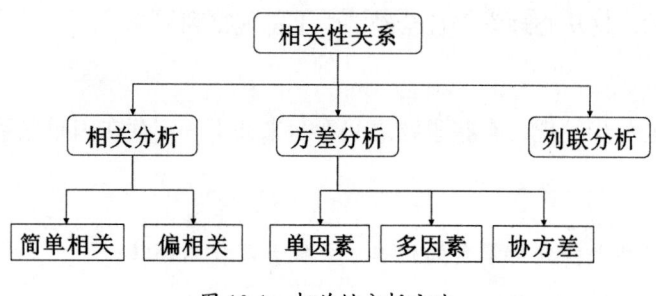

图 10-1　相关性分析方法

10.2 相关分析

相关分析（Correlation Analysis），研究事物之间是否存在某种依存关系，并探讨依存关系的相关方向及相关程度，是研究随机变量间相关关系的一种方法。

先看下面几个问题。

价格，会不会影响销量？

提升价格，是否会提升利润？

价格和广告开销，是如何影响销量的？

……

要将上述问题转化为数据问题，就是要找到两个变量（因素）之间的相关关系。

简单地说，当一个变量发生改变时，另一个变量也会随之有规律地发生变化，就说明这两个变量之间具有相关性。相关分析，就是衡量两个数值型变量是否存在线性相关，以及计算相关程度的方法。

10.2.1 相关分析种类

按照表现形式，相关关系可划分为线性相关和非线性相关（即曲线相关）。目前，曲线相关暂时没有合适的数据分析方法来分析，只能使用散点图作直观地观察。所以，本书暂时不对非线性相关（曲线相关）作重点介绍。在没有特别说明的情况下，下文所说的相关分析，指的是简单相关分析。

按照变化的方向，相关关系可划分为正相关和负相关。正相关，指的是两个变量的变化方向相同；负相关，指的是两个变量的变化方向相反，如图10-2所示。

按照相关程度来分，相关关系可分为强相关、中度相关、弱相关。

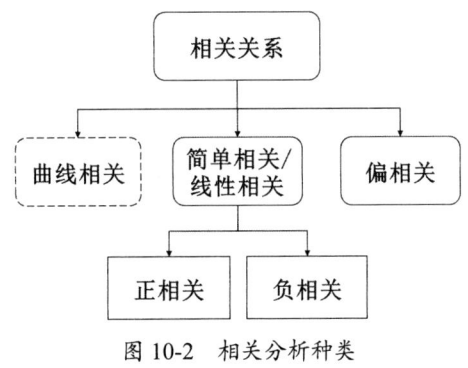

图 10-2　相关分析种类

简单相关分析，直接计算两个变量的相关程度。

偏相关分析，是在排除某个控制因素后，计算两个变量的相关程度。

描述相关关系常用的方式有相关图（即散点图）、相关系数、显著性检验。

10.2.2 散点图

判断两个变量是否存在线性相关关系，最简单的方法就是可视化。散点图是最常用的直观描述相关关系的方式，如图10-3所示。

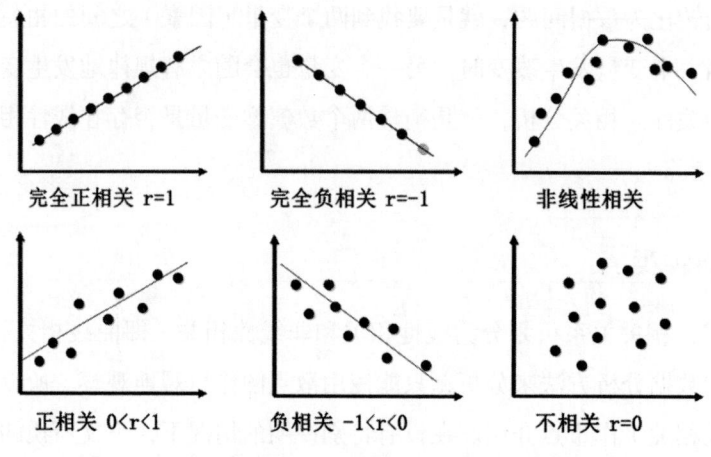

图 10-3 相关性散点图

在真实的应用场景中,经常有如图 10-4 所示的相关性。

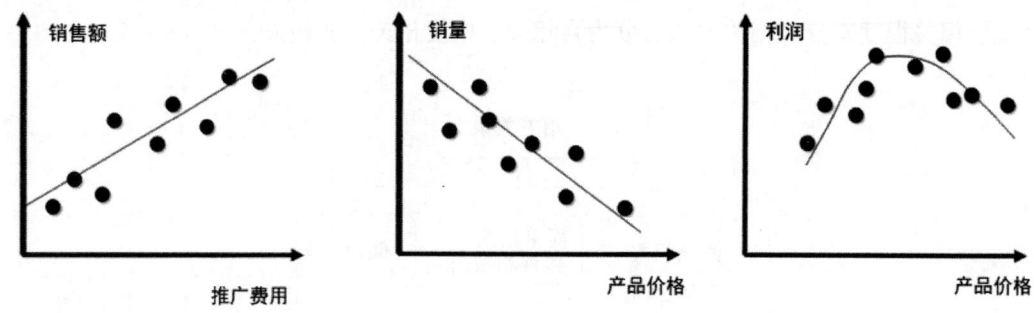

图 10-4 产品价格、销量、利润等的关系

(1)推广费用和销售额,呈现正相关:推广费用花得越多,销售额相对也越高。

(2)价格与销量,呈现负相关:价格提升越高,销量会不断下降。

(3)价格与利润,呈现曲线相关:当原来价格比较低的时候提升价格,由于单产品的利润提高了,所以此时总利润是在上升的;但是,当价格提升到某个点以后,再提价会严重地影响产品销量,销量受到影响,于是总的利润就开始下降了。所以,价格与利润呈现曲线相关。这一特性,经常会被用到产品最优定价以及产品定价策略的制定上。显然,利润最大化的时候,对应的就是产品的最优价格。

不过,散点图虽然能够直观呈现两个变量是否存在相关性,但其缺点是无法对相关程度进行准确的度量,也无法对多个变量的相关程度进行快速的比较。图 10-5 画出了体重和腰围、脂肪比重之间关系的散点图。

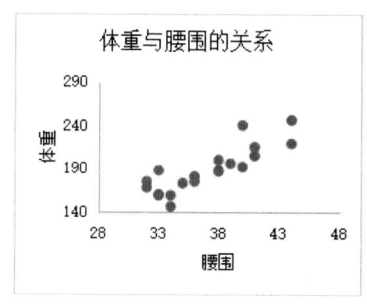
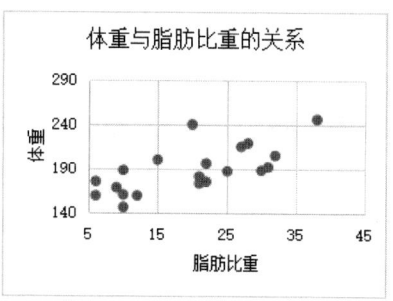

图 10-5 体重与腰围、脂肪比重的关系的散点图

显然,从散点图可看出,随着腰围的增加,体重也在增加。这说明,腰围和体重是存在相关关系的,而且应该是正相关。同样,脂肪比重与体重也是正相关的。

但是,腰围和脂肪比重对体重的影响程度到底有多大,或者说,这两个因素中哪个因素对体重的影响会更大,散点图是无法给出答案的。

因此,在相关分析时,数学家们将引入一个新的数据指标(即相关系数),专门用于量化两个变量的线性相关程度。

10.2.3 相关系数

简单的相关系数,是以数值的方式来精确地反映两个变量之间线性相关的强弱程度的。

1. 相关系数

相关系数(Correlation Coefficient),是专门用来衡量两个变量之间的线性相关程度的指标,经常用字母 r 来表示。

最常用的相关系数,是皮尔逊(Pearson)相关系数,又称积差相关系数,公式如下。

$$r = \frac{\sum_{i=1}^{n}(x_i - \bar{x})(y_i - \bar{y})}{\sqrt{\sum_{i=1}^{n}(x_i - \bar{x})^2 \sum_{i=1}^{n}(y_i - \bar{y})^2}}$$

其中,$\bar{x}$ 和 $\bar{y}$ 分别为变量 X 和变量 Y 的平均值。

相关系数的特征如下。

(1)相关系数的取值范围是 [-1,1]。

(2)|r| 越趋近于 1,表示线性相关程度越强;|r| 越趋近于 0,表示线性相关程度越弱。

(3)若 |r|=1,为完全线性相关(相当于两变量有函数关系)。

r=1,为完全正线性相关。

r=-1,为完全负线性相关。

（4）若 $r > 0$，表示两个变量存在正相关。

（5）若 $r < 0$，表示两个变量存在负相关。

（6）若 $r = 0$，表示两个变量不存在线性相关关系。

由于 r 表示的相关程度，是一个连续值，是不是说一定要 "$r=0$" 才表示两变量不存在线性相关呢？答案是否定的。按照经验值，将 r 的取值分成几个区间，来表示不同的相关程度（注：不同的书中有不同的划分），如表10-1所示。

表10-1 相关程度

相关系数	相关程度
$0.0 \leq |r| < 0.3$	不相关
$0.3 \leq |r| < 0.5$	弱相关
$0.5 \leq |r| < 0.8$	中度相关
$0.8 \leq |r| \leq 1.0$	强相关

2. 相关系数矩阵

相关系数矩阵，指的是当有多个变量时，由变量间的两两相关系数组成的矩阵。相关系数矩阵是一个对称矩阵，其中对角线上的相关系数总是 "1"，即自己和自己的相关系数肯定是 "1"。

图10-6所示，是由腰围、体重和脂肪比重三个变量组成的相关系数矩阵。

	腰围	体重	脂肪比重
腰围	1		
体重	0.852804	1	
脂肪比重	0.886865	0.696633	1

图10-6 相关系数矩阵

10.2.4 显著性检验

由于上述相关系数是根据样本数据计算出来的，所以上述相关系数又称为样本相关系数（用 r 来表示）；若相关系数是根据总体全部数据计算的，则称为总体相关系数，记为 P。

但由于存在抽样的随机性和样本较少等原因，通常样本相关系数不能直接用来说明两总体是否具有显著的线性相关关系（即 P 不一定等于 r），因此还必须进行显著性检验。

相关分析的显著性检验，经常使用假设检验的方式对总体的显著性进行推断。显著性检验的步骤如下。

（1）假设：两个变量 X 和 Y 无显著性线性关系，即两个变量存在零相关。

（2）构建新的统计量 T，公式如下所示。

$$T = \frac{r\sqrt{n-2}}{\sqrt{1-r^2}}$$

在变量 X 和 Y 服从正态分布时，该检验统计量 t 服从自由度为"n–2"的 T 分布，如图 10-7 所示。

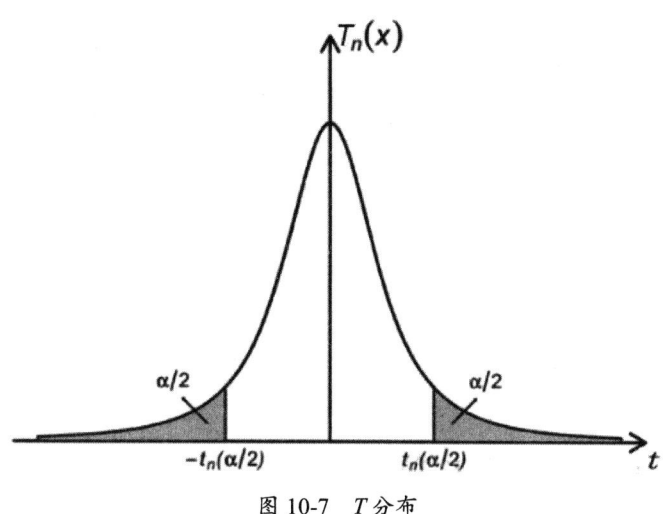

图 10-7　T 分布

（3）计算统计量 T，并查询 T 分布对应的显著性 P 值。

（4）最后判断：

①如果 $P < \alpha$（α 表示显著性水平，默认取"0.05"），表示拒绝原假设，即两变量存在显著的线性相关关系；

②否则，不能拒绝原假设，即两变量不存在显著的线性相关关系。此时，也说明前面计算出来的相关系数 r 是不可用的。

一般情况下，不管是显著性检验的结果，还是相关系数 r 的大小，得到的结论应该是一致的。

- 相关系数较大时，显著性检验的结果应该是显著的（$P < \alpha$）。
- 相关系数较小时，显著性检验的结果应该是不显著的（$P \geq \alpha$）。

当两者不一致的时候，需要进一步分析原因，比如是不是数据量过少的原因。

10.3　简单相关分析步骤

总结一下简单相关分析的基本步骤，如图 10-8 所示。

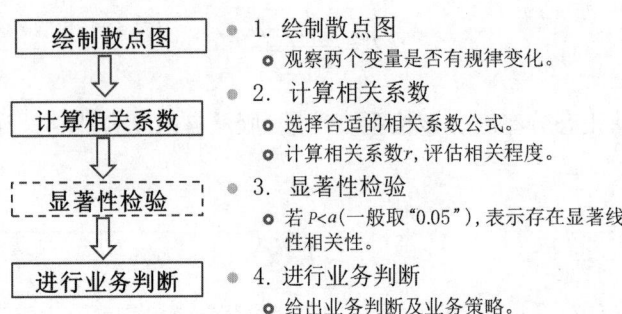

图 10-8　相关分析基本步骤

下面以腰围、体重、脂肪比重为例,来说明应该怎样进行相关分析。

> **案例**
>
> 某美容机构为了弄明白影响体重的关键因素有哪些,特别收集了 20 个顾客的腰围、体重和脂肪比重数据,如表 10-2 所示。请分析一下体重是否与腰围、脂肪比重存在关系。

表 10-2　腰围、体重和脂肪数据

腰围(英寸)	脂肪比重(%)	体重(磅)
32	6	175
36	21	181
38	15	200
33	6	159
39	22	196
40	31	192
41	32	205
35	21	173
38	25	187
38	30	188
33	10	188
40	20	240

10.3.1　第 1 步:绘制散点图

下面以 SPSS 为例,简要介绍散点图的绘制。在 SPSS 中绘制散点图非常简单,大致操作步骤如下(由于本书的重点不是讲解软件操作方法,因此这里不一一赘述)。

(1)单击"图形→图表构建程序"命令。

(2)在"库"中选择"散点图",双击"简单散点图"。

(3)分别将"腰围"和"体重",拖入 X 轴和 Y 轴,最后单击"确定"按钮即可,如图 10-9 所示。

第 10 章 相关分析

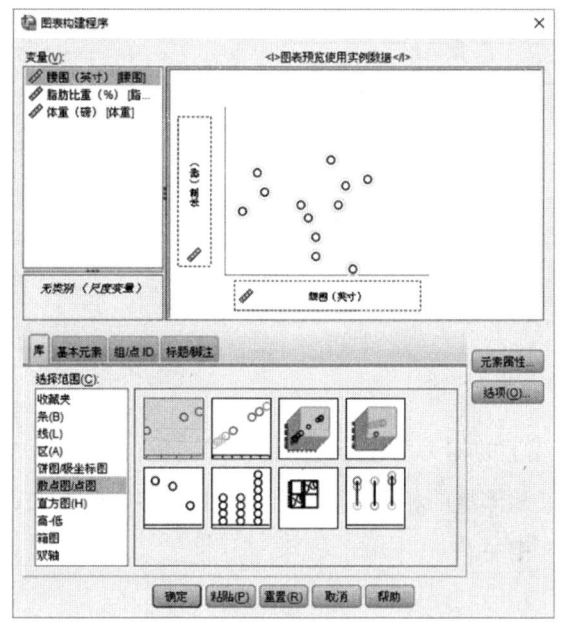
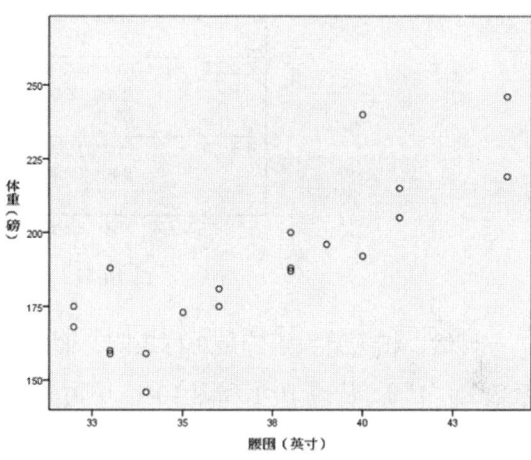

图 10-9 体重与腰围散点图

观察散点图，可知腰围与体重应该是存在线性相关性的。不过，相关程度（或影响程度）有多大呢，则需要进一步计算相关系数来度量。

10.3.2 第 2 步：计算相关系数

在 SPSS 中，计算相关系数的操作步骤如下。

（1）打开数据文档，单击"分析→相关→双变量"命令，进入相关分析界面。

（2）将要判断的几个变量全部选入变量列表，如图 10-10 所示。

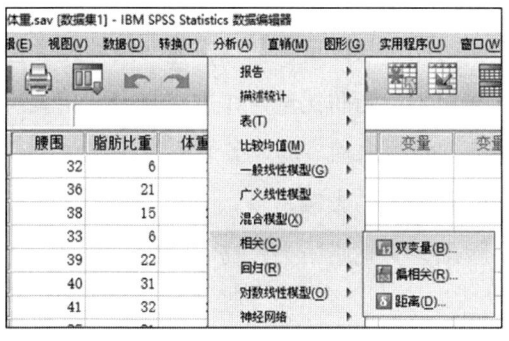
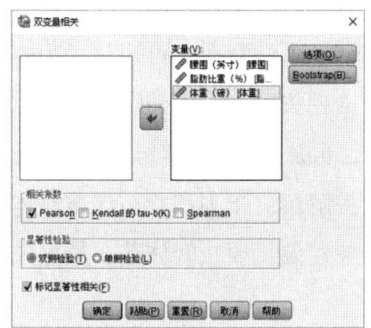

图 10-10 相关分析配置

（3）单击"确定"按钮后，得到如图 10-11 所示的相关系数矩阵。

相关性

		腰围（英寸）	脂肪比重（%）	体重（磅）
腰围（英寸）	Pearson 相关性	1	.887**	.853**
	显著性（双侧）		.000	.000
	N	20	20	20
脂肪比重（%）	Pearson 相关性	.887**	1	.697**
	显著性（双侧）	.000		.001
	N	20	20	20
体重（磅）	Pearson 相关性	.853**	.697**	1
	显著性（双侧）	.000	.001	
	N	20	20	20

**.在 .01 水平（双侧）上显著相关。

图 10-11　相关系数矩阵（SPSS）

显然，相关系数矩阵是对称矩阵，而且对角线上的相关系数全为"1"（即变量自身的相关系数为"1"）。从表 10-1 和图 10-11 中可知，腰围和体重的相关系数"$r=0.853$"，存在强相关；脂肪比重和体重的相关系数"$r=0.697$"，存在中度相关。

10.3.3 第 3 步：显著性检验

在 SPSS 中，不但计算出变量间的相关系数，同时还进行了显著性检验（即计算了统计量 T，且查询出对应的概率 p 值，见图 10-11 中"显著性"一行）。

在相关系数矩阵中，查看图 10-11 中"显著性"一行，腰围和体重对应的概率"$P=0.000$"（只保留小数点后 3 位，看起来概率为"0"），显然"$P<0.05$"，即根据显著性检验，可知腰围和体重、脂肪比重和体重，都存在显著的线性相关关系，也说明前面的相关系数可用。

10.3.4 第 4 步：进行业务判断

根据前面的相关分析，可得到数据分析结论。

- 根据显著性判断，可知腰围与体重、脂肪比重与体重，都存在显著线性相关性。
- 根据相关系数，可知腰围与体重存在强相关，脂肪比重与体重存在中度相关。

然后，再从业务层面对分析结果进行解读，并给出相应的业务策略或建议。

- 业务解读：腰围和脂肪比重对体重可能有较大的影响。
- 业务建议：要减轻体重，最好先减小腰围，少吃脂肪类食物。

10.4 三种相关系数

在实际工作中，由于场景不同，使用的相关系数也不相同。常用的相关系数有三种：

Pearson 相关系数、Spearman 相关系数和 Kendall 相关系数。

10.4.1 Pearson 相关系数

前面介绍了最常用的 Pearson 相关系数,但是使用 Pearson 相关系数也需要注意一些问题。

1. Pearson 相关系数使用前提

首先,使用 Pearson 相关系数的前提条件是要两个变量满足近似正态分布。这要求在计算相关系数前,要作正态性检验。如果变量不是正态分布的,就无法使用 Pearson 相关系数。

其次,Pearson 相关系数对离群值比较敏感。如图 10-12 所示的散点图,除右上角一个离群值外,其余数据点呈明显的线性相关关系,但真实计算出来的 Pearson 相关系数 $r = -0.283, P = 0.214$,显然 Pearson 相关系数无法正确衡量 X 和 Y 的线性相关性。

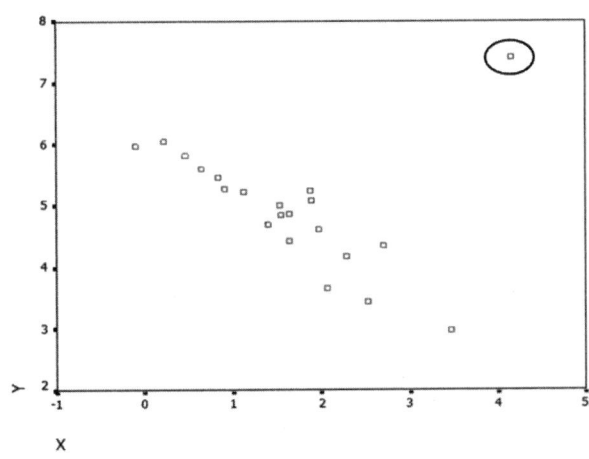

图 10-12 受离群点影响的相关分析

所以,在计算 Pearson 相关系数时,不但要做正态性检验,而且对数据预处理要求比较高(要去除多变量的离群值)。

2. 正态性检验

因为,Pearson 相关系数要求变量服从正态分布,所以在计算 Pearson 相关系数之前,需要先确定两个变量是否都服从正态分布,或者近似正态分布。

在 SPSS 中,判断两个变量是否服从正态分布的操作步骤如下。

(1)单击"分析→描述统计→探索"命令,进入"探索"界面。

(2)将待判断的变量选入"因变量列表"。

(3)打开"探索:图"界面,勾选"含检验的正态图",单击"确定"按钮。

相关操作如图 10-13 所示。

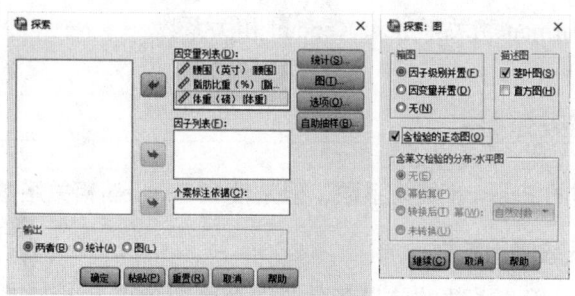

图 10-13　正态性检验配置

确定后得到如图 10-14 所示的正态性检验结果。

正态性检验

	Kolmogorov-Smirnov[a]			Shapiro-Wilk		
	统计量	df	Sig.	统计量	df	Sig.
腰围（英寸）	.138	20	.200*	.932	20	.171
体重（磅）	.109	20	.200*	.957	20	.486

a. Lilliefors 显著水平修正。
*. 这是真实显著水平的下限。

图 10-14　正态性检验结果

在 SPSS 中，采用的是 K-S（Kolmogorov-Smirnov）检验以及 Shapiro-Wilk 检验的结果（两个 "Sig" 列）。查看显著性这一列，当 "Sig>0.05" 时，表明该变量服从正态分布，否则为非正态分布。

> **注意**　当样本量大于 "50" 时用 K-S 显著性检验，当样本量小于 "50" 时用 Shapiro-Wilk 显著性检验。

如图 10-14 所示，显然腰围和体重两个变量都是服从正态分布的，所以可以采用 Pearson 相关系数。

为了解决 Pearson 相关系数的正态性要求以及离群值影响的问题，数据科学家们又定义了其他几种相关系数公式。除了 Pearson 相关系数，还有 Spearman 秩相关系数和 Kendall τ 相关系数。

10.4.2　Spearman 相关系数

Spearman Rank 相关系数，即斯皮尔曼秩相关系数（Spearman Rank Order Correlation Coefficient，简称 SROCC），是英国心理学家、统计学家斯皮尔曼根据积差相关的概念推导而来的。

在 Pearson 相关系数中，所有的数据都要参与公式计算，如果存在离群值，则会导致相关系数的计算不准确。为了避免离群值的影响，在 Spearman 等级相关系数公式中，并不是采用原始的数据对（x_i, y_i）来计算，而是利用数据的秩对（U_i, V_i）定义相关系数。

某数据的秩，指的是将整个数据列按照从小到大排列，该数据在整列中的排序位置。最小的数据，其秩为"1"，依次类推。

1. 计算公式

将 Pearson 相关系数的计算公式中的原始值（x 和 y）用相应的秩来代替，即可得到 Spearman 相关系数，其公式如下。

$$r = 1 - \frac{6\sum_{i=1}^{n}(U_i - V_i)^2}{n(n^2-1)}$$

2. 显著性检验

由于不能假定 X 和 Y 变量服从正态分布，所以 Spearman 采用的是非参数检验。此时，检验统计量为 Z 统计量，其数学定义如下。

$$Z = r\sqrt{n-1}$$

在样本容量 n 充分大时，Z 统计量近似服从标准正态分布，即 N（0，1）。

根据公式可知，Spearman 秩相关系数可以用于度量定序型变量间的线性相关关系。这里所说的定序变量，包括数值型变量，也包括有序的类别变量（比如学历、收入等级等）。

Spearman 秩相关系数的基本思想如下。

（1）若两个变量存在强相关，则它们的秩的变化具有同步性，那么"$\sum_{i=1}^{n}(U_i - V_i)^2$"比较小，于是 r 就接近于"1"。

①若两变量完全正相关，则"$U_i = V_i$"，此时"$r = 1$"。

②若两变量完全负相关，则"$U_i + V_i = n+1$"，此时"$\sum_{i=1}^{n}(U_i - V_i)^2$"达到最大值"$\frac{1}{3}n(n^2-1)$"，此时"$r = -1$"。

（2）若两变量的相关性较弱，则它们的秩的变化不具有同步性，那么 r 接近于"0"。

显然，Spearman 秩相关系数是利用两个变量的秩大小进行计算的，所以，对原始变量的正态分布没有要求，属于非参数统计方法；而且采用秩来计算，也避免了离群值对相关系数计算值的影响，适用范围比 Pearson 相关系数要广一些。

10.4.3 Kendall 相关系数

Kendall τ 相关系数，即肯德尔秩相关系数（Kendall tau Rank Correlation Coefficient），常用希腊字母 τ（tau）表示，也用于度量定序型变量间的线性相关关系，与 Spearman 秩相关系数情况基本类似。

但与Spearman秩相关系数不同的是,Kendall τ 相关系数使用秩的同序对(concordant pairs)数目 U 和异序对(discordant pairs)数目 V 来计算相关系数。

什么是同序对呢?即两个变量的秩同时增大的秩对。

用数据的语言描述是这样的:假定 X 和 Y 有 n 个(x_i,y_i)值对,现在假定 $d_{ij}=(R(x_j)-R(x_i))(R(y_j)-R(y_i))$,其中 $R(x_i)$ 表示 x_i 的秩,那么,同序对和异序对的定义如下。

$$U = \sum_{i=1}^{n}\sum_{j>i}^{n} sign(d_{ij}) > 0$$

$$V = \sum_{i=1}^{n}\sum_{j>i}^{n} sign(d_{ij}) < 0$$

当然,对于存在重复秩的情况,则"$d_{ij}=0$",将不会计入同序对和异序对中。

Kendall τ 相关系数的公式有三个,分别是 τ_a、τ_b、τ_c,都是利用同序对(U)和异序对(V)来计算相关系数的。

1. 无重复秩

如果两个变量 X 和 Y 的秩不存在重复的情况,Kendall 相关系数公式如下。

$$\tau_a = \frac{2\times(U-V)}{n(n-1)}$$

其中,n 为样本数量,U 为同序对,V 为异序对。

下面举一个简单的例子,方便大家理解。

假定变量 X 和变量 Y 的秩如图 10-15 所示。先将 X 秩按升序排列,然后观察 Y 秩,显然变量 Y 的秩随变量 X 的秩同步增大的 Y 的秩对有(2,3),(2,4),(2,5),(3,4),(3,5),(1,4),(1,5),(4,5),即同序对的数目 U 共有 8 对;而变量 Y 的秩未随变量 X 的秩同步增大的 Y 的秩对有(2,1),(3,1),即异序对 V 共有 2 对。

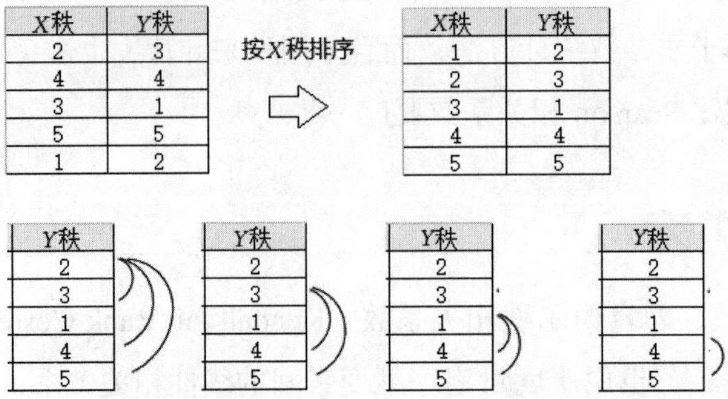

图 10-15 同序对异序对示意图

显然，同序对数目和异序对数目的特征如下。

（1）如果两个变量具有较强的正相关关系，则同序对数目 U 应该比较大，而异序对数目 V 应该比较小。

（2）如果两个变量具有较强的负相关关系，则同序对数目 U 应该比较小，而异序对数目 V 应该比较大。

（3）如果两个变量的相关性较弱，则同序对数目 U 和异序对数目 V 应该大致相等，即各占一半。

可以证明，如果秩没有重复值，则所有秩对数量 "$U+V=\frac{1}{2}n(n-1)$"，所以在下面的 τ_a 公式中可以将 V 用 U 来代替。

$$\tau_a = \frac{2\times(U-V)}{n(n-1)} = \frac{4U}{n(n-1)} - 1$$

2. 有重复秩

如果秩有重复，计算会稍微复杂一点，此时 Kendall 相关系数计算公式如下。

$$\tau_b = \frac{(U-V)}{\sqrt{(N_3-N_1)(N_3-N_2)}}$$

其中，U、V 含义同前面，N_1，N_2，N_3 参数如下。

$$N_1 = \frac{1}{2}\sum_{i=1}^{s}U_i(U_i-1)$$

$$N_2 = \frac{1}{2}\sum_{i=1}^{t}V_i(V_i-1)$$

$$N_3 = \frac{1}{2}n(n-1)$$

其中 U_i、V_i 分别表示变量 X 和 Y 中第 i 个唯一值所包含的元素个数。

3. 显著性检验

由于不能假定 X 和 Y 变量服从正态分布，所以 Kendall 检验也是采用非参数检验，其检验统计量为 Z 统计量，其数学定义如下。

$$Z = \tau \times \sqrt{\frac{9n(n-1)}{2(2n+5)}}$$

在样本容量 n 充分大时，Z 统计量近似服从标准正态分布，即 $N(0,1)$。

其基本思想具体如下。

（1）若 $\tau = 1$，表示两个变量有一致的秩相关性。

（2）若 $\tau = -1$，表示两个变量有完全相反的秩相关性。

（3）若 $\tau = 0$，表示两个变量是相互独立的，不存在秩相关性。

10.5 相关系数的选择

如上所述，三种相关系数计算的公式和原理是不相同的。

Pearson 相关系数，适用于数值型变量，且要求两变量呈正态分布或接近正态分布，并且没有离群值。

Spearman 秩相关系数，适用于定序型变量（包括连续型变量，以及有序类别变量），或者不满足正态分布的连续型变量。

Kendall τ 相关系数，与 Spearman 秩相关系数的适用场景一样，也适用于定序型变量，或不满足正态分布的连续型变量。

所以，当变量服从正态分布且无离群值时，使用 Pearson 相关系数比其他系数要准确些。

Spearman 秩相关系数和 Kendall τ 相关系数，是在数据的相对大小（即数据秩）的基础上得到的，对离群值更稳健（即受离群值影响较小），度量的主要是变量之间的同步增长变化关系。可以这么理解，即使不是线性相关，只要是单调变化关系（线性或非线性）都可以用 Spearman 秩相关系数和 Kendall τ 相关系数计算。

所以，在某种程度上，Spearman 秩相关系数和 Kendall τ 相关系数比 Pearson 相关系数更具有通用性。

表 10-3 列出了三个相关系数的适用场景及其差异。

表 10-3　三个相关系数的适用场景及其差异

相关系数	适用场景	公式	作用
Pearson	数值型变量，正态分布，无离群值	利用数据对计算，t 分布检验	线性相关
Spearman	定序型变量，非正态分布	利用数据秩的差计算，z 分布检验	线性相关、单调相关
Kendall τ	定序型变量，非正态分布	利用同序对/异序对计算，z 分布检验	线性相关、单调相关

这里需要特别说明的是，不管是哪种相关系数，都只能度量两个变量之间的线性相关性，但并不是度量非线性关系的有效工具。即使两个变量的相关系数为"0"，如图 10-16 所示，也只能说明变量之间不存在线性相关（图右），并不说明变量之间没有任何关系，因为两个变量仍有可能存在曲线相关的关系（图左）。

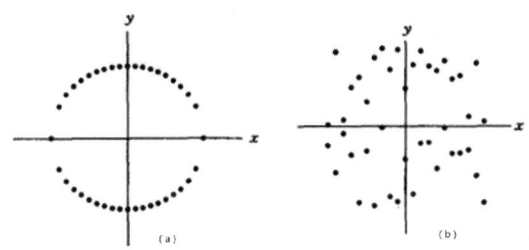

图 10-16 相关系数为"0"

10.6 案例：消费水平影响因素分析

> **案例**
>
> 某电信运营商收集了用户的消费数据，如表 10-4 所示，想了解一下哪些因素最有可能影响用户的消费水平。请分析一下："年龄""收入""家庭人数""开通月数"是否与"消费金额"存在相关性。

表 10-4　运营商用户表

UID	居住地	婚姻状况	教育水平	性别	电子支付	年龄	收入	家庭人数	开通月数	消费金额	套餐类型	流失
1	上海	已婚	本科	男	No	44	64	2	13	35.41	BS	Yes
2	广州	已婚	研究生	男	No	33	136	6	11	99.96	TS	Yes
3	广州	已婚	初中	女	No	52	116	2	68	156.6	PS	No
4	上海	未婚	高中	女	No	33	33	1	33	78.38	PS	No
5	上海	已婚	初中	男	No	30	30	4	23	36.78	PS	No
6	上海	已婚	高中	女	No	39	78	1	41	114	PS	No
7	广州	已婚	高中	女	Yes	22	19	5	45	80.4	ES	Yes
8	上海	未婚	高中	男	Yes	35	76	3	38	192.5	TS	Yes
9	广州	已婚	本科	男	No	59	166	5	45	133.1	PS	No
10	北京	已婚	初中	男	No	41	72	3	68	133.1	ES	No

分析说明：影响因素分析，也就是相关性分析。所以，寻找影响消费水平的因素，实际上就是要分析"年龄""收入""家庭人数""开通月数"与"消费金额"的相关性。具体分析步骤如下。

第 1 步：作正态性检验。在 SPSS 中单击"分析→描述统计→探索"命令，作正态性检验，如图 10-17 所示。

正态性检验

	柯尔莫戈洛夫-斯米诺夫[a]			夏皮洛-威尔克		
	统计	自由度	显著性	统计	自由度	显著性
年龄	.070	1000	.000	.977	1000	.000
收入	.261	1000	.000	.486	1000	.000
家庭人数	.238	1000	.000	.837	1000	.000
在网月数	.078	1000	.000	.948	1000	.000
消费金额	.070	1000	.000	.958	1000	.000

a. 里利氏显著性修正。

图 10-17　正态性检验

从"显著性"（Sig<0.05）可以看出，变量不符合正态分布，因此不能够使用 Pearson 相关系数公式，只能使用 Spearman 或 Kendall 相关系数。

第 2 步：计算相关系数。单击菜单"分析→相关→双变量"命令，去除 Pearson 相关系数，勾选"Spearman"和"Kendall"相关系数，得到如图 10-18 所示的分析结果。

相关性

			年龄	收入	家庭人数	开通月数	消费金额
肯德尔 tau_b	年龄	相关系数	1.000	.327**	-.175**	.343**	.273**
		Sig.（双尾）	.	.000	.000	.000	.000
		N	1000	1000	1000	1000	1000
	收入	相关系数	.327**	1.000	-.067**	.235**	.262**
		Sig.（双尾）	.000	.	.005	.000	.000
		N	1000	1000	1000	1000	1000
	家庭人数	相关系数	-.175**	-.067**	1.000	-.002	.019
		Sig.（双尾）	.000	.005	.	.917	.418
		N	1000	1000	1000	1000	1000
	开通月数	相关系数	.343**	.235**	-.002	1.000	.623**
		Sig.（双尾）	.000	.000	.917	.	.000
		N	1000	1000	1000	1000	1000
	消费金额	相关系数	.273**	.262**	.019	.623**	1.000
		Sig.（双尾）	.000	.000	.418	.000	.
		N	1000	1000	1000	1000	1000
斯皮尔曼 Rho	年龄	相关系数	1.000	.439**	-.234**	.490**	.395**
		Sig.（双尾）	.	.000	.000	.000	.000
		N	1000	1000	1000	1000	1000
	收入	相关系数	.439**	1.000	-.090**	.341**	.383**
		Sig.（双尾）	.000	.	.004	.000	.000
		N	1000	1000	1000	1000	1000
	家庭人数	相关系数	-.234**	-.090**	1.000	-.001	.026
		Sig.（双尾）	.000	.004	.	.964	.404
		N	1000	1000	1000	1000	1000
	开通月数	相关系数	.490**	.341**	-.001	1.000	.813**
		Sig.（双尾）	.000	.000	.964	.	.000
		N	1000	1000	1000	1000	1000
	消费金额	相关系数	.395**	.383**	.026	.813**	1.000
		Sig.（双尾）	.000	.000	.404	.000	.
		N	1000	1000	1000	1000	1000

**. 在 0.01 级别（双尾），相关性显著。

图 10-18 相关系数矩阵

看 Spearman 相关系数，可知影响消费水平的三个因素：开通月数（$r = 0.813$），年龄（$r = 0.395$），收入（$r = 0.383$）。

第 3 步：制作散点图。制作出散点图，如图 10-19 所示，可直观地观察出，"开通月数"（即网龄）与"消费金额"有强相关；"年龄""收入"与"消费金额"是弱相关。

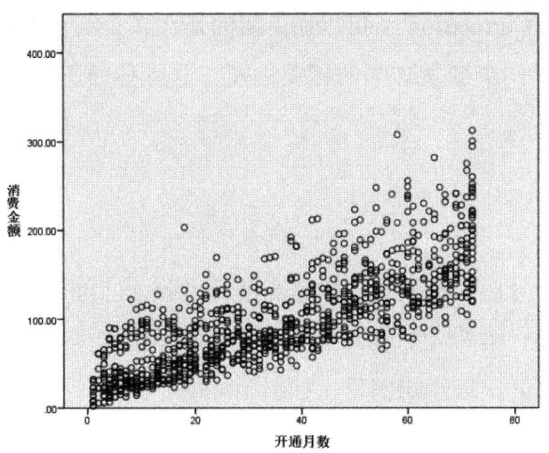

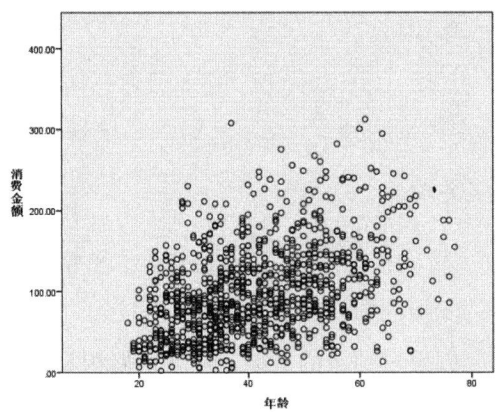 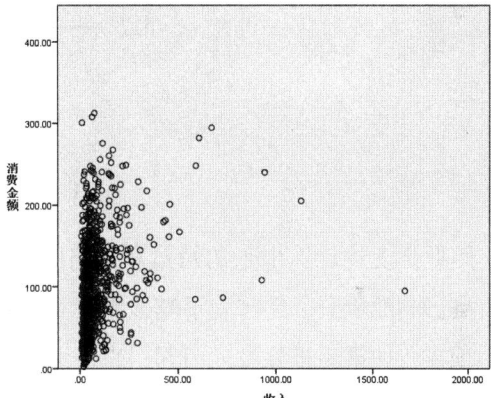

图 10-19 散点图

第 4 步：形成结论。最后，总结业务结论，具体如下。

● 网龄是影响消费水平的重要因素，网龄越长，消费越高（正相关）。

● 年龄和收入对消费水平有略微的影响。

给出业务策略，具体如下。

● 实施挽留策略，延迟用户网龄（比如，让用户承诺合约期，优惠分期返还）。

● 适当发展年龄稍大、收入稍高的用户。

10.7 偏相关分析

前面讲的简单相关分析，计算的是两个变量之间的直接相关关系，但这种相关往往还有可能包含其他变量的影响。

偏相关分析（Partial Correlation Analysis），指的是在多个变量中排除了一个或若干个控制变量的影响后，直接计算两个变量之间的相关程度。这更有助于准确理解变量间的相互影响、相互作用的关系。

10.7.1 偏相关概念

先举一个例子：在研究商品的销量、价格和消费者收入之间的关系时，首先，产品的价格会对销量产生影响，同时，消费者的收入也会对价格敏感性产生影响，间接地也在影响产品销量，即收入会通过价格来间接地影响销量，如图 10-20 所示。

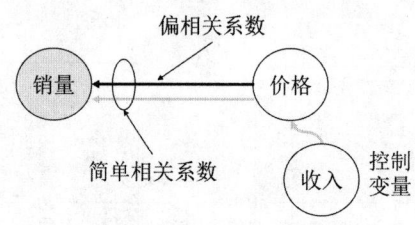

图 10-20　偏相关关系

因此，上述计算出来的销量和价格的相关程度（简单相关系数），不仅包含了价格对销量的直接影响的成分，还包含了其他因素（如收入）的间接的影响成分。

现在，如果想排除收入因素，直接考虑价格单个因素对销量的影响，这就是偏相关分析。

10.7.2 计算公式

控制变量有几个，就表示是几阶偏相关。

在排除控制变量 Z 的影响后，变量 X 和变量 Y 的偏相关（即一阶偏相关）系数公式如下。

$$r_{XY,Z} = \frac{r_{XY} - r_{XZ} r_{YZ}}{\sqrt{1-r_{XZ}^2}\sqrt{1-r_{YZ}^2}}$$

同理，在排除控制 Z_1，Z_2 变量的影响后，变量 X 和变量 Y 的偏相关（即二阶偏相关）系数公式如下。

$$r_{XY,Z_1Z_2} = \frac{r_{XY,Z_2} - r_{XZ_1,Z_2} \times r_{YZ_1,Z_2}}{\sqrt{1-r_{XZ_1,Z_2}^2}\sqrt{1-r_{YZ_1,Z_2}^2}}$$

10.7.3 显著性检验

偏相关的显著性检验的步骤如下。

(1)假设:两个总体的偏相关系数与零无显著线性关系,即两个变量不存在显著相关。

(2)构建检验统计量 T,公式如下所示。

$$T = \frac{r\sqrt{n-k-2}}{\sqrt{1-r^2}}$$

其中,n 为样本容量,k 为控制变量个数(即阶数),T 统计量服从自由度为"$n-k-2$"的 T 分布。

(3)计算检验统计量 T,并查询 T 分布对应的概率 P 值。

(4)最后判断(α 表示显著性水平,一般取"0.05"),结果如下。

①如果 $P<\alpha$,表示两个变量存在显著的线性相关关系。

②否则,不存在显著的线性相关关系。

10.7.4 案例:消费水平的偏相关分析

在前面 10.6 节讲运营商的案例中,得出结论:网龄(开通月数)、"年龄""收入"都有可能会影响"消费金额"。但是网龄与"年龄"或"收入"也有关系,那么,在预测消费金额时,是否需要用到"年龄"或"收入"变量呢?

在这种情况下,可以考虑使用偏相关分析试一试,如图 10-21 所示。

			年龄	收入	家庭人数	开通月数	消费金额
斯皮尔曼 Rho	年龄	相关系数	1.000	.439**	-.234**	.490**	.395**
		显著性(双尾)	.	.000	.000	.000	.000
		个案数	1000	1000	1000	1000	1000
	收入	相关系数	.439**	1.000	-.090**	.341**	.383**
		显著性(双尾)	.000	.	.004	.000	.000
		个案数	1000	1000	1000	1000	1000
	家庭人数	相关系数	-.234**	-.090**	1.000	-.001	.026
		显著性(双尾)	.000	.004	.	.964	.404
		个案数	1000	1000	1000	1000	1000
	开通月数	相关系数	.490**	.341**	-.001	1.000	.813**
		显著性(双尾)	.000	.000	.964	.	.000
		个案数	1000	1000	1000	1000	1000
	消费金额	相关系数	.395**	.383**	.026	.813**	1.000
		显著性(双尾)	.000	.000	.404	.000	.
		个案数	1000	1000	1000	1000	1000

**. 在 0.01 级别(双尾),相关性显著。

图 10-21 相关系数矩阵

将"开通月数"作为控制变量,再来计算一下"年龄"和"收入"对"消费金额"的影响程度,如图 10-22 所示。

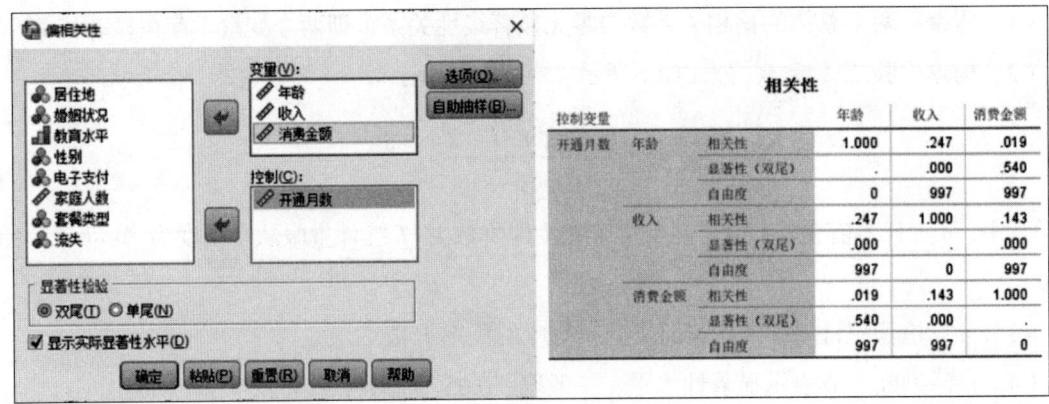

图 10-22　偏关系数矩阵

从偏相关分析结果可看出，排除网龄的影响后，"年龄""收入"与"消费水平"的相关性很低，影响较小，故在预测"消费金额"时，可以排除"年龄"和"收入"变量（不建议作为自变量）。

本章小结

本章主要介绍了相关分析方法，适用于两个数值型变量之间的相关性的判断。

相关分析的描述方式：散点图、相关系数、显著性检验等。

有三种相关系数：Pearson 相关系数、Spearman 相关系数、Kendall 相关系数。

相关分析的四个基本步骤，具体如图 10-23 所示。

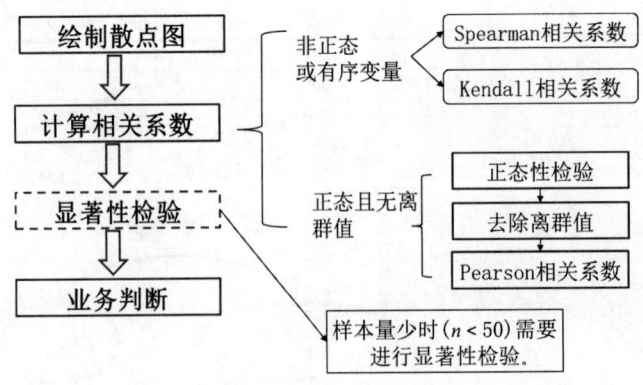

图 10-23　相关分析步骤

第 11 章 方差分析

本章导读

方差分析是最常用的做影响因素分析的方法。不同于相关分析,方差分析主要适用于判断一个类别型变量和一个数值型变量之间的相关性。

知识要点

通过本章学习,读者应掌握如下知识和技能:

- 理解方差分析的基本原理;
- 掌握方差分析的基本步骤;
- 明白不同方差分析种类的适用场景和作用;
- 学会解读方差分析的结果,并做出相应的决策。

11.1 方差分析的基本知识

尽管相关分析可以对两个变量之间的线性相关性进行分析,但却要求变量都是连续型数值变量,或是有序类别变量。而在真实的业务场景中,这种条件却并不是总能满足的,比如下面的问题。

商品在货架上的摆放位置是否对销售有影响?

不同的广告形式,在推广效果上是否有较大的差异?

不同教育程度的用户,其电信消费水平是否也有差异?

这些市场营销类的问题，看起来都不一样，但其实质都是一样的，都是要分析一个变量对另一个变量是否有显著影响。而且，这两个变量中，一个是类别型变量，一个是连续型变量。显然，用相关分析是无法判断一个类别型变量和一个连续型变量的相关性的。而方差分析，就可以分析这一类场景下的相关性。

方差分析（Analysis of Variance，简称 ANOVA），又称为"变异数分析"，是 R.A.Fisher 发明的，用于两个及两个以上样本的基于平均数的差异判别的显著性检验。

简单地理解，方差分析，就是用来研究一个因素的不同取值，是否对目标变量产生显著影响的方法。

在专业术语中，上述因素又叫作控制变量，目标变量又叫作观测变量。控制变量一般是类别型变量，而目标变量一般是连续型变量。方差分析就是用来探索类别变量和连续变量的相关性的，其实质就是，要找出对目标变量有显著影响的因素，以及影响因素的最佳取值。

11.1.1 基本原理

先介绍方差分析的基本思想及其实现原理。

1. 基本思想

举一个例子，想要判断不同的工艺类型是否对产品的使用寿命有影响，则会收集不同工艺下的产品使用寿命数据。于是，这个业务问题转化为数据问题就是，工艺对寿命是否存在显著的影响。即使用的工艺不同，产品寿命是否会有显著的差异或变化。

现在收集如下两组数据集，问题就转化为，要判断下面两组数据是否有较大差异。如果这两组数据差异大，就说明工艺对寿命存在显著影响；如果这两组数据差异小，则说明工艺对寿命影响就小。

甲种：661，669，675，679，682，692，693

乙种：646，649，650，651，652，662，663，672

那么，如何评估这两组数据的差异呢？

肯定要找到一个指标来衡量其差异，这个指标就是平均值。如上数据所示，不同的工艺，其使用寿命的平均值分别是"μ（甲种）=678.7""μ（乙种）=653.3"，均值相差"25.4【μ（甲种）–μ（乙种）】。

均值有差异，说明工艺对寿命是有影响的，但是这个影响算不算显著呢？怎样理解"显著"这个词？

"显著"这个词，是数据领域里比较难理解的一个词。到底相差多少才叫有显著差异？相差

"10"叫不叫显著,相差"50"叫不叫显著?显著是一个相对的概念,而不是一个绝对的概念。

举个简单例子,一个人的成绩是60分,那他的成绩是否足够好(显著好)?这是个很难回答的问题。如果整个班的成绩是在10~70分波动,那么60分就是个好成绩;如果整个班的成绩是在50~100分波动,那么60分无疑就是个差成绩。

前面讲的显著影响(显著差异),也是类似的一个相对的概念,这需要结合原始数据的方差这个概念来判断。

在第Ⅱ部分"数据分析基础篇"中就介绍过方差,所谓"方差"(Variance),其实就是变化,或者说是数据的离散程度(波动大小)。如果方差大(波动较大),那么均值相差比较大才能叫有显著影响;如果方差小(波动小),那么均值相差不大也可能叫有显著影响。

本来是在比较均值有没有显著差异,为什么叫作方差分析呢?因为均值是否有显著差异,需要结合方差来判断,这也是为什么叫作方差分析。

2. 三个关键指标

方差分析认为,一个目标变量(比如产品销量)的变化会受到两类因素的影响。
- 第一类:是控制变量(比如摆放位置)引起的变化。
- 第二类:是随机因素(主要指抽样误差)引起的变化。

方差分析就是通过分析不同的因素取值(也叫水平)对目标变量产生的变化大小,从而确定控制变量是否对目标变量有显著的影响。

任何一个事物(目标变量),都会受到外界各种控制因素的影响。一般情况下,如果受控制因素的影响大,则目标变量的波动就大;如果受外界因素的影响小,则目标变量的波动就小,如图11-1所示。

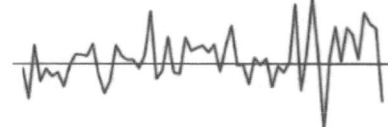

图11-1 方差与波动大小

但是，波动大小如何来衡量呢？在数学领域，经常用 SS_T 公式来表示事物的波动大小（其实，就是方差的 n 倍）。SS_T 公式如下。

$$SS_T = \sum_{i=1}^{n}(x_i - \bar{x})^2$$

在方差分析中，经常用下面三个公式来衡量目标变量的波动大小，如图 11-2 所示。

总变差 $SS_T = \sum_{i=1}^{k}\sum_{j=1}^{n_i}(x_{ij} - \bar{x})^2$	总变差：受所有因素的影响而导致的目标变量波动大小，即目标变量的均差平方和。（$\bar{x}$=所有观测值的平均值，n_i 为各组样本总数）
组间变差 $SS_A = \sum_{i=1}^{k} n_i(\bar{x_i} - \bar{x})^2$	组间变差：受控制变量影响而导致的目标变量波动大小，即各组均值离总均值的平方和。（$\bar{x_i}$=各组观测值的平均值，k 为分组数量）
组内变差 $SS_e = \sum_{i=1}^{k}\sum_{j=1}^{n_i}(x_{ij} - \bar{x_i})^2$	组内变差：受其他因素（主要是随机抽样）引入的目标变量波动大小，即各组的均差平方和。（$\bar{x_i}$=各组观测值的平均值）

图 11-2　方差分析三个公式

（1）总变差，指的是受到所有因素影响而导致的目标变量波动大小，记为 SS_T（Total Sum of Squares）。

（2）组间变差，指的是仅受控制变量 A 影响而导致的目标变量波动大小，记为 SS_A（Sum of Squares for factor A）。

（3）组内变差，指的是受随机抽样影响而导致的目标变量波动大小，记为 SS_e（Sum of Squares for Error）。一般认为，组内变差应该是比较小的。

下面，以摆放位置是否会影响产品销量为例，来说明这三个关键指标。

（1）总变差。

现收集了 12 个月的位置与销量的数据集，如图 11-3 所示。

总变差，指的是目标变量（产品销量）的总体波动大小，即销量与平均销量 $\bar{x}$ 的距离的平方和。先计算出每个月的平均销量"$\bar{x}$=（7+10+…+12）/12=11.2"，再计算出总变差"SS_T=77.67"，即销量受所有因素（包括位置及其他因素）影响而引起的波动大小。

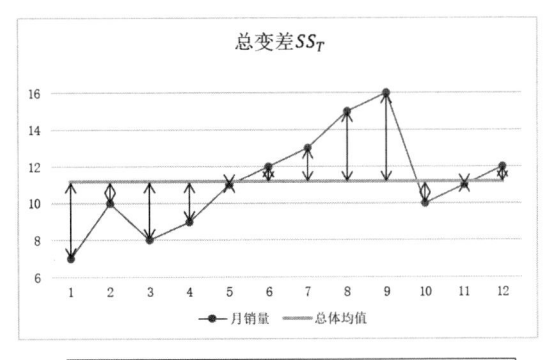

图 11-3 总变差

（2）组间变差。

现在，按照位置的不同，将销量分成三个小组（前端、后端、中间），每个小组的平均销量分别为"$\bar{x}_1 = 9$"，"$\bar{x}_2 = 14$"，"$\bar{x}_3 = 11$"，如图 11-4 所示。

组间变差，指的是各小组的平均值与总体平均值 $\bar{x}$ 的距离的平方和。可以计算出组间变差"$SS_A = 55.67$"，即理解为，销量受到位置因素的影响而引起的波动大小。

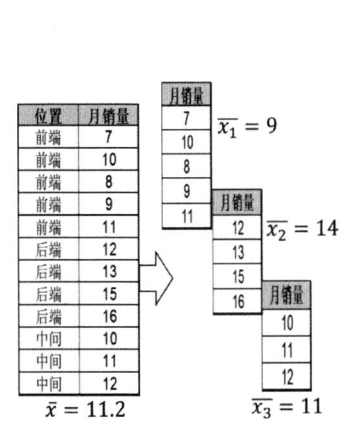
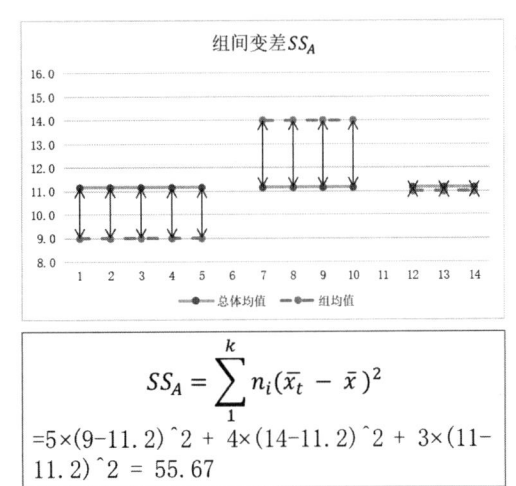

图 11-4 组间变差

（3）组内变差。

组内变差，指的是各个组本身数据的波动大小，即各组数据离本组平均值的距离平方和。组内变差表示的是由于随机抽样而导致的销量的波动大小，相当于随机误差。一般情况下，组内变差应该比较小才对。如图 11-5 所示，"$SS_e = 22$"。

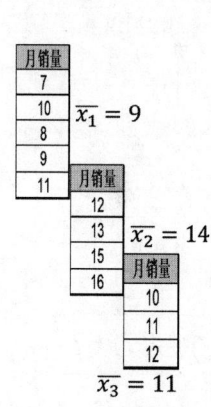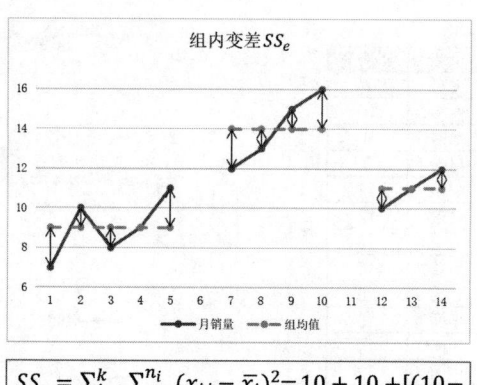

图 11-5　组内变差

现在，把三个指标合并在同一张图中，如图 11-6 所示。

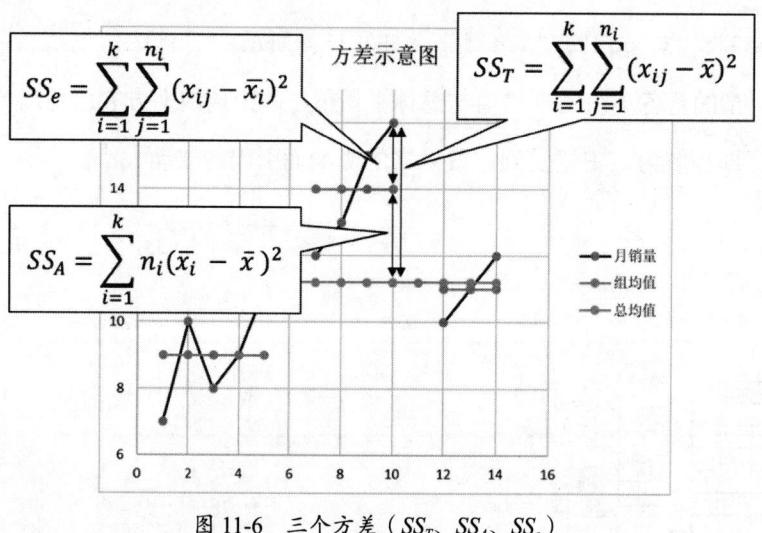

图 11-6　三个方差（SS_T、SS_A、SS_e）

可以证明，下面的等式是成立的（即总变差 = 组间变差 + 组内变差）。

$$SS_T = SS_A + SS_e$$

3. 显著性检验

单因素方差分析，只判断一个控制因素对目标变量的影响显著性。

基于上述的三个指标公式，现在新定义一个统计量 F，其公式如下。

$$F = \frac{SS_A/(k-1)}{SS_e/(n-k)} = \frac{MSA}{MSE}$$

其中，n 为样本总数，k 为分组个数，F 统计量服从自由度为（$k-1$, $n-k$）的 F 分布。

另外,"$k-1$"表示组间自由度,MSA 叫作平均组间变差;"$n-k$"是组内自由度,MSE 叫作平均组内变差。

F 分布的概率密度图如图 11-7 所示,横坐标是 F 值,曲线与横坐标转成的面积就是概率。

图 11-7　F 分布

结合前面的公式"$SS_T - SS_A + SS_e$",可以理解为:

- 如果目标变量主要受控制因素的影响,那么 SS_A 趋向于 SS_T,相当于"$SS_T \approx SS_A$",也就意味着"$SS_E \approx 0$",此时,F 统计量的取值应该非常大(因为分母趋向于"0"),查看 F 分布,可知对应的概率 P(阴影部分面积)应该非常小;
- 反之,如果控制变量对目标变量没有显著影响,那么目标变量的总变差主要是由随机因素造成的,此时 F 值应该接近"1",查看 F 分布,可知对应的概率应该比较大,如图 11-8 所示。

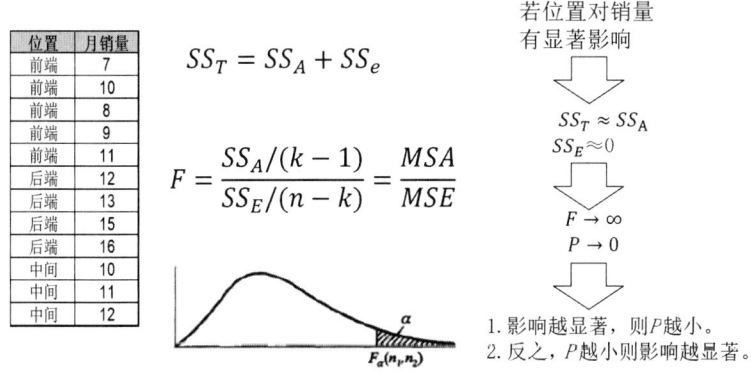

图 11-8　方差分析原理

总结一下上述结论,具体如下。

- 如果控制变量对目标变量有显著影响,则 F 就越大,概率 P 值就越小。
- 因此,若 $P<\alpha$(α 表示显著性水平,一般取"0.05"),表示因素对目标变量有显著影响;否则,就没有显著影响。

11.1.2 方差分析前提条件

方差分析，有两个基本假设前提，具体如下。

（1）正态性：目标变量的总体应服从正态分布。

（2）方差齐性：各组的目标变量的总体的方差应相同。

换句话说，在做方差分析之前必须判断是否能够采用方差分析，即先要做正态性检验和方差齐性检验。

1. 前提一：正态性

目标变量必须服从正态分析，因此需要对目标变量作正态性检验。关于正态性检验，在第10章10.4节的"Pearson 相关系数"中已经介绍过了，在此不再赘述。一般情况下，当数据量足够大时，都可认为数据是服从正态分布的。

2. 前提二：方差齐性

方差齐性，指的是各个组的数据应该来源于同一个总体，这样才具有可比性。来源于同一个总体的多组数据，在理论上，各个组的方差应该是基本相等的（即方差齐性）。

方差齐性检验（Homogeneity of Variance Test），又叫同质性检验。检验方差齐性的方法有很多，常用的有 Bartlett 检验、Hartley 检验、Cochran 检验、Levene 检验和 Fligner-Killeen 检验等。

在 SPSS 中，主要采用 Levene 检验方法，采用的是假设检验，过程如下。

（1）假设各组数据的方差相等，即：$\sigma_1 = \sigma_2 = \ldots = \sigma_k$。

（2）构建统计量 W 值，其公式如下。

$$W = \frac{(n-k)\sum_{i=1}^{k}\left(n_i \times (\bar{z}_i - \bar{z})^2\right)}{(k-1)\sum_{i}^{k}\sum_{j}^{n_i}(z_{ij} - \bar{z}_i)^2}$$

其中，k 为样本组数，n_i 为第 i 组的样本数，n 为总样本数，Z_{ij} 为转换后数据的数据值，$\bar{Z}$ 为所有转换后数据的平均值，$\bar{Z}_i$ 为第 i 组转换后数据的平均值。Z_{ij} 可以为下列三种转换公式之一。

$$Z_{ij} = |y_{ij} - \bar{y}_i|$$

$$Z_{ij} = |y_{ij} - \bar{m}_i|$$

$$Z_{ij} = |y_{ij} - \bar{y}'_i|$$

其中 $\bar{y}_i$、$\bar{m}_i$、$\bar{y}'_i$ 分别为第 i 组样本的平均值、中位数、10% 调整平均值。10% 调整平均值是指去掉小于 P_5 和大于 P_{95} 的数据后，计算 P_5 和 P_{95} 之间数据的算术平均值。

这三种转换方式，适用场景各有不同。第一种可用于对称分布或正态分布的数据，第二种可用于偏态分布的数据，第三种可用于有离群值的数据。

在 SPSS 中，Levene 检验采用了第一种转换公式。

（3）计算 W 值，查询 F 分布中的概率 P。

（4）进行判断（α 为显著性水平，一般取 "$\alpha = 0.05$"）。

①若 P ≤ α，表示各组样本方差不全相等，即各组样本不具有方差齐性。

②若 P > α，表示各组样本满足方差齐性，说明可以使用方差分析。

简单地理解，若 P>0.05，说明可以使用方差分析。

11.2 方差分析类别

常见的方差分析有 3 种类别，如图 11-9 所示。

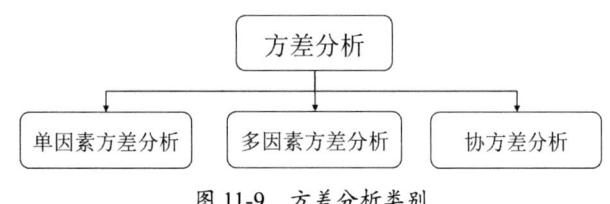

图 11-9　方差分析类别

（1）单因素方差分析：分析一个控制因素对目标变量的影响。

（2）多因素方差分析：分析多个控制因素以及因素组合对目标变量的影响。

（3）协方差分析：在排除协变量外，分析控制因素及因素组合对目标变量的影响。

11.3 单因素方差分析

下面，将介绍单因素方差分析（One-way Analysis of Variance）的步骤及实际应用，具体如下。

11.3.1 单因素方差分析步骤

单因素方差分析的基本步骤，如图 11-10 所示。

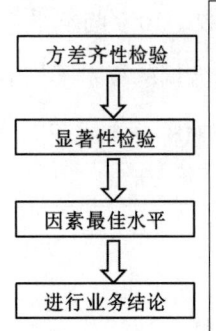

图 11-10 单因素方差分析基本步骤

11.3.2 案例：单因素方差分析应用

下面举一个简单的例子来介绍单因素方差分析过程。

> **案例**
>
> 某出版社，收集了一年的销售数据，如表 11-1 所示，想评估一下书籍的摆放位置是否对书籍的销量有显著影响，请给出分析结论。

表 11-1　书籍销量表

位置	月销量
前端	7
前端	10
前端	8
前端	9
前端	11
后端	12
后端	13
后端	15
后端	16
中间	10
中间	11
中间	12

第 1 步：前提条件检验，做正态性检验和方差齐性检验。

1. 正态性检验

先对销量进行正态性检验（详细操作同第 10 章 10.4 节），结果如图 11-11 所示。

正态性检验

	柯尔莫戈洛夫-斯米诺夫ᵃ			夏皮洛-威尔克		
	统计	自由度	显著性	统计	自由度	显著性
书籍销量	.127	12	.200*	.974	12	.944

*. 这是真显著性的下限。
a. 里利氏显著性修正

图 11-11　正态性检验结果

因 Sig>0.05，说明销量满足正态性检验。

2. 方差齐性检验

在作方差分析之前，必须先检验是否可以使用方差分析，即方差齐性检验。操作步骤如下。

（1）打开数据集，单击"分析→比较均值→单因素 ANOVA"命令，进入"单因素方差分析"界面。

（2）指定变量角色：将销量选入"因变量列表"，控制变量选入"因子"。

（3）方差齐性检验：打开选项界面，勾选"方差齐性检验"选项和"描述"选项，表示计算各组数据的统计值（极值、平均值、标准差）等。

具体相关操作如图 11-12 所示。

图 11-12　方差齐性检验步骤

（4）单击"继续"按钮进行确定，就得到结果，如图 11-13 所示。

方差齐性检验

书籍销量

Levene 统计量	df1	df2	显著性
1.209	2	9	0.343

图 11-13　方差齐性检验结果

显然，显著性"Sig=0.343>0.05"，表示各组样本满足齐性，可以使用方差分析。

第 2 步：方差分析检验。当满足前提条件后，继续进行方差分析（F 检验），首先要计算三个关键指标，然后再计算 F 统计量，最后在 F 分布中查询对应的概率 P 值（显著性），如图 11-14 所示。

ANOVA

书籍销量

	平方和	df	均方	F	显著性
组间	55.667	2	27.833	11.386	.003
组内	22.000	9	2.444		
总数	77.667	11			

图 11-14　方差分析结果

结果显示，"SS_T=77.667""SS_A=55.667""SS_E=22"，而统计量"F=11.386"，查询对应的概率（即显著性）"P=0.003<0.05"，说明控制因素对目标变量存在显著的影响，即摆放位置对书籍销量有显著的影响。

第 3 步：因素最佳水平。如果勾选了"描述"选项，则 SPSS 会输出如图 11-15 所示的描述表。明显可看出，当摆放在前端时，书籍平均销量是最大的。

描述

书籍销量

	N	均值	标准差	标准误	均值的 95% 置信区间		极小值	极大值
					下限	上限		
前端	4	14.00	1.826	.913	11.09	16.91	12	16
中间	5	9.00	1.581	.707	7.04	10.96	7	11
后端	3	11.00	1.000	.577	8.52	13.48	10	12
总数	12	11.17	2.657	.767	9.48	12.85	7	16

图 11-15　描述表

第 4 步：进行业务判断。最后，根据方差分析结果，可总结如下业务结论。

● 摆放位置对书籍销量有显著影响。

● 当摆放在前端时，书籍销量最大。

11.4 多因素方差分析

多因素方差分析（Multi-Factor Analysis of Variance），指的是分析两个及两个以上控制变量是否对目标变量有显著的影响。

比起单因素分析，多因素方差分析功能更强大，不仅可以判断多个因素对目标变量的独立影响，也能判断因素的交互作用是否有显著影响，还能判断是否还有其他因素对目标有显著影响。

如图 11-16 所示，在市场营销领域，广告的效果（用销售额来表示）可能会受到很多因素的影响，比如广告形式（电视、广播、报纸等）、选择的栏目、播放的时间段等。那么，思考下列问题。

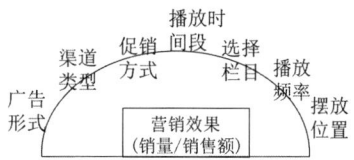

图 11-16　营销效果的影响因素

（1）这些单个因素对广告效果是否有显著影响？

（2）如果有，那么这些因素中哪个因素影响会更大？

（3）这些因素的交互作用，是否对广告效果有显著影响？比如，广告形式和选择栏目的搭配是否对广告效果有显著影响，以及哪种搭配方式可获得最佳的广告效果等。

（4）还有没有其他因素对广告效果有显著影响？

11.4.1　基本原理

1. 总变差公式

多因素方差认为，目标变量的总变差可以分解为如下公式。

$$SS_T = SS_A + SS_B + SS_{AB} + SS_E$$

其中 SS_A、SS_B 分别为控制变量 A、B 独立作用引起的变差，SS_{AB} 为控制变量 A、B 两者交互作用引起的变差。

通常称"$SS_A + SS_B$"为主效应，SS_{AB} 为交互效应，SS_E 为剩余变差。

假定控制变量 A 有 k 个取值，控制变量 B 有 r 个取值，n_{ij} 为因素 A 的第 i 个取值和因素 B 的第 j 个取值下的样本个数，则定义如下。

$$SS_A = \sum_{i=1}^{k}\sum_{j=1}^{r} n_{ij}(\bar{x}_i^A - \bar{x})^2$$

$$SS_B = \sum_{i=1}^{k}\sum_{j=1}^{r} n_{ij}(\bar{x}_j^B - \bar{x})^2$$

$$SS_E = \sum_{i=1}^{k}\sum_{j=1}^{r}\sum_{m=1}^{n_{ij}} (x_{ijm} - \bar{x}_{ij}^{AB})^2$$

其中，$\bar{x}_i^A$ 为因素 A 第 i 个取值下的目标变量的组均值，$\bar{x}_j^B$ 为因素 B 第 j 个取值下的目标变量的组均值，x_{ijm} 为因素 A 第 i 个取值和因素 B 第 j 个取值下的第 m 个样本观测值，$\bar{x}_{ij}^{AB}$ 是因素 A、B 在第 i、j 个取值下的目标变量的组均值。

当控制变量为三个时，目标变量的总变差可分解如下。

$$SS_T = SS_A + SS_B + SS_C + SS_{AB} + SS_{AC} + SS_{BC} + SS_{ABC} + SS_E$$

其中，SS_{AB}、SS_{AC}、SS_{BC} 为二次交互项，SS_{ABC} 为三次交互项。

2. 多因素方差检验

在定义了多因素的总变差公式后，相应的 F 统计量定义如下。

$$F_A = \frac{SS_A/(k-1)}{SS_E/[kr(l-1)]} = \frac{MSA}{MSE}$$

$$F_B = \frac{SS_B/(r-1)}{SS_E/[kr(l-1)]} = \frac{MSB}{MSE}$$

$$F_{AB} = \frac{SS_{AB}/[(k-1)(r-1)]}{SS_E/[kr(l-1)]} = \frac{MSAB}{MSE}$$

其中，k 为因素 A 的取值个数，r 为因素 B 的取值个数，l 为因素 AB 交叉下的样本数，F_A 统计量服从自由度为 $[k-1, kr(l-1)]$ 的 F 分布，其余类似。

计算统计量，并查询对应的概率 P，并进行判断（α 表示显著性水平，一般取 "0.05"）。

（1）若 $P < \alpha$，表示因素对目标变量有显著影响；否则，因素对目标变量影响不大。

（2）统计量 F 越大（概率 P 越小），表示该因素的影响就越大。

3. 关键因素完整性检验

尽管方差分析可以识别出影响目标变量的关键因素。但是，在大多数的业务场景下，在收集影响目标变量的因素数据时，难免会遗漏关键因素的数据。

那么，如何评估收集的因素是否足够呢？或者说，是否还有其他重要的影响因素没有收集到呢？

这个问题，在多因素方差分析中可以得到部分答案，那就是线性模型检验。

在多因素方差分析中，可以构建一个线性模型如下。

$$y = \mu + a_i + b_j + (ab)_{ij} + \epsilon_{ijm}$$

用历史数据来训练这个模型，得到每个因素在预测目标变量中的权重，然后再计算其调整后的判定系数（即调整R^2），使用调整R^2来判断是否还有关键因素。

（1）如果调整R^2趋向"1"，表示目标变量主要是受当前的因素影响，即因素收集基本完整。

（2）如果调整R^2偏离"1"，表示还有关键因素的数据没有收集到，即因素收集不完整。

4. 饱和模型与非饱和模型

所谓的饱和模型，其实就是主效应和交互项都具有影响显著性。在饱和模型中，目标变量的总变差可以分解为控制变量的独立作用、交互作用（包括二阶、三阶或更高阶），以及抽样误差这几大部分。

比如有两个控制因素时，检验公式如下。

$$SS_T = SS_A + SS_B + SS_{AB} + SS_E$$

有三个控制因素时，检验公式如下。

$$SS_T = SS_A + SS_B + SS_C + SS_{AB} + SS_{AC} + SS_{BC} + SS_{ABC} + SS_E$$

非饱和模型，是相对饱和模型来说的。如果发现控制变量的交互项，或者部分交互项不具有影响显著性，那么就可以尝试建立非饱和模型。即根据显著性决定选取哪些因素的交互作用，以及几阶交互。

下面都是非饱和模型。

$$SS_T = SS_A + SS_B + SS_E$$

$$SS_T = SS_A + SS_B + SS_C + SS_{AB} + SS_{AC} + SS_{BC} + SS_E$$

$$SS_T = SS_A + SS_B + SS_C + SS_{AB} + SS_{AC} + SS_E$$

特别要注意，如果所有交互项都没有影响显著性，只剩下主效应，则称为主效应模型。

下面都是主效应模型。

$$SS_T = SS_A + SS_B + SS_E$$

$$SS_T = SS_A + SS_B + SS_C + SS_E$$

11.4.2 案例：营销广告策略分析

> **案例**
>
> 某企业在制定销售广告策略时，收集了不同地区采用不同广告形式的销售额数据，如表11-2所示。请分析一下影响广告效果的关键因素，回答下列问题。
>
> （1）广告形式、地区是否对销售额有影响？
>
> （2）哪个因素的影响更大？
>
> （3）两个因素的组合是否有显著影响？
>
> （4）是否还有其他显著的影响因素？

表 11-2 广告销售额表

广告形式	地区	销售额
电视	广东	52
报纸	上海	57
广播	上海	51
体验	上海	67
电视	上海	61
报纸	北京	76
广播	北京	100
体验	北京	85
电视	北京	61
报纸	成都	77

1. 操作步骤

下面以 SPSS 为例，讲解多因素方差分析的大致步骤，具体如下。

（1）打开数据集，单击"分析→一般线性模型→单变量"命令，打开多因素方差分析界面。

（2）将目标变量选入"因变量"，将控制变量选入"固定因子"。

（3）打开"单变量：选项"界面。①将两个因素选入右边列表，表示要显示各项的平均值（相当于描述表）；②勾选"齐性检验"（相当于要做各因素的方差齐性检验），确定即可。

（4）单击"确定"按钮，即可在输出窗口中看到分析结果。

相关操作如图 11-17 所示。

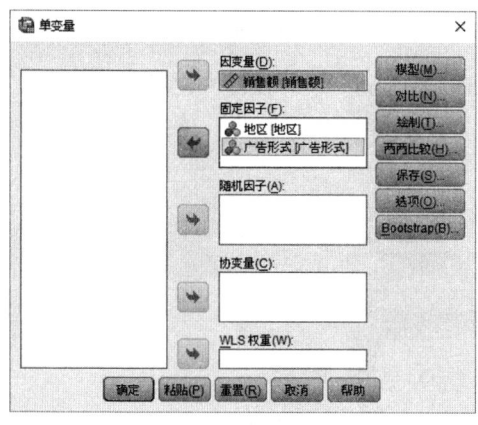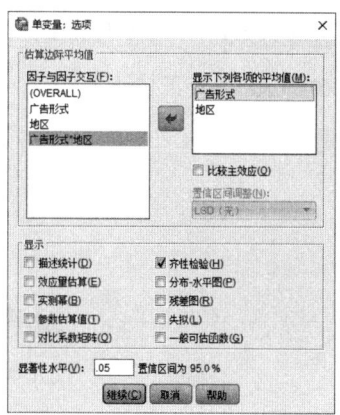

图 11-17　多因素方差分析步骤

2. 结果解读

在 SPSS 输出窗口中，首先看方差齐性检验结果，如图 11-18 所示。

误差方差的莱文等同性检验^a

因变量：销售额

F	自由度 1	自由度 2	显著性
.	71	72	

检验"各个组中的因变量误差方差相等"这一原假设。

a. 设计：截距 + 广告形式 + 地区 + 广告形式 * 地区

图 11-18　齐性检验结果

可以发现"显著性"一栏是空的，无法判断齐性检验前提，这是数据量过小的原因。地区有"18"个不同取值，广告形式有"4 个"不同取值，总共有"4 × 18=72"个组合，但总样本数只有 114 个，分配到各个组合，平均只有"114/72≈1.58(1~2)"个样本，所以导致无法检验方差齐性。在实际的应用中，需要收集更多的样本量（本案例假定满足齐性检验）。

如果数据量足够多的话，当显著性"Sig>0.05"时，表示满足齐性检验。

然后，看多因素方差分析的结果（主体间效应的检验），如图 11-19 所示。

主体间效应的检验

因变量:销售额

源	III型平方和	df	均方	F	Sig.
校正模型	20094.306^a	71	283.018	3.354	.000
截距	642936.694	1	642936.694	7619.990	.000
地区	9265.306	17	545.018	6.459	.000
广告形式	5866.083	3	1955.361	23.175	.000
地区 * 广告形式	4962.917	51	97.312	1.153	.286
误差	6075.000	72	84.375		
总计	669106.000	144			
校正的总计	26169.306	143			

a. R方 = .768 (调整 R方 = .539)

图 11-19　多因素方差分析结果

在分析结果表中，第二列（Ⅲ型平方和）呈现的就是各方差的值，具体如下。

SS_T = 26169.306（校正总计），SS_A =9265.306，SS_B =5866.083，SS_{AB} =4962.917，SS_e =6075

其他定义如下。

$$总计=\sum_{i=1}^{k}\sum_{j=1}^{r}\sum_{m=1}^{n_{ij}}x_{ijm}^2$$

$$截距=总计-SS_T$$

$$校正模型=SS_A+SS_B+SS_{AB}$$

再查看“平均值”列表，如图 11-20 所示，可看出报纸效果最好，宣传品最差；北京销售额最高，河北销售额最低。

1. 广告形式

因变量：销售额

广告形式	平均值	标准误差	95% 置信区间 下限	95% 置信区间 上限
报纸	73.222	1.531	70.170	76.274
广播	70.889	1.531	67.837	73.941
宣传品	56.556	1.531	53.504	59.607
体验	66.611	1.531	63.559	69.663

2. 地区

因变量：销售额

地区	平均值	标准误差	95% 置信区间 下限	95% 置信区间 上限
广东	60.000	3.248	53.526	66.474
上海	64.375	3.248	57.901	70.849
北京	81.000	3.248	74.526	87.474
四川	79.250	3.248	72.776	85.724
重庆	72.625	3.248	66.151	79.099
贵州	66.375	3.248	59.901	72.849
山西	58.750	3.248	52.276	65.224
山东	73.375	3.248	66.901	79.849
内蒙古	57.625	3.248	51.151	64.099
吉林	77.750	3.248	71.276	84.224
河北	52.250	3.248	45.776	58.724
河南	69.750	3.248	63.276	76.224
海南	67.000	3.248	60.526	73.474
青海	64.125	3.248	57.651	70.599
甘肃	67.000	3.248	60.526	73.474
西藏	69.250	3.248	62.776	75.724
江苏	53.875	3.248	47.401	60.349
浙江	68.375	3.248	61.901	74.849

图 11-20　“平均值”列表

最后，可以得到如下业务结论。

- 地区因素对销售额有显著影响（根据 Sig=0.000<0.05），北京销售额最高。
- 广告形式对销售额有显著影响（根据 Sig=0.000<0.05），报纸效果最好。
- 相对地区来说，广告形式对销售额的影响更显著（根据 F 值大小）。
- 地区和广告形式的交互作用对销售额没有显著影响（根据 Sig=0.286>0.05）。
- 除了地区和广告形式，还存在其他关键因素在影响销售额（因调整“R^2 =0.539”偏离“1”）。

3. 模型优化

当然，从前面检验知道，两因素的交互项并没有显著性，因此模型可以进一步优化，构建非饱和模型（两个因素中，非饱和模型也就是主效应模型）。

$$SS_T = SS_A + SS_B + SS_E$$

因此，可以在多因素分析的模型界面中进行配置，如图11-21（图左）所示。

（1）在"指定模型"，选择"定制"，即自定义模型结构。

（2）左边选中所有"因子与协变量"，"构建项"选中"主效应"，单击 按钮，即可将"地区"和"广告形式"选入模型中。

（3）其他的操作保持不变。

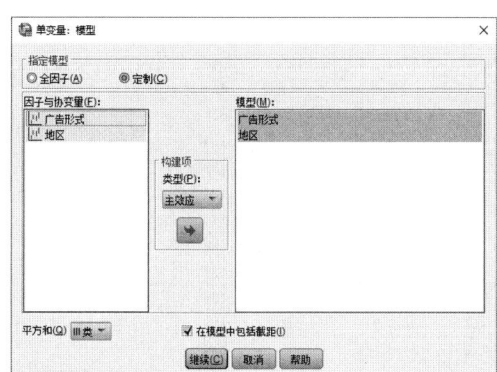

图 11-21　非饱和模型配置

在非饱和多因素方差分析下，最终的分析结果如图11-21（图右），解读同前。

11.4.3 案例：消费水平的影响因素分析

案例

某电信运营商，收集了用户的消费数据，如表11-3所示，想了解一下哪些因素最有可能影响用户的消费水平。请分析一下：居住地、婚姻状况、教育水平、性别、电子支付等是否会对消费金额存在显著的影响？

表 11-3　运营商消费表

UID	居住地	婚姻状况	教育水平	性别	电子支付	年龄	收入	家庭人数	开通月数	消费金额	套餐类型	流失
1	上海	已婚	本科	男	No	44	64	2	13	35.41	BS	Yes
2	广州	已婚	研究生	男	No	33	136	6	11	99.96	TS	Yes
3	广州	已婚	初中	女	No	52	116	2	68	156.6	PS	No
4	上海	未婚	高中	女	No	33	33	1	33	78.38	BS	Yes
5	上海	已婚	初中	男	No	30	30	4	23	36.78	PS	No
6	上海	已婚	高中	女	No	39	78	1	41	114	PS	No
7	广州	已婚	高中	女	Yes	22	19	5	45	80.4	ES	Yes
8	上海	未婚	高中	男	Yes	35	76	3	38	192.5	TS	No
9	广州	已婚	本科	男	No	59	166	5	45	133.1	PS	No
10	北京	已婚	初中	男	No	41	72	3	68	133.1	ES	No

分析：考虑到有多个因素，现在做多因素的方差分析。

第1步：单变量线性模型。打开数据集，构建单变量的一般线性模型（步骤不再赘述），得到如图11-22所示结果。可以看到，多因素方差分析不仅会判断多个因素（前面几行）的显著性，也会判断多因素的组合（交互项）的显著性。

主体间效应检验

因变量：消费金额

源	III类平方和	自由度	均方	F	显著性
修正模型	440982.423ª	109	4045.710	1.302	.026
截距	3077662.133	1	3077662.133	990.530	.000
居住地	3568.519	2	1784.260	.574	.563
婚姻状况	28909.538	1	28909.538	9.304	.002
教育水平	30167.354	4	7541.838	2.427	.046
性别	470.499	1	470.499	.151	.697
电子支付	748.595	1	748.595	.241	.624
居住地 * 婚姻状况	6128.716	2	3064.358	.986	.373
居住地 * 教育水平	35426.009	8	4428.251	1.425	.182
居住地 * 性别	12493.028	2	6246.514	2.010	.135
居住地 * 电子支付	11826.895	2	5913.447	1.903	.150
婚姻状况 * 教育水平	7400.527	4	1850.132	.595	.666
婚姻状况 * 性别	7375.613	1	7375.613	2.374	.124
婚姻状况 * 电子支付	1513.419	1	1513.419	.487	.485
教育水平 * 性别	18723.952	4	4680.988	1.507	.198
教育水平 * 电子支付	9485.854	4	2371.463	.763	.549
性别 * 电子支付	111.164	1	111.164	.036	.850
居住地 * 婚姻状况 * 教育水平	12605.380	8	1575.673	.507	.852
居住地 * 婚姻状况 * 性别	9064.568	2	4532.284	1.459	.233
居住地 * 婚姻状况 * 电子支付	2991.838	2	1495.919	.481	.618
居住地 * 教育水平 * 性别	14647.870	8	1830.984	.589	.787
居住地 * 教育水平 * 电子支付	12517.853	7	1788.265	.576	.776
居住地 * 性别 * 电子支付	7275.838	2	3637.919	1.171	.311
婚姻状况 * 教育水平 * 性别	7840.968	4	1960.242	.631	.641
婚姻状况 * 教育水平 * 电子支付	11741.814	4	2935.454	.945	.437
婚姻状况 * 性别 * 电子支付	1012.425	1	1012.425	.326	.568
教育水平 * 性别 * 电子支付	18283.983	4	4570.996	1.471	.209
居住地 * 婚姻状况 * 教育水平 * 性别	33650.056	7	4807.151	1.547	.148
居住地 * 婚姻状况 * 教育水平 * 电子支付	7646.551	6	1274.425	.410	.873
居住地 * 婚姻状况 * 性别 * 电子支付	12691.220	2	6345.610	2.042	.130
居住地 * 教育水平 * 性别 * 电子支付	10925.961	6	1820.993	.586	.742
婚姻状况 * 教育水平 * 性别 * 电子支付	6420.203	3	2140.068	.689	.559
居住地 * 婚姻状况 * 教育水平 * 性别 * 电子支付	19880.554	4	4970.138	1.600	.172
误差	2765305.544	890	3107.085		
总计	12916663.95	1000			
修正后总计	3206287.966	999			

a. R方 = .138（调整后R方 = .032）

图11-22　运营商多因素方差分析结果

接下来，先观察一下单个的因素，会发现除了婚姻状况和教育水平外，其余因素的都不具有显著性（Sig>0.05），这说明有优化的空间。

第 2 步：剔除非显著因素。接下来，可以将不显著的因素从固定因子列表中手动删除，于是得到如图 11-23 所示的结果。

主体间效应的检验

因变量：消费金额

源	III 类平方和	自由度	均方	F	显著性
修正模型	141841.116a	9	15760.124	5.091	.000
截距	7794505.285	1	7794505.285	2518.092	.000
婚姻状况	41243.802	1	41243.802	13.324	.000
教育水平	60775.182	4	15193.796	4.909	.001
婚姻状况 * 教育水平	10758.278	4	2689.570	.869	.482
误差	3064446.851	990	3095.401		
总计	12916663.95	1000			
修正后总计	3206287.966	999			

a. R 方 = .044（调整后 R 方 = .036）

图 11-23　多因素方差分析优化（剔除因素）

仔细观察，发现婚姻状况和教育水平的交互项并没有显著性，因此，可以再优化。

第 3 步：非饱和模型。单击模型，打开模型配置界面，"指定模型"默认是"全因子"，表示要同时做主效应和交互项的线性模型，现在要作非饱和模型，因此选择"定制"项，"类型"选择"主效应"，然后将"婚姻状况""教育水平"两个项选到右边的"模型"框中，单击"继续"按钮，得到如图 11-24 所示结果。

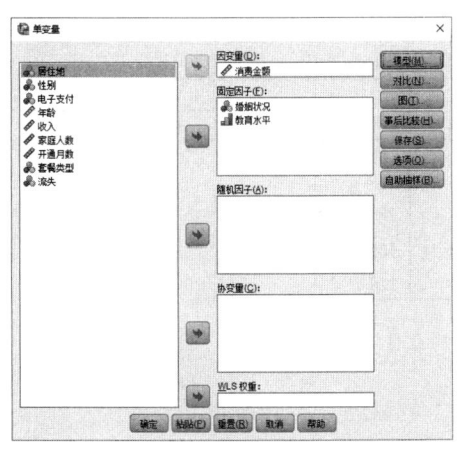
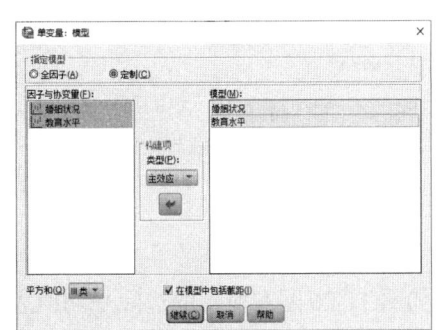

图 11-24　多因素方差分析优化（非饱和模型）

单击"确定"按钮，得到优化后的多因素方差分析结果，如图 11-25 所示。

主体间效应检验

因变量：消费金额

源	III 类平方和	自由度	均方	F	显著性
修正模型	131082.837a	5	26216.567	8.474	.000
截距	7813658.772	1	7813658.772	2525.613	.000
婚姻状况	69306.173	1	69306.173	22.402	.000
教育水平	61002.316	4	15250.579	4.929	.001
误差	3075205.129	994	3093.768		
总计	12916663.95	1000			
修正后总计	3206287.966	999			

a. R 方 = .041（调整后 R 方 = .036）

图 11-25　多因素方差分析优化结果

解读如下。

● 婚姻状况对消费金额有显著影响（Sig=0.000< α）。
● 教育水平对消费金额也有显著影响（Sig=0.001< α）。
● 比起教育水平，婚姻状况的影响程度会更大（F 值更大）。

第 4 步：最佳水平。如果想要观察因素的最佳水平，则需要在选项中，配置各项的平均值，如图 11-26 图左所示，将因素选择到右边的变量框中。

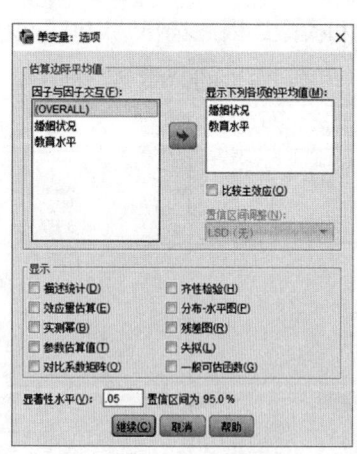

1. 婚姻状况

因变量：消费金额

婚姻状况	平均值	标准误差	95% 置信区间	
			下限	上限
未婚	93.729	2.898	88.042	99.415
已婚	108.434	2.799	102.942	113.926

2. 教育水平

因变量：消费金额

教育水平	平均值	标准误差	95% 置信区间	
			下限	上限
初中	87.309	3.900	79.656	94.962
高中	97.607	3.287	91.158	104.056
大专	97.642	3.861	90.065	105.219
本科	105.756	3.637	98.618	112.893
研究生	117.094	6.877	103.599	130.588

图 11-26　影响最佳水平

得到如图 11-26 图右所示的边际平均值表格，可以进一步得到如下信息。

● 已婚用户（109.273）比未婚用户（92.599）的消费水平更高。
● 学历越高，则消费水平也越高。

第 5 步：其他因素的影响。再看前面调整后的 R 方值（0.036），R 方值太小，说明除了教育水平、婚姻状况之外，还有其他更重要的因素在影响消费水平。

11.5 协方差分析

在方差分析中，有些因素是可控的，有些因素是不可控的。比如，在研究农作物产量问题时，施肥量、品种、温度等因素是可以控制的，地块土质对农作物也是有显著影响的，但是土质是不可控的。

在方差分析中，如果忽略了土质的差异，而单纯地分析施肥量对产品的影响，这往往会夸大（或缩小）施肥量对产品的影响作用，使得结论不准确。

在排除了不可控因素对目标变量的影响之后，再准确地分析控制变量对目标变量的作用，就叫作协方差分析（Analysis of Covariance，简称 ANCOVA）。这些不可控或很难控的因素，叫作协变量（covariate）。

协变量，一般是数值型变量。

11.5.1 基本原理

协方差分析，是线性回归分析与方差分析的结合，其基本思想与方差分析相同，即目标变量的总方差由三部分组成。

（1）协变量的方差，因协变量为连续型变量，其方差也叫回归方差。

（2）协方差，也就是排除协变量影响外，单纯控制变量的方差。

（3）不可控因素的方差，即主要是随机抽样引入的方差。

可知，有如下公式。

$$SS_T = SS_{控} + SS_{协} + SS_E$$

那么，计算协方差 $SS_{协}$ 的步骤如下。

（1）对控制变量、协变量同时作广义线性回归建模，于是可以计算出目标变量的总变差 SS_T，以及剩余变差 SS_E，最终计算出所有解释变量的回归变差 SSR。

（2）对单独的协变量作线性回归建模，于是可以计算出单独协变量的回归变差 $SSR_{协}$。

（3）可以计算出控制变量的协方差"$SS_{控} = SSR - SS_{协} = SS_T - SS_E - SS_{协}$"。

（4）基于协方差 $SS_{控}$ 来进行控制变量的 F 统计量"$F_{协} = \dfrac{SS_{控}/(k-1)}{SS_E/(n-k-1)}$"，以及显著性检验。

基于前面的原理，协方差分析的假设前提具体如下。

（1）多个协变量之间互相独立。

（2）线性相关：在控制变量不同取值下，各组的协变量与因变量是线性相关的。

（3）回归斜率相等：协变量与因变量的回归直线的斜率必须相等，即各组的回归线是平行的。

（4）控制变量与协变量是不相关的，没有交互作用。

11.5.2 案例：生猪饲料效果差异性评估

案例

某饲料研发公司，想要评估饲料种类对生猪体重增加的影响，于是将生猪随机分成三组，每组喂养不同种类的饲料，收集到的数据如表11-4所示。现在，先排除生猪本身的成长周期的影响，然后再评估饲料的效果差异性。

表11-4 生猪饲料效果表

喂养前体重	体重增加	饲料种类
16.00	90.00	饲料2
18.00	100.00	饲料2
23.00	95.00	饲料3
15.00	85.00	饲料1
13.00	83.00	饲料1
11.00	65.00	饲料1

1. 线性关系检验（分组散点图）

下面以 SPSS 为例，先画分组散点图，操作步骤如下。

（1）打开数据集"生猪与饲料"，单击"图形→图表构建程序→库→散点图"命令，双击"分组散点图"选项。

（2）将字段"体重增加"拖入 Y 轴，将"喂养前体重"字段拖入 X 轴，将"饲料种类"字段拖入设置颜色。

确定后，得到可视化图形，如图 11-27 所示。

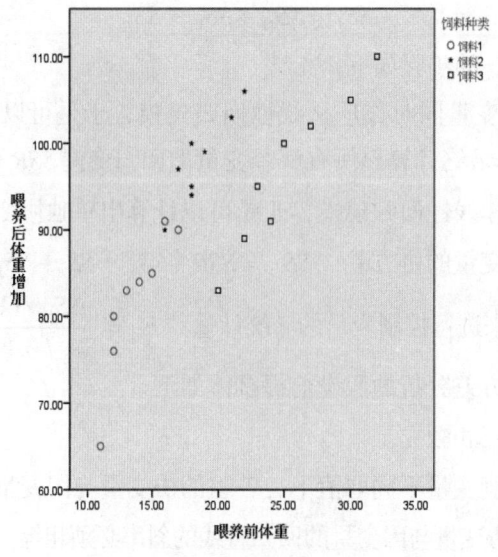

图 11-27 各组线性关系检验

从散点图可以看出，在不同的饲料种类下，协变量（喂养前体重）与目标变量（喂养前体重增加）基本上呈线性相关，因此可以使用协方差分析。

2. 协方差分析

协方差分析的操作，与多因素方差分析的步骤相同，只是需要将不可控的因素选入"协变量"列表（如图11-28图左所示），确定即可得到协变量方差分析结果（如图11-28图右所示）。

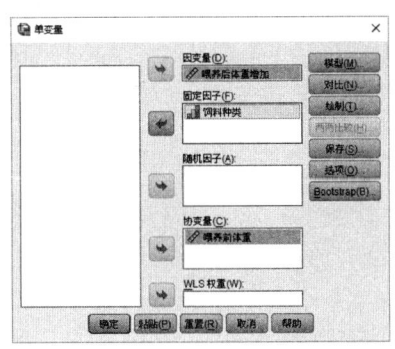

图 11-28　协方差分析

3. 结果解读

从图11-28中可以看出，总变差"SS_T=2555.96"，随机变差"SS_E=227.61"，在排除协变量后的控制变量的方差"$SS_{控}$=707.21"。从饲料种类的显著性"Sig=0.000<0.005"可知，在排除协变量（喂养前体重）外，控制变量（饲料种类）对目标变量也有显著的影响。

再查看"R方=0.911"，比较接近于"1"，这说明，除了喂养前体重这个因素外，饲料种类是导致生猪体重增加的主要影响因素，也就是说，饲料是猪体重增加的主要因素。

11.5.3　案例：消费水平的影响因素分析

> **案例**
>
> 某电信运营商，收集了用户的消费数据，如表11-5所示，想了解哪些因素最有可能影响用户的消费水平，请分析一下。

表 11-5　运营商消费表

UID	居住地	婚姻状况	教育水平	性别	电子支付	年龄	收入	家庭人数	开通月数	消费金额	套餐类型	流失
1	上海	已婚	本科	男	No	44	64	2	13	35.41	BS	Yes
2	广州	已婚	研究生	男	No	33	136	6	11	99.96	TS	Yes
3	广州	已婚	初中	女	No	52	116	2	68	156.6	PS	No
4	上海	未婚	高中	男	No	33	33	1	33	78.38	BS	Yes
5	上海	已婚	初中	男	No	30	30	4	23	36.78	PS	No
6	上海	未婚	高中	男	No	39	78	1	41	114	PS	No
7	广州	已婚	高中	女	Yes	22	19	5	45	80.4	ES	Yes
8	上海	未婚	高中	男	Yes	35	76	3	38	192.5	TS	No
9	广州	已婚	本科	男	No	59	166	5	45	133.1	ES	No
10	北京	已婚	初中	男	No	41	72	3	68	133.1	ES	No

现在并不明确指定因素是什么，要寻找哪些因素会影响用户消费水平，其实就是要做一个协方差分析。

（1）打开数据集，进行协方差分析，结果如图 11-29 所示。

主体间效应的检验

因变量：消费金额

源	III 类平方和	自由度	均方	F	显著性
修正模型	2257644.84[a]	113	19979.158	18.660	.000
截距	6771.182	1	6771.182	6.324	.012
年龄	3506.266	1	3506.266	3.275	.071
收入	9421.475	1	9421.475	8.799	.003
家庭人数	1232.710	1	1232.710	1.151	.284
开通月数	1240123.703	1	1240123.703	1158.233	.000
婚姻状况	553.153	1	553.153	.517	.472
教育水平	49274.863	4	12318.716	11.505	.000
居住地	1710.185	2	855.093	.799	.450
性别	937.312	1	937.312	.875	.350
电子支付	1900.682	1	1900.682	1.775	.183
婚姻状况 * 教育水平	7774.336	4	1943.584	1.815	.124
婚姻状况 * 居住地	4388.920	2	2194.460	2.050	.129
婚姻状况 * 性别	947.095	1	947.095	.885	.347
婚姻状况 * 电子支付	4720.457	1	4720.457	4.409	.036
教育水平 * 居住地	7681.850	8	960.231	.897	.518
教育水平 * 性别	6486.683	4	1621.671	1.515	.196
教育水平 * 电子支付	9074.727	4	2268.682	2.119	.077
居住地 * 性别	655.740	2	327.870	.306	.736
居住地 * 电子支付	4496.443	2	2248.222	2.100	.123
性别 * 电子支付	173.842	1	173.842	.162	.687
婚姻状况 * 教育水平 * 居住地	7266.634	8	908.329	.848	.560
婚姻状况 * 教育水平 * 性别	616.624	4	154.156	.144	.966
婚姻状况 * 教育水平 * 电子支付	3125.173	4	781.293	.730	.572
婚姻状况 * 居住地 * 性别	2419.476	2	1209.738	1.130	.324
婚姻状况 * 居住地 * 电子支付	852.537	2	426.268	.398	.672

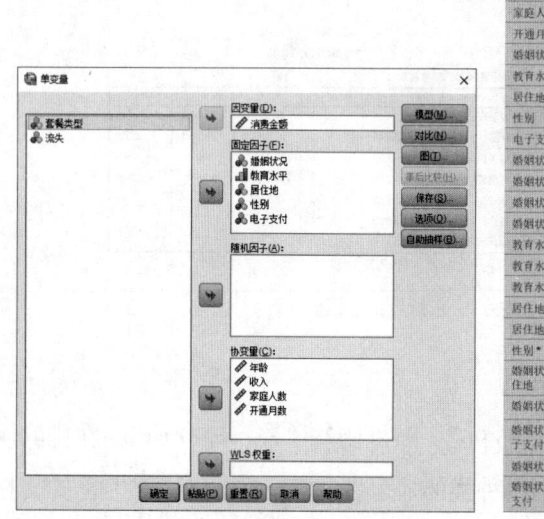

图 11-29　协方差分析结果

（2）考虑到有些因素没有显著性，手动删除，只保留收入、开通月数、教育水平、电子支付这些变量，结果如图 11-30 所示。

主体间效应的检验

因变量：消费金额

源	III 类平方和	自由度	均方	F	显著性
修正模型	2164318.64[a]	11	196756.240	186.565	.000
截距	109303.193	1	109303.193	103.642	.000
收入	11949.029	1	11949.029	11.330	.001
开通月数	1867799.911	1	1867799.911	1771.056	.000
教育水平	63647.216	4	15911.804	15.088	.000
电子支付	5372.211	1	5372.211	5.094	.024
教育水平 * 电子支付	9435.967	4	2358.992	2.237	.063
误差	1041969.326	988	1054.625		
总计	12916663.95	1000			
修正后总计	3206287.966	999			

a. R 方 = .675（调整后 R 方 = .671）

图 11-30　协方差分析优化（剔除因素）

（3）进一步，可以再考虑非饱和模型，将交互项“教育水平 * 电子支付”去除，结果如图 11-31 所示。

主体间效应的检验

因变量：消费金额

源	III 类平方和	自由度	均方	F	显著性
修正模型	2154882.67a	7	307840.382	290.447	.000
截距	134132.964	1	134132.964	126.554	.000
教育水平	92083.459	4	23020.865	21.720	.000
电子支付	11491.823	1	11491.823	10.843	.001
收入	11994.302	1	11994.302	11.317	.001
开通月数	1867366.814	1	1867366.814	1761.859	.000
误差	1051405.294	992	1059.884		
总计	12916663.95	1000			
修正后总计	3206287.966	999			

a. R 方 = .672（调整后 R 方 = .670）

图 11-31　协方差分析优化（非饱和模型）

最后，可以得到如下结论。

- 影响消费水平的因素可能有教育水平、电子支付、收入、开通月数。其中，开通月数的影响程度更大。
- 开通电子支付者，消费更高（查看估算边际平均值）。
- 学历越高，消费越高。
- 总体看，可能还存在其他显著影响因素没有收集到。

> **注意**　与多因素方差相比，在协方差分析结果中，由于考虑了收入与开通月数的影响后，发现婚姻状况的显著性没有了。

本章小结

本章主要介绍了方差分析方法，以适用于类别型变量和数值型变量之间的相关性的判断。

方差分析有 3 个种类：单因素方差分析、多因素方差分析、协方差分析。

单因素方差分析的基本过程：正态性检验→方差齐性检验→显著性检验→因素最佳水平→业务结论。

多因素方差分析/协方差分析有五大作用，用于分析：因素是否有显著性、因素的最佳水平、各因素的影响程度大小、多因素的交互作用是否有影响、是否还有其他影响因素。

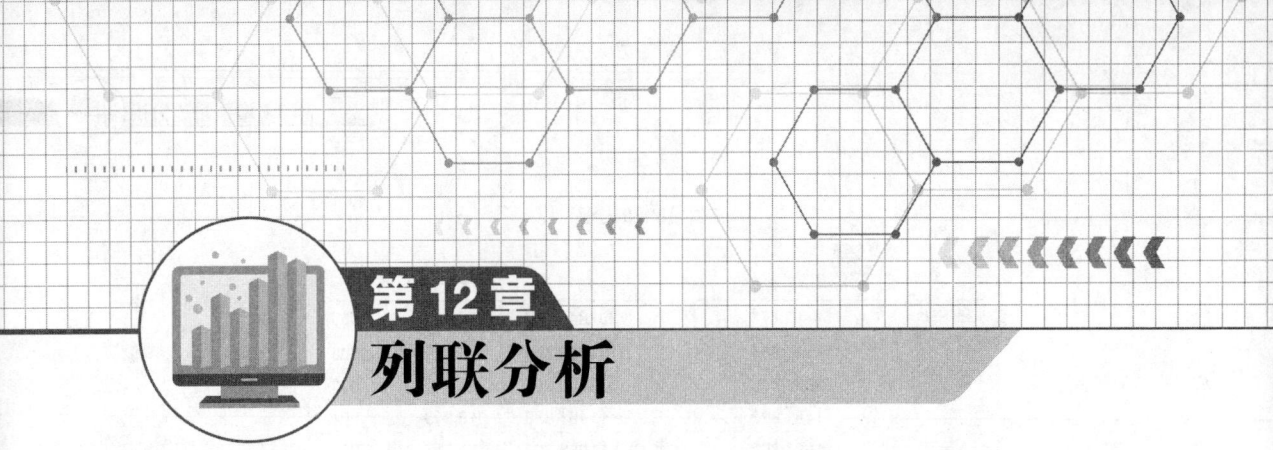

第 12 章 列联分析

本章导读

列联分析,也叫卡方检验,是判断两个事件之间是否独立的方法,适用于判断两个类别型变量之间的相关性或独立性。

知识要点

通过本章学习,读者应掌握如下知识和技能:

● 理解列联表和期望值的含义;
● 弄明白卡方检验的基本原理;
● 掌握卡方检验的基本步骤。

12.1 列联分析的基本知识

在日常生活中,我们经常需要考察两个类别型变量的统计学关联性,进而探索其因果关系。比如,思考下面的问题。

吸烟与所患肺癌类型是否有什么关系?
肥胖程度与饮食是否规律有没有关系?
不同的客户是否会有不同的产品偏好?
……

这些问题,都是在判断一个类别变量与另一个类别变量的相关性。

12.1.1 列联表

列联表,又称交叉分类表,是将数据按照两个变量取值进行分组,然后统计各组的频次,以寻找变量间的关系。

列联表的格式,是一个"R×C"交叉表,表中列出了行变量和列变量的所有可能的组合,所以称为列联表。其中 r 表示行变量的取值个数,c 表示列变量的取值个数,而 n 表示总的样本数。假定想评估吸烟与患肺癌是否有相关性,现在先按两个类别变量来统计人数,得到如图 12-1 所示的交叉表。

人数	患肺癌	未患癌	合计
吸烟	15	36	51
不吸烟	15	34	49
合计	30	70	100

⇧ 不相关

人数	患肺癌	未患癌	合计
吸烟	30	25	55
不吸烟	10	35	45
合计	40	60	100

⇧ 有相关

图 12-1 吸烟与患肺癌的列联表

初步分析,图 12-1 图左显示,吸烟与否与是否患肺癌好像关系不大(因为,患肺癌的人中吸烟和不吸烟的人数差不多)。而在图 12-1 图右中,吸烟与患肺癌看起来存在关系(因为患肺癌的人中,吸烟者比不吸烟者要多得多)。

图 12-1 可以通过列联表直观看出变量间的关系,但在多数情况下,光是通过交叉表是难以看出两个变量是否存在关系的。

12.1.2 期望值

为了进一步量化这种变量间的关系,这里引入了一个新概念:期望值(用 f^e 表示),原来的计数值用 f^o 表示。

期望值,就是在假定两个变量相互独立时(即没有相关性),计算出来的理论值。期望值 f^e 的公式定义如下。

$$f_{ij}^e = \frac{C_i \times R_j}{n}$$

其中,C_i 表示第 i 列的合计,C_j 表示第 j 行的合计,如图 12-2 所示。

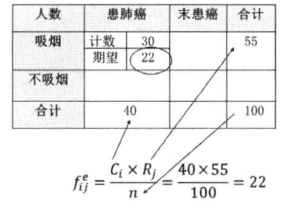

$$f_{ij}^e = \frac{C_i \times R_j}{n} = \frac{40 \times 55}{100} = 22$$

图 12-2 期望值计算

关于期望值，可以这样理解：总共有 100 人，其中 40 人是患肺癌的，即患病率为 40% 的比例。现在吸烟的人数有 55 个人，如果吸烟与患肺癌没有关系的话，那么在这 55 个人中，吸烟且患肺癌的人数应该是多少呢？当然就是 55×40%=22（人）。

对于每个单元格，都可以进行类似计算，于是得到了一个带计数值和期望值的列联表，如图 12-3 所示。

人数		患肺癌	未患癌	合计
吸烟	计数	30	25	55
	期望	22	33	
不吸烟	计数	10	35	45
	期望	18	27	
合计	计数	40	60	100

图 12-3　列联表

12.2　卡方检验

根据前面的理解，如果两个变量（吸烟和患肺癌）是相互独立（没有相关性）的，那么可以断定每个单元格中的计数值（真实值）与期望值（理论值）应该是比较接近的。

现在新定义了一个统计量 χ^2（Chi-square），公式如下。

$$Pearson\,\chi^2 = \sum\sum \frac{(f_{ij}^e - f_{ij}^o)^2}{f_{ij}^e}$$

当样本量充分大时，χ^2 统计量服从自由度为"$(R-1)\times(C-1)$"的卡方分布，如图 12-4 所示。

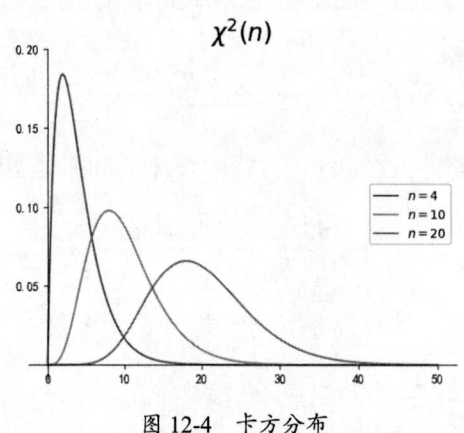

图 12-4　卡方分布

显然，χ^2 值衡量的是列联表中的计数值与期望值之间的偏离程度。

卡方值越大，说明实际分布与期望值分布差距越大，即两个变量存在显著相关性。进一步推算，卡方值越大，则对应的分布概率 p 值越小，即：若 $p \leq \alpha$，表示两个变量有显著相关性；否则表示两变量相互独立。

所以，列联分析也叫卡方检验，可以用于变量间的独立性检验。根据 Pearson 理论，要求样本是充分大的，所以数据集要满足如下条件。

（1）样本容量不小于 50。
（2）单元格的期望值不小于"5"（即 $f^e \geq 5$）。如果有，则最好与相邻的组合并。
（3）若有 20% 的单元格期望值小于"5"，则不能用 χ^2 检验。

12.3 列联分析步骤

列联分析的基本步骤如图 12-5 所示。

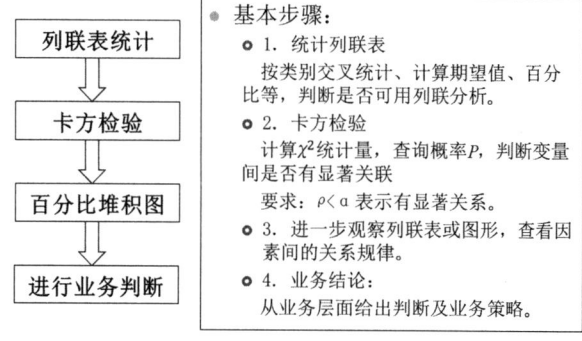

图 12-5 列联分析基本步骤

12.4 案例：客户流失的影响因素分析

> **案例**
>
> 某电信运营商，收集数据集如下表所示，请作如下分析。
> （1）套餐类型与客户流失是否有显著关系。
> （2）教育水平与客户流失是否有显著关系。

运营商消费表

UID	居住地	婚姻状况	教育水平	性别	电子支付	年龄	收入	家庭人数	开通月数	消费金额	套餐类型	流失
1	上海	已婚	本科	男	No	44	64	2	13	35.41	BS	Yes
2	广州	已婚	研究生	男	No	33	136	6	11	99.96	TS	Yes
3	广州	已婚	初中	女	No	52	116	2	68	156.6	PS	No
4	上海	未婚	高中	女	No	33	33	1	33	78.38	BS	Yes
5	上海	已婚	初中	男	No	30	30	4	23	36.78	PS	No
6	上海	未婚	高中	女	No	39	78	1	41	114	PS	No
7	广州	已婚	高中	女	Yes	22	19	5	45	80.4	ES	No
8	上海	未婚	高中	男	Yes	35	76	3	38	192.5	TS	No
9	广州	已婚	本科	男	No	59	166	5	45	133.1	PS	No
10	北京	已婚	初中	男	No	41	72	3	68	133.1	ES	No

以 SPSS 为例，介绍卡方检验的大致操作步骤，具体如下。

（1）打开数据集，单击"分析→描述统计→交叉表"命令。

（2）将"套餐类型"选入"行"，"流失"选入"列"。

（3）打开"交叉表：单元格显示"界面，勾选"期望"值，以及"列""百分比"。

（4）打开"交叉表：统计"界面，勾选"卡方"选项，单击"继续"按钮并确定。相关操作如图 12-6 所示。

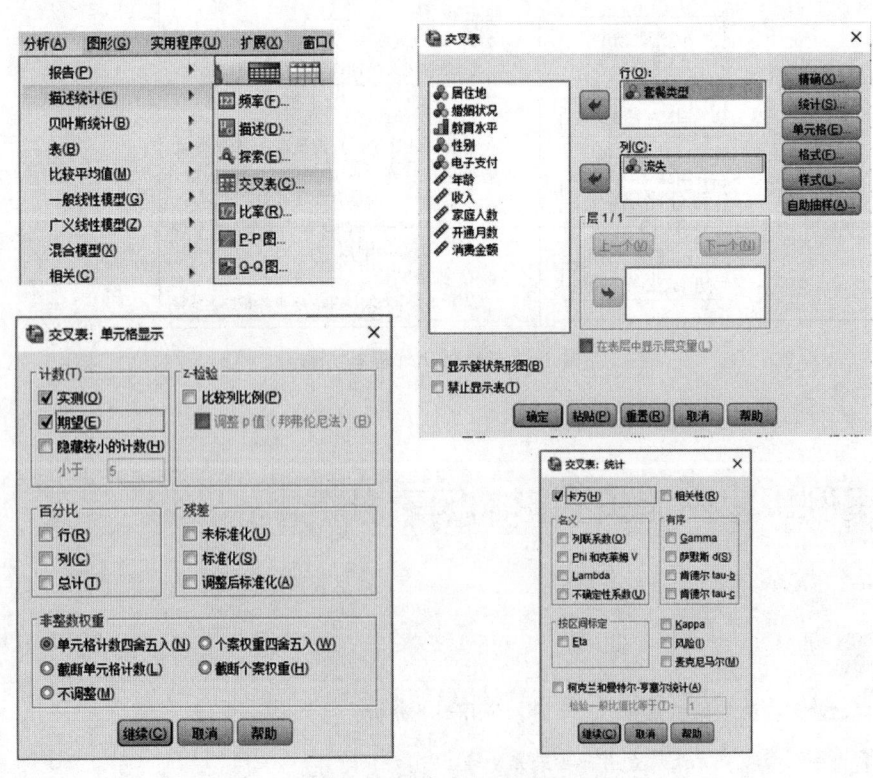

图 12-6 卡方检验配置

（5）最后，得到卡方检验的结果，如图 12-7 所示。

第 12 章 列联分析

卡方检验

	值	自由度	渐进显著性（双侧）
皮尔逊卡方	33.014[a]	3	.000
似然比	34.599	3	.000
线性关联	.051	1	.822
有效个案数	1000		

a. 0 个单元格 (0.0%) 的期望计数小于 5。最小期望计数为 59.46。

套餐类型 * 流失 交叉表

			流失		总计
			No	Yes	
套餐类型	Basic service	计数	183	83	266
		期望计数	193.1	72.9	266.0
	E-service	计数	158	59	217
		期望计数	157.5	59.5	217.0
	Plus service	计数	237	44	281
		期望计数	204.0	77.0	281.0
	Total service	计数	148	88	236
		期望计数	171.3	64.7	236.0
总计		计数	726	274	1000
		期望计数	726.0	274.0	1000.0

图 12-7 卡方检验结果

结果可知，Pearson χ^2 =33.014，查询分布概率"$P=0.000<0.05$"，可知"套餐类型"与"流失"存在显著的相关性。

如果想直观查看两个变量的关系，则可以画出百分比堆积柱形图，操作步骤如下。

（1）在菜单中单击"图形→图表构建程序"命令。

（2）选中"条形图"，双击"堆积条形图"图形，在中间可看到模板。

（3）将"套餐类型"变量，拉到"X 轴"位置，再将"流失"变量，拉入"堆积：设置颜色"位置，此时会发现原来的"Y 轴"自动变成了"计数"。相关操作如图 12-8 所示。

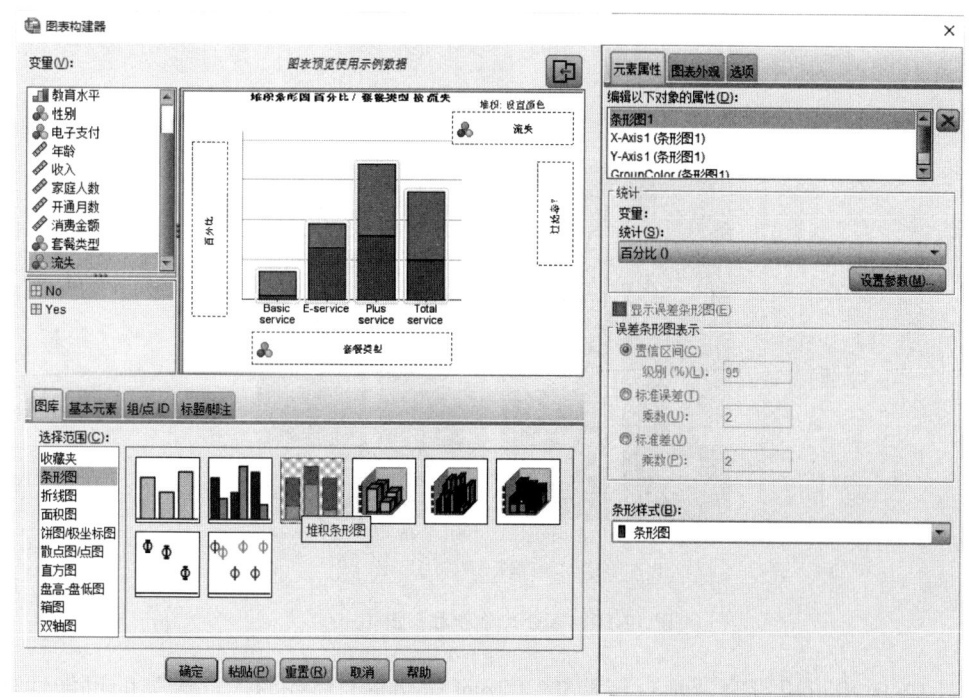

图 12-8 堆积柱形图配置

（4）单击"元素属性"中的"条形图1"，再从"统计"下拉框中，选择"百分比（）"，然后再设置参数为"每个X轴类别的总计"，如图12-9所示。

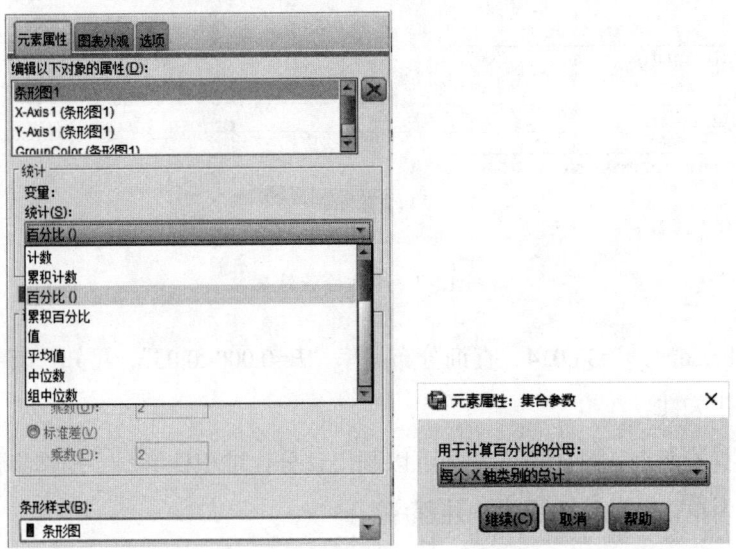

图12-9　百分比堆积柱形图配置

（5）在输出窗口中，得到百分比堆积柱形图。

（6）双击图形，单击右键显示数据标签，得到了百分比堆积柱形图（一），如图12-10所示。

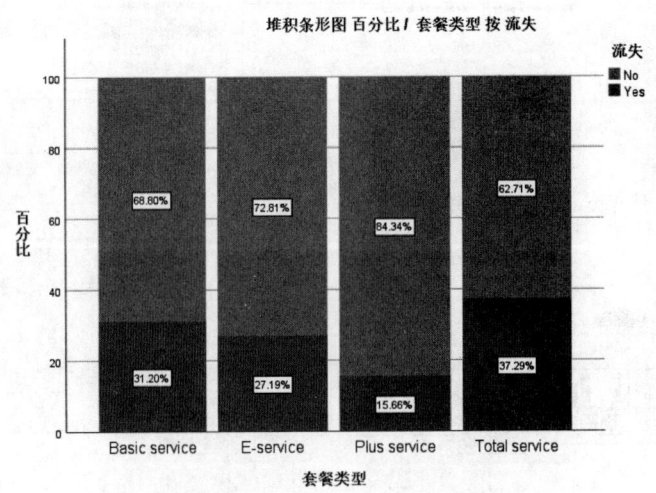

图12-10　百分比堆积柱形图（一）

从图12-10中可以直观看出：订购TS（Total service）套餐的人，流失的可能性比较大（37.29%），订购PS（Plus service）套餐的人，流失可能性最低（15.66%）。

最后，总结一下业务结论，具体如下。

- 套餐和流失存在显著相关性。
- 订购 TS 套餐的人，流失的可能性比较大；订购 PS 套餐的人，流失的可能性最小。

类似地，也可以检验一下教育水平与流失的关系，结果如图 12-11 所示。

卡方检验

	值	自由度	渐进显著性（双侧）
皮尔逊卡方	42.620ª	4	.000
似然比	42.699	4	.000
线性关联	41.560	1	.000
有效个案数	1000		

a. 0 个单元格（0.0%）的期望计数小于 5。最小期望计数为 18.08。

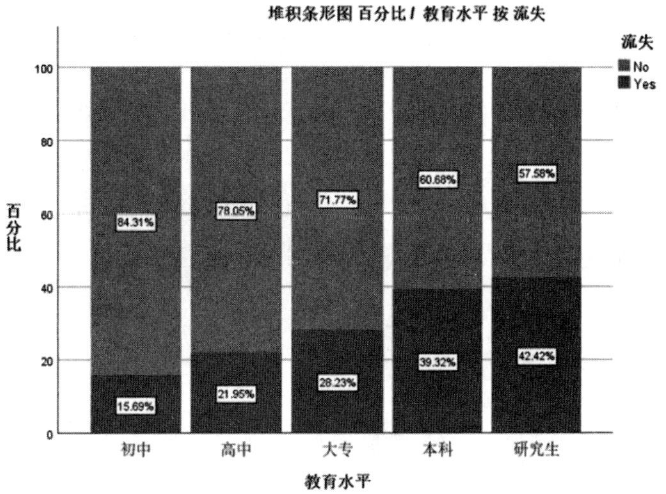

图 12-11　百分比堆积柱形图（二）

可得到如下结论。

- 教育水平和流失存在显著相关性。
- 学历越高，流失的可能性越大。

本章小结

本章主要介绍了列联分析（或叫卡方检验），适用于两个类别型变量之间的相关性的判断。卡方检验可以判断两个变量是否相关，而百分比堆积柱形图则可以进一步直观地呈现出变量间的关系规律。

第Ⅴ部分 统计推断分析篇

本篇主要介绍常用的推断型分析方法。

统计推断，即研究如何利用样本数据推断总体特征的方法，这在制造业的产品质量评估、设备故障维护、保险精算等方面应用较多。

统计推断主要涉及的内容如下：

（1）了解各种随机事件发生的必然性（概率）；
（2）掌握随机变量的概率分布特征，及其统计规律；
（3）能够利用事件概率来进行业务判断和决策；
（4）了解抽样估计的理论基础：大数定律，中心极限定理；
（5）能够利用样本对总体特征进行参数估计和假设检验。

关键词： 随机事件，概率分布，抽样估计，参数检验，假设检验。

第 13 章 概率论基础

本章导读

概率论与数理统计，专门用于研究不确定性问题，揭示随机现象的统计规律。它把事物对象的取值当作一种随机现象，然后再利用统计来发现其取值的规律性。

本章主要介绍概率论的基本概念，随机变量的参数，以及概率分布特征。

知识要点

通过本章学习，读者应掌握如下知识与技能：

- 弄明白随机现象和随机变量，区分频率与概率的概念；
- 理解离散型变量的概率分布特征和连续型变量的概率分布特征；
- 掌握常见的概率分布及其应用场景；
- 能够利用事件概率进行判断和决策。

13.1 基本概念

1. 随机现象

一般情况下，自然界里有两类不同性质的现象。

一类现象，是在一定条件下必然发生的现象，这类现象称为确定性现象。比如，向上抛一颗石子必然下落，太阳从东方升起，水总是从高处向低处流，等等。

另一类现象，在一定条件下可能发生也可能不发生，其结果具有偶然性，这类具有偶然性的现象被称为随机现象。比如，抛一枚质地均匀的硬币，有可能正面朝上，也可能反面朝上；掷一颗骰子出现的点数，等等。

虽然随机现象的结果是不确定的，但是，人们经过长期实践并深入研究之后，发现随机现象在大量重复试验或观察下，它的结果却往往出现几乎必然的某种规律性，即偶然中包含着某种必然。比如，多次重复抛一枚质地均匀的硬币，得到正面朝上或反面朝上大致各有一半，同一门炮弹射击同一目标的弹着点按照一定规律分布，等等。这些随机现象有如下共同的特点。

（1）每次观察或试验时的可能结果不止一个，但所有可能结果范围是可预知的。

（2）进行一次观察或试验之前，不能确定哪一个结果会出现。

（3）当对随机现象进行大量的重复观察或试验时，它表现出某种规律性。

2. 样本空间

随机现象的一切可能的结果组成的集合，叫作样本空间，常用 Ω（欧米伽）表示。

比如，抛硬币哪一面朝上这一随机现象的样本空间为 Ω_1={ 正，反 }，掷骰子出现的点数这一随机现象的样本空间为 Ω_2={1，2，3，4，5，6}，某电视机的寿命的样本空间 Ω_3={t，t ≥ 0}。

样本空间是一个集合，如果样本空间的元素是有限可数的，则称为离散样本空间（Ω_1 和 Ω_2），如掷骰子出现的点数的样本空间是离散的；当元素是无限不可数时，则称为连续样本空间（Ω_3），如电视机的寿命的样本空间是连续的。

3. 随机事件

在样本空间中，由随机现象的某些基本结果组成的集合称为随机事件。

随机事件是样本空间的一个子集，常用大写字母来表示。比如，抛硬币时出现正面朝上是随机事件，表示为 A={ 正面朝上 }；掷骰子出现的点数小于或等于 3 也是一个随机事件，表示为 B={1，2，3}。

4. 随机变量

为了研究随机事件的结果，将事件结果用数来表示，此时就引入了随机变量的概念。用来表示随机现象结果的变量，被称为随机变量。一般用大写字母 X，Y，Z，…表示，举例如下。

（1）抛掷一枚骰子，出现的点数是一个随机变量。

（2）抛掷两枚骰子，出现的点数之和也是一个随机变量。

（3）电视机的寿命 T 是一个随机变量。

（4）等待公交车的等候时长也是一个随机变量。

随机变量的可能取值，就是前面说的样本空间。

有些随机变量，它全部的可能取值（即样本空间）是有限个或者可列的无限个，这种随机变量称为离散型随机变量。比如，掷骰子出现的点数是离散型，某城市 120 急救电话一天收到的呼叫次数也是离散型。

有些随机变量，它可能的取值是无法一一列举出来的，这种随机变量称为连续型随机变量。比如，某元件的寿命是连续型随机变量，等公交车的候车时长也是连续型随机变量。

概率分布

一般情况下，随机事件发生的频率具有稳定性。

在相同条件下重复多次，事件 A 发生的频率在一个固定的数值 p 附近摆动，随着试验次数的增加更加明显。如果随机事件的频率稳定在数值 p，说明数值 p 可以用来刻画事件 A 发生的可能性大小，这可以定义为事件 A 发生的概率。

1. 频率与概率

以抛硬币为例，虽然每次抛掷是正面朝上还是反面朝上，结果是不确定的，但通过大量的观察可以发现，正面和反面朝上的比例（即频率）一般各占一半。

抛硬币的试验数据，如表 13-1 所示。

表 13-1 抛硬币试验数据

试验者	抛掷次数（n）	正面朝上次数（m）	正面朝上频率（$p=m/n$）	频率差值（$\|p-0.5\|$）
棣莫弗	2048	1061	0.518	0.018
布丰	4040	2048	0.5069	0.0069
费勒	10000	4979	0.4979	0.0021
皮尔逊	12000	6019	0.5016	0.0016
维尼	30000	14994	0.4998	0.0002

可见，正面朝上的频率接近 1/2。

对于任意随机事件，在相同的条件下重复进行 n 次试验，事件 A 发生的频次为 m（频率 $p=m/n$），随着试验次数 n 的增大而稳定地在某个常数附近摆动，那么称 p 为事件 A 的概率。

$$P(A)=p$$

当试验次数足够大时，可以用事件 A 发生的频率近似地替代事件 A 的概率。

随机事件的概率 p 是一个 0~1 范围内的小数，它给出了随机事件发生的可能性的大小。概率越大，表示事件发生的可能性越大。特别注意，当随机事件的概率为"0"时［即 $P(A)=0$］，称该随机事件 A 为不可能事件；当随机事件的概率为"1"时［即 $P(A)=1$］，称该随机事件 A 为必然事件。

举例说明，假定事先不知道种子的发芽率是多少，但可以通过取样的方式来近似得到种子的发芽率。现在，从一大批种子中抽取 10 批种子做发芽试验，其结果如表 13-2 所示。

表 13-2 发芽率试验数据

批次	一	二	三	四	五	六	七	八	九	十
抽取粒数	2	5	10	70	130	310	700	1500	2000	3000
发芽数	2	4	9	60	116	282	639	1339	1806	2715
发芽率	1	0.8	0.9	0.857	0.892	0.910	0.913	0.893	0.903	0.905

观察表可看出，发芽率在"0.9"附近摆动，随着 n 的增大，逐渐稳定在"0.9"这个数值上，也就意味着 $P(A)=0.9$。

注意，频率和概率是有区别的。

（1）频率是概率的近似值，随着试验次数的增加，频率稳定于概率。

（2）每次试验时，事件频率本身是随机的，在试验前不能确定。

（3）概率是一个确定的数值，是客观存在的，与每次试验无关。

2. 概率分布

虽然随机变量的取值会随着每次试验的结果而不同（频率是不确定的），但随机变量的取值是有一定的规律性（概率是确定的）。为了准确描述这种规律，将随机变量的所有取值的可能性/概率列出来，就是随机变量的概率分布，简称分布。有了随机变量的概率分布，就可以对随机事件进行预测和推断。

下面，分别介绍离散型随机变量和连续型随机变量的概率分布。

13.3 离散型概率分布

13.3.1 概率分布表示

离散型随机变量，其取值的个数是有限的或者可列的无限个。在表示其概率分布时，一般有三种形式：分布律、概率函数、概率分布图。

1. 分布律

采用表格形式列出随机变量的每个可能值的概率，如图 13-1 所示。

X	x_1	x_2	$\cdots$	x_n	$\cdots$
p_k	p_1	p_2	$\cdots$	p_n	$\cdots$

图 13-1 分布律

此表格叫作离散型随机变量的分布律。其中，x_i 表示随机变量 X 每个可能的取值，而 p_k 表示取每个值的概率，要求如下。

- 每个值的概率是非负数，即 $p_k \geq 0$。
- 所有值的概率和等于 1，即 $\sum_{k=1}^{\infty} p_k = 1$。

相当于总概率"1"，以一定的规律分布在各个可能的值上，这就是被称为分布律的缘故。

2. 概率函数

使用函数或公式来表示随机变量取某个值的概率。

比如，服从二项分布的离散型随机变量，用函数表示如下。

$$P\{X = k\} = f(k) = C_n^k p^k (1-p)^{n-k}$$

此函数 $f(n,k)$ 称为概率质量函数（Probability mass function，简写为 PMF），即事件 $\{X = k\}$ 发生的可能性（概率）为函数值 $f(k)$。

除了概率质量函数，还有一个常用的概率函数叫作累积分布函数（Cumulative Distribution Function，简写为 CDF），即随机变量 X 小于或者等于某个值的概率，常用 $P\{X \leq k\}$ 表示，读作："随机变量 X 小于或等于 k 的概率。"

3. 概率分布图

概率分布图，就是通过直观的图形来呈现随机变量在每个值上的概率大小。一般横坐标为变量的可能取值，而纵坐标为随机变量取该可能值的发生概率 $P\{X = k\}$。

二项分布随机变量的概率分布图（柱形图和折线图），如图 13-2 所示，可以直观看出变量 X 取不同 k 值时的概率变化及概率大小（用柱形图或带标记的折线图都可以）。

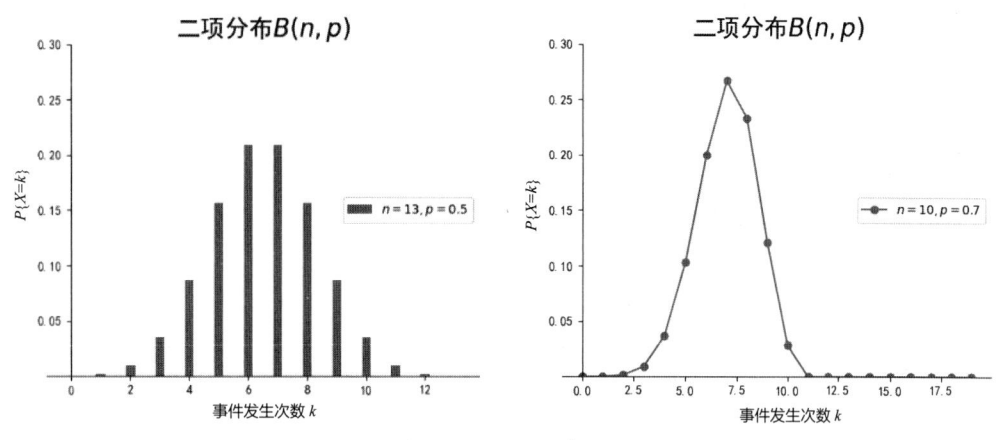

图 13-2　二项分布图

下面，介绍几种常用的离散型变量的概率分布及其应用。

13.3.2 伯努利分布

伯努利分布（Bernoulli Distribution），也称为 0-1 分布，是最简单的分布。

一次伯努利试验或事件，结果只有两个：要么发生，要么不发生。如果该事件发生的概率为 p，不发生的概率为 $1-p$，则称此随机现象服从 0-1 分布。

用分布律的方式呈现，伯努利分布如图 13-3 所示。

X	0	1
p_k	$1-p$	p

图 13-3　伯努利分布律

其概率质量函数，也可以写成如下形式。

$$P\{X=k\} = p^k(1-p)^{1-k}, k=0,1(0<p<1)$$

则称随机变量 X 服从以 p 为参数的 0-1 分布，或称为两点分布。

有很多实际场景，比如抛硬币看正反面，判断新生儿的性别，检查产品的质量是否合格，等等，都可以用 0-1 分布的随机变量来描述。

13.3.3 二项分布

1. 定义

如果试验 E 只有两个可能结果：A 及 $\bar{A}$，则称为伯努利（Bernoulli）试验。设 $P(A)=p(0<p<1)$，此时 $P(\bar{A})=1-p=q$，现将试验 E 独立重复进行 n 次，则称这一串重复的独立试验为 n 重伯努利试验。

现在，设 X 作为 n 重伯努利试验中事件 A 发生的次数，则 X 是一个随机变量，此时 X 的样本空间为 $\Omega=\{0,1,2,\cdots,n\}$，由于各次试验是相互独立的，因此事件 A 刚好发生了 $k(0 \leq k \leq n)$ 次的概率（即概率质量函数）如下。

$$P\{X=k\} = C_n^k p^k (1-p)^{n-k} = C_n^k p^k q^{n-k}$$

上述概率恰好是二项式 $(p+q)^k$ 展开式中出现 p^k 的那一项，所以称随机变量 X 服从参数为 n, p 的二项分布（Binomial Distribution），记为 $X \sim B(n,p)$。

显然，当 $n=1$ 时，二项分布就是 0-1 分布。

如图 13-4 所示，为 n 和 p 取不同值时的二项分布的概率分布图。

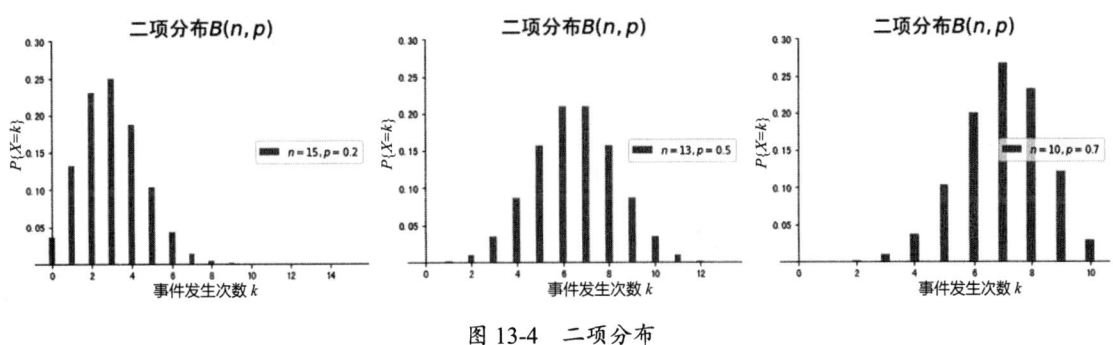

图 13-4　二项分布

一般情况下，参数不同，分布图呈现出不同的形态和偏度。当 $p=0.5$ 时，分布是对称的；p 越大，越呈现负偏态（即左尾长）；p 越小，越呈现正偏态（即右尾长）。

对于固定的 n 和 p，当 k 增加时，概率先是增加，直到最大值，随后单调减少。

（1）当 $(n+1)\times p$ 不为整数时，概率在 $k=[(n+1)\times p]$ 时达到最大值。

（2）当 $(n+1)\times p$ 为整数时，概率在 $k=(n+1)\times p$ 和 $k=(n+1)\times p-1$ 时达到最大值。

注：$[x]$ 为取整函数，即为不超过 x 的最大整数。

离散型随机变量的概率分布图，一般用柱形图表示（如图 13-4 所示）。当然，如果想在一个图中画出多种参数的图，也可以用折线图表示，但考虑到 k 值只能取整数，所以一般用带标记的折线图，如图 13-5 所示。

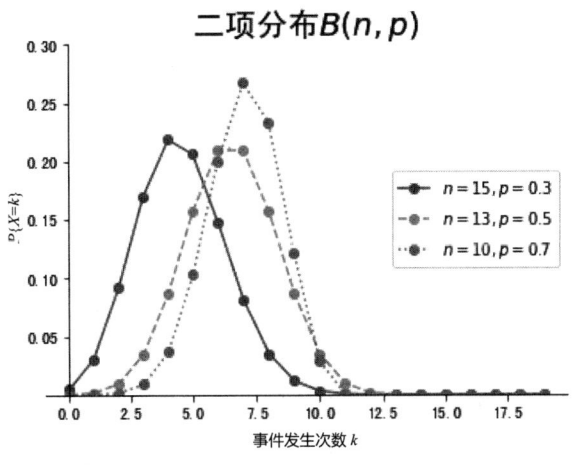

图 13-5　二项分布（折线图）

上述概率质量函数看起来非常复杂，但不需要记公式。在 Excel 中，专门有计算二项分布概率的函数，如下所示。

$$Binom.Dist(number\_s, trials, probability, cumulative)$$

其中，number_s 对应前面的 k 值，trials 对应 n，probability 对于 p，cumulative 参数表示是否求累积概率，若取值为 False，表示不累积，就是前面的概率质量函数；如果取值为 True，则表示要计算累积概率。概率计算公式如下。

$$P\{X=k\} = Binom.Dist(k,n,p,False)，概率质量函数$$

$$P\{X \leq k\} = Binom.Dist(k,n,p,True)，累积分布函数$$

可以这样理解：当 cumulative=False 时，为概率质量函数，只计算某一个值 k 的概率；当 cumulative=True 时，为累积概率分布函数，要计算多个值（0~k）的概率之和。

2. 应用场景

二项分布应用很广泛，比如在保险业务中，常用于计算保费与获利分析；在制造业领域，也常用二项分布来分析产品合格率。

3. 案例：保险盈亏计算

> **案例**
>
> 某保险公司推出一项按年交费的人寿保险，假定保险者死亡概率为 0.005，现有 10000 人参加保险，试求在一年内这些保险者发生如下情况的概率。
>
> （1）有 40 人死亡的概率。
>
> （2）死亡人数不超过 70 人的概率。
>
> （3）假设每人缴纳保险费 100 元，若一年内投保者死亡，其家属可以领取赔偿费为 10000 元，试计算保险公司的亏本的概率。
>
> （4）同上缴费，计算保险公司年利润不少于 30 万元的概率。
>
> （5）在其他条件不变的情况下，想以 99% 的把握保证公司不亏本，求投保者每个人年缴费的最低保费额是多少？

将投保人死亡看成是一次试验，由题意可知，相当于试验重复了 10000 次，设 X 为事件"投保者死亡"人数，显然 X 服从二项分布，即 $X \sim B(n,p)$，其中 n=10000，p=0.005。

（1）现求有 40 人死亡的概率，则可以使用概率质量函数来求，算式如下。

$$P\{X=40\} = BINOM.DIST(40,10000,0.005,FALSE) = 0.021$$

（2）死亡人数不超过 70 人的概率，此为累积概率，算式如下。

$$P\{X \leq 70\} = BINOM.DIST(70,10000,0.005,TRUE) = 0.997$$

（3）按照缴费，保费总收入为 10000×100=100 万元，保险公司亏本则意味着，死亡人数要超过 100 万/1 万=100 人，现计算保险公司亏本的概率如下。

$$P\{X>100\}=1-P\{X\leq100\}$$

$$=1-BINOM.DIST(100,10000,0.005,TRUE)\approx0$$

可知，保险公司几乎不会亏本。

（4）保险公司年利润不少于 30 万元，意味着理赔金额低于 100 万元 – 30 万 = 70 万元，则死亡人数要低于 70 万/1 万=70 人，所以概率如下。

$$P\{X<70\}=P\{X\leq69\}=BINOM.DIST(69,10000,0.005,TRUE)=0.996$$

（5）保险公司要以 99% 的把握保证收支平衡，则意味着 $P\{X\leq k\}\geq99\%$。表 13-3 列出了 k 取不同值时的概率（部分），可知 k =67 人。换句话，理赔金额应该要小于 67×1 万元 = 67 万元，收支才能平衡，意味着总收入也要有 67 万元，于是每个人的年缴费至少为 67 万元 / 10000 人 = 67 元 / 人。

表 13-3 保险盈亏概率表

K	$P\{X\leq k\}$
64	0.976685
65	0.982973
66	0.987729
67	0.991273
68	0.993874
69	0.995756

4. 案例：设备维修方案

> **案例**
>
> 现有 80 台同类型设备，各台工作相互独立，发生故障的概率都是 0.01，且一台设备的故障能由一个人处理。现在，考虑以下两种配备维修工作的方案。
> （1）方案 1：由 3 人共同维护 80 台。
> （2）方案 2：由 4 人维护，每人负责 20 台。
> 试比较这两种方法在设备发生故障时不能及时得到维修的概率的大小。

不能及时维修，则意味着有两台设备同时性故障，所以本案例其实是要计算设备同时发生故障的概率。

(1)先考虑第 1 种方案。

将设备是否发生故障看成一次试验,80 台设备,相当于重复了 80 次试验,设随机变量 X 为"80 台设备同时发生故障的台数",此时 $X \sim B(80, 0.01)$。

题中,80 台设备发生故障不能及时维修的,说明至少要有 4 台及 4 台以上同时发生故障,即要求概率 $P\{X \geq 4\}$,算式如下。

$$P\{X \geq 4\} = 1 - P\{X \leq 3\}$$

$$= 1 - BINOM.DIST(3, 80, 0.01, TRUE) = 0.0087$$

即方案 1 中不能及时维修的概率为 0.0087。

(2)再考虑第 2 种方案。

假定随机变量 Y 为"第 1 人维护的 20 台设备中同时发生故障的台数",显然 Y 服从二项分布,即 $Y B(20, 0.01)$。不能及时维修,也就意味着 $k \geq 2$,要求概率 $P\{X \geq 2\}$。

现在有 4 个人,假定事件 $A_i (i = 1, 2, 3, 4)$ 表示"第 i 人维护的 20 台中发生故障不能及时维修",则知 80 台中发生故障而不能及时维修的概率为 $P\{A_1 \cup A_2 \cup A_3 \cup A_4\}$,由于 $A_1 A_4$ 不是相互独立的,有可能同时发生,计算起来比较复杂,但是事件 $A_1 \cup A_2 \cup A_3 \cup A_4$ 发生的概率一定比 $P\{A_1\}$ 要高,即有如下情况。

$$P\{A_1 \cup A_2 \cup A_3 \cup A_4\} \geq P\{A_1\}$$

现在只计算如下算式。

$$P\{A_1\} = P\{X \geq 2\} = 1 - P\{X \leq 1\}$$

$$= 1 - BINOM.DIST(1, 20, 0.01, TRUE)$$

$$= 0.0169$$

即 $P\{A_1 \cup A_2 \cup A_3 \cup A_4\} \geq 0.0169$,也就是说方案 2 中不能及时维修的概率超过 0.0169。

最后,比较这两种方案,方案 1 发生的概率比方案 2 发生的概率要低,应该采取方案 1 较好。虽然方案 1 的任务重了(每人平均维护约 27 台),但工作效率提高了,保障能力更强了。

13.3.4 泊松分布

1. 定义

泊松分布(Poisson Distribution),是法国数学家西莫恩·德尼·泊松(Siméon-Denis Poisson)发表的,适合于描述单位时间内随机事件发生的次数。

如果随机变量 X 所有可能的取值为 0, 1, 2, …，其概率质量函数如下。

$$P\{X=k\} = \frac{\lambda^k e^{-\lambda}}{k!}, k=0,1,2,\ldots$$

其中 $\lambda > 0$ 是常数，则称 X 服从参数为 λ 的泊松分布，记为 $X \sim \pi(\lambda)$。

参数 λ，一般表示单位时间（或单位面积）内随机事件的平均发生次数，即 $\lambda = \mu$。

泊松分布的概率分布，如图 13-6 所示。

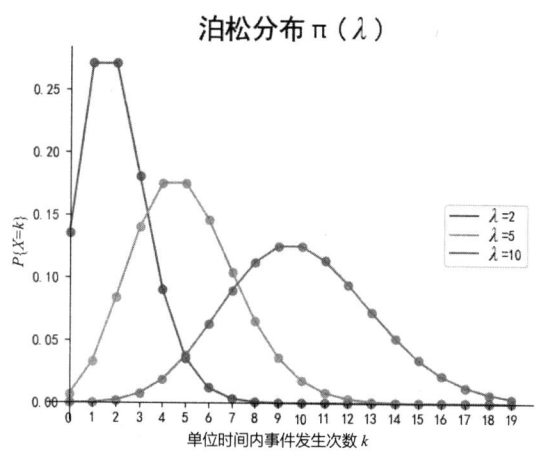

图 13-6　泊松分布

泊松分布的概率先是增加，在 $k = \lambda$ 时达到最大值，随后开始下降。

在 Excel 中，专门有类似的函数计算泊松分布的概率如下。

$$Poisson.Dist(x, mean, cumulative)$$

其中，x 相当于前面的 k，而 mean 就是 λ，cumulative 为是否累积概率，含义如下。

$$P\{X=k\} = Poisson.Dist(k, \lambda, False)，概率质量函数$$

$$P\{X \leq k\} = Poisson.Dist(k, \lambda, True)，累积分布函数$$

2. 应用场景

一般情况下，某医院在一天内的急诊患者数，某地区一个时间间隔内发生交通事故的次数，来到公共汽车站的乘客数，机器出现的故障数，自然灾害发生的次数，产品上的缺陷数，等等，都服从泊松分布。

在六西格玛中，常用泊松分布来分析缺陷率，如 DPU、DPMO 等。

泊松分布其实是一个特殊的二项分布，当二项分布的试验次数 n 无穷大时，需要得到事件成功次数为 k 的分布就是泊松分布。所以，当二项分布的 n 很大而 p 很小时（$n \geq 20$，$p \leq 0.05$），泊松分布可作为二项分布的近似（称为泊松定理），算式如下。

$$C_n^k p^k (1-p)^{n-k} \approx \frac{\lambda^k e^{-\lambda}}{k!}$$

其中 $\lambda = np$，也就是说，以 n, p 为参数的二项分布的概率值，与参数为 λ 的泊松分布的概率值近似，所以经常用泊松分布来代替二项分布作简化的概率计算。

3. 案例：最佳库存量

> **案例**
> 有个小杂货店，平均每周卖出 2 个水果罐头，请问该店每周水果罐头的库存量是多少比较合适？

假定不存在季节因素，购买水果罐头是小概率事件，顾客间购买是相互独立的，可以认为这服从泊松分布。

设随机变量 X 为"每周购买水果罐头的顾客数"，则 $X \sim \pi(\lambda)$，其中 $\lambda = 2$，根据公式，计算出每周销量的概率分布，如表 13-4 所示。

表 13-4　销量概率表

每周售出的数量 k	概率 P	累积概率
$X = 0$	0.135335	0.135335
$X = 1$	0.270671	0.406006
$X = 2$	0.270671	0.676676
$X = 3$	0.180447	0.857123
$X = 4$	0.090224	0.947347
$X = 5$	0.036089	0.983436
$X = 6$	0.01203	0.995466

从表 13-4 中可知，如果库存 4 个罐头，有 95% 的概率不会缺货（平均 20 周发生一次）；如果存货 5 个罐头，有 98% 的概率不会缺货（平均 50 周发生一次）。

4. 案例：客服来电次数

> **案例**
> 某客户服务中心每分钟收到用户的来电次数服从参数为 4 的泊松分布，求以下概率。
> （1）某一分钟恰有 8 次呼叫的概率。
> （2）某一分钟呼叫次数大于 3 的概率。

(1) 根据题意，设每分钟呼叫次数为随机变量 X，则 $X \sim \pi(\lambda)$，其中 $\lambda = 4$，现在要求某一分钟恰有 8 次呼叫的概率，算式如下。

$$P\{X = 8\} = Poisson.Dist(8, 4, False) = 0.0297$$

(2) 要求某一分钟呼叫次数大于 3 的概率，算式如下。

$$P\{X > 3\} = 1 - P\{X \leqslant 3\} = 1 - Poisson.Dist(3, 4, True) = 0.5665$$

5. 案例：保险赔付概率

> **案例**
>
> 保险公司承保了 5000 张为期一年的保单，如果投保人在合同有效期内死亡，则公司赔付 3 万元。设在一年内死亡率为 0.0015，求公司对于这批投保人的赔付总金额不超过 30 万元的概率。

赔付金额不超过 30 万元，也就意味着死亡人数不超过 10（30÷3=10）人。

这个问题可以采用两种方式解决。

(1) 采用二项分布来解。

现在，将投保人是否死亡看成是一次试验，重复 5000 次，设 X 为事件"投保人死亡"的发生次数，则显然 X 服从二项分布，即 $X \sim B(5000, 0.0015)$。

现在要求计算赔付金额不超过 30 万元的概率，算式如下。

$$P\{X \leqslant 10\} = BINOM.DIST(10, 5000, 0.0015, TRUE) = 0.862399$$

(2) 采用泊松分布来解。

设随机变量 X 是"一年内投保人死亡发生的次数"，则 $X \sim \pi(\lambda)$，其中 λ 为单位时间内平均发生的次数，因此 $\lambda = np = 5000 \times 0.0015 = 7.5$。于是，算式如下。

$$P\{X \leqslant 10\} = POISSON.DIST(10, 7.5, TRUE) = 0.862238$$

这两种方式算出的概率差不多，所以常用泊松分布来代替二项分布的概率计算。

13.3.5 几何分布

1. 定义

在 n 重伯努利试验中，设 X 是在第 k 次实验事件才第一次发生，此时 X 是一个随机变量，由于前 $k-1$ 次皆失败，第 k 次成功的概率，因此事件在第 k 次才发生的概率如下。

$$P\{X = k\} = (1-p)^{k-1} p, k = 1, 2, \ldots$$

则称随机变量 X 服从参数为 p 的几何分布（Geometric Distribution），记为 $X \sim GE(p)$。

几何分布的概率分布，如图 13-7 所示。

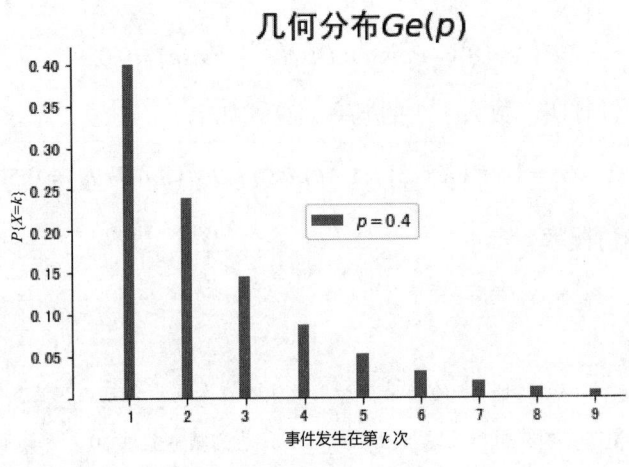

图 13-7　几何分布

几何分布的概率问题单调递减的，当 $k=1$ 时，概率最大，刚好为 p。

2. 应用场景

实际中，有不少随机变量服从几何分布。比如，某产品的不合格率为 0.05，则首次查到不合格的检查次数 $X \sim GE(0.05)$；不停地掷骰子，直到得到一个点那面，投掷次数 X 是随机分布的，且是一个 $p=1/6$ 的几何分布。

3. 案例：滑雪成功率

> **案例**
>
> 冬奥会中，一位滑雪者，不出意外顺利滑到坡底的概率是 0.4，请算出需要几次才能把握成功。

设随机变量 X 为第 k 次滑雪成功，则显然由题意 $X \sim GE(0.4)$，如表 13-5 所示。

表 13-5　成功概率表

第 k 次成功	概率 $(1-p)^{k-1}p$	累计概率
1	$0.6^0 \times 0.4 = 0.4$	0.4
2	$0.6^1 \times 0.4 = 0.24$	0.64
3	$0.6^2 \times 0.4 = 0.144$	0.784
4	$0.6^3 \times 0.4 = 0.0864$	0.8704
5	$0.6^4 \times 0.4 = 0.05184$	0.92224
6	$0.6^5 \times 0.4 = 0.031104$	0.953344

可知，在 4 次内试滑成功的概率高达 87.04%，5 次内成功的概率高达 92.224%。

13.4 连续型概率分布

连续型随机变量，指的是变量的取值一定是一个连续的实数，而不是整数。比如等候公交车的时长、产品的寿命，等等。

13.4.1 概率分布表示

在离散型随机变量中，考虑的是变量取某一个特定的值的概率，所以用分布律来表示。但在连续型随机变量中，单个取值是没有意义的，往往考虑某个区间的概率。比如，某元器件的使用寿命 T，对 T=1250 小时的概率质检员并不感兴趣，而是考虑 T 大于某个数（比如 T 超过 3 年）的概率，即研究随机变量所取的值落在区间 $(x_1, x_2]$ 的概率。

$$P\{x_1 < X \leqslant x_2\} = P\{X \leqslant x_2\} - P\{X \leqslant x_1\}$$

对于连续型随机变量，有两个常用的概率函数：一个是累积概率函数 CDF，一个是概率密度函数 PDF。

1. 累积分布函数 CDF

在连续型随机变量中，常将大写函数 $F(x) = P(X \leqslant x)$ 称为随机变量的累积分布函数（Cumulative Distribution Function，简写 CDF），或称累积概率函数，简称分布函数。

如果将 x 看成数轴上的随机点的坐标，那么分布函数 $F(x)$ 在 x 处的函数值就表示 X 落在区间 $(-\infty, x]$ 上的累积概率。

> **案例**
> 射击时，靶子是半径为 2 米的圆盘，假设击中靶上任一同心圆盘上的点的概率与该圆盘的面积成正比，并且射击都能中靶，以 X 表示弹着点与圆心的距离，试求随机变量 X 的分布函数。

因为都能中靶，说明当 $x < 0$ 时，$F(x) = P(X \leqslant x) = 0$，即不可能发生。

当 $0 \leqslant x \leqslant 2$ 时，根据题意，$P\{0 \leqslant X \leqslant x\} = kx^2$，$k$ 为常数。考虑到当 $x = 2$ 时，击中的概率最大为 1，即有 $P\{0 \leqslant X \leqslant 2\} = 4k = 1$，可得 $k = 1/4$，于是有如下算式。

$$F(x) = P\{X \leqslant x\} = P\{X < 0\} + P\{0 \leqslant X \leqslant x\}$$

$$= 0 + \frac{x^2}{4} = \frac{x^2}{4}$$

当 $x>2$ 时，由题意可知，$F(x)=P(X\leqslant x)=1$ 是必然事件。

综合上述，即得到 X 的分布函数如下。

$$F(x)=\begin{cases} 0, x<0 \\ \dfrac{x^2}{4}, 0\leqslant x\leqslant 2 \\ 1, x>2 \end{cases}$$

此分布函数的可视化图形，如图 13-8 所示。

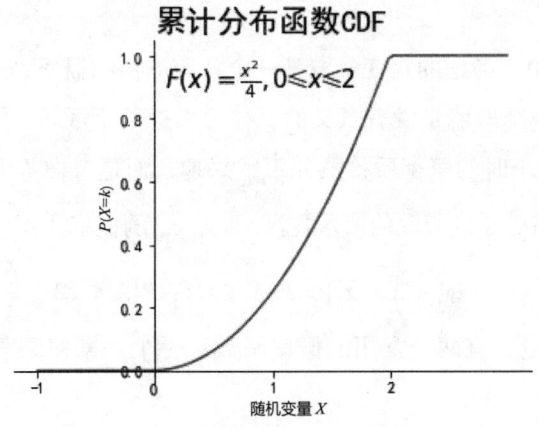

图 13-8　累计分布函数（CDF）

连续型变量的分布函数 CDF，有如下性质：

（1）分布函数 $F(x)$ 是一个单调上升的函数（至少是不减函数）；

（2）$F(x)$ 值在区间 $[0,1]$ 范围内，且 $F(-\infty)=0$，$F(\infty)=1$，即分布函数的取值总是从最左 "0" 开始，到最右 "1" 结束。

2. 概率密度函数 PDF

虽然累积分布函数可以很好地表示变量在区间 $(-\infty, x]$ 上的累积概率大小。但是，由于 CDF 计算的是累积概率，所以 CDF 图形都是从 0 到 1 的上升曲线，它无法像离散型变量的概率质量函数一样，可以看出 X 取某个值的概率。

前面讲过，考察连续型随机变量取单个值的概率是没有意义的（可以认为单点概率几乎为 0），现在主要考虑变量取某个区间 $[a,b]$ 的概率，所以引入了概率密度函数（Probability Density Function，简写 PDF）。

对于随机变量 X 的累积分布函数 $F(x)$，如果存在非负可积函数 $f(x)$，使得对于任意实数

x 满足以下算式。

$$F(x) = \int_{-\infty}^{x} f(t)dt$$

则称 $f(t)$ 为 X 的概率密度函数。

注：累积分布函数 CDF 用大写的 $F(x)$ 表示，而概率密度函数 PDF 用小写的 $f(x)$ 表示。

怎样理解概率密度函数 PDF 呢？

概率密度函数，其关键在于"密度"两字，PDF 函数值 $f(x)$，其实指的不是此点 x 的概率，而表示在此点附件左右（可理解为在此点附近的一个足够小的区间 $[x, x+?x]$）的概率大小。如下图左所示，变量 X 落在点 x_1 附近的概率，要比落在点 x_2 附近的概率要高。

实际上，变量的概率密度函数 PDF，与变量的直方图的形状是一致的（如图 13-9 所示），把直方图的最高点以平滑的曲线连接起来，就是 PDF 曲线。其不同之处在于：

（1）直方图描述的是某区间的频次（或频率），而 PDF 函数描述的是概率；

（2）直方图用最高点表示该区间的频率大小，而 PDF 用区间面积表示概率大小；

（3）直方图所有区间值的频率之和为 1，而 PDF 与 x 轴包围的所有面积之和为 1。

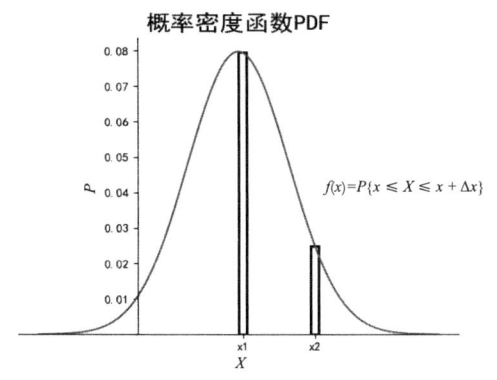
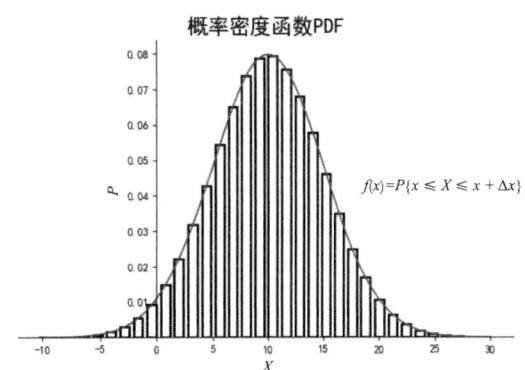

图 13-9　概率密度函数（PDF）

那么累积分布函数 CDF 函数，与概率密度函数 PDF 到底是什么关系呢？

PDF 函数的数学公式比较复杂，但由积分的定义都知道，累积分布函数 CDF 值，对应概率密度函数 PDF 所包围的面积。所以，概率密度函数值 $f(x)$ 是没有含义的，而它包围的面积才表示概率大小。

如图 13-10 所示，图左中 x_0 对应的 CDF 函数值 $F(x_0)$，等于图右中概率密度函数与 x 轴在 $(-\infty, x_0]$ 区间上所包围的面积，即有如下等式。

$$F(x_0) = P\{X \leq x_0\} = \int_{-\infty}^{x_0} f(t)dt$$

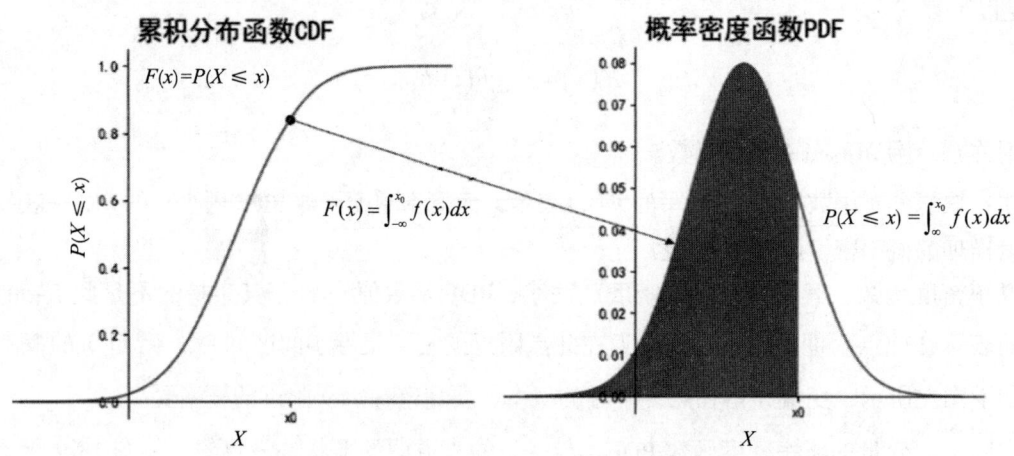

图 13-10 CDF 与 PDF

如果要计算随机变量 X 落在某个区间 $[a,b]$ 内的概率，则有两种计算方式：

（1）用 CDF 函数计算的话，只需要计算两个函数值的差值 $F(b)-F(a)$；

（2）用 PDF 函数计算的话，则需要计算此区间内包围的面积 $\int_a^b f(t)dt$。

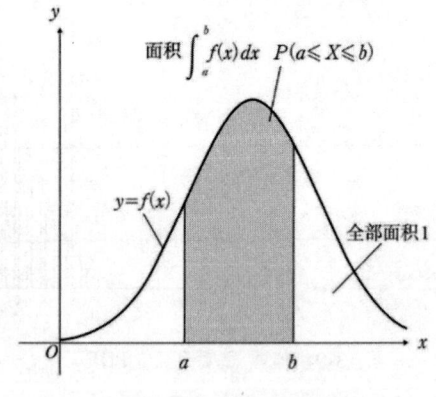

图 13-11 PDF 计算概率

如图 13-11 所示，用积分表示，算式如下。

$$P\{a \leqslant X \leqslant b\} = F(b)-F(a) = \int_a^b f(t)dt$$

记住，概率密度函数 PDF 与 x 轴所包围的整个区域的面积为 1，相当于概率 1 分布在不同的 X 变量区间上，所以叫作概率密度函数。从某种意义上看，连续型变量的 PDF 函数，与离散型变量的 PMF 函数的含义是一样的。

下面介绍几个最常用的连续型变量的概率分布。

13.4.2 均匀分布

1. 定义

均匀分布（Uniform Distribution），也叫矩形分布，是对称概率分布，在相同长度间隔的分布概率是等可能的。

若连续随机变量 X 的概率密度函数 PDF 如下所示：

$$f(x) = \begin{cases} \dfrac{1}{b-a}, & a \leq x \leq b \\ 0, & \text{其他} \end{cases}$$

则称 X 在区间 $[a,b]$ 上服从均匀分布，记为 $X \sim U(a,b)$。

此时，均匀分布随机变量的累计分布函数 CDF 如下所示。

$$F(x) = \begin{cases} 0, & x < a \\ \dfrac{x-a}{b-a}, & a \leq x \leq b \\ 1, & x > b \end{cases}$$

均匀分布的累计分布函数和概率密度函数，如图 13-12 所示。

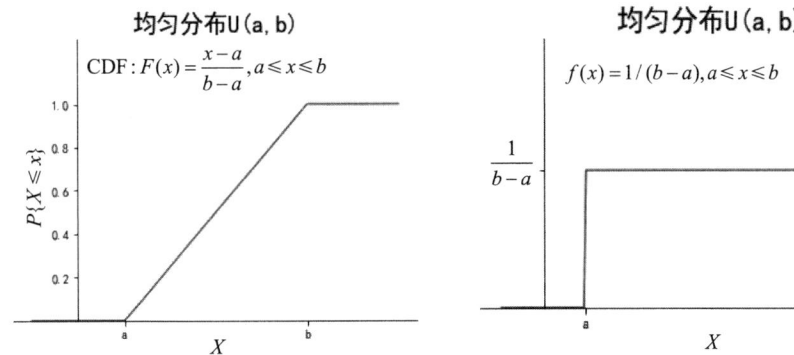

图 13-12　均匀分布

均匀分布说明，随机变量落在区间 $[a,b]$ 内任意位置的可能性是相同的，或者说它落在 (a,b) 子区间内的概率只依赖于区间长度，而与子区间的位置无关。

用概率公式表示如下。

$$P\{c < X \leq c+l\} = \int_c^{c+l} f(x)dx = \int_c^{c+l} \frac{1}{b-a}dx = \frac{l}{b-a}$$

2. 应用场景

均匀分布是最简单的概率分布，常用于统计学中的随机采样，比如生成 0~100 的均匀分布的随机数；或者，要从 10 万个样本中，随机抽样 1000 个样本，每个样本被抽中的概率是一样的，就需要用到均匀分布函数。

由于均匀分布比较简单，此处不再举例说明。

13.4.3 指数分布

1. 定义

指数分布（Exponential Distribution），可以描述许多物理现象，特别是它与泊松过程有紧密的联系。泊松过程中两次事件相继发生的时间间隔服从指数分布。

若连续随机变量 X 的概率密度函数如下所示。

$$f(x) = \begin{cases} \lambda e^{-\lambda x}, & x \geq 0 \\ 0, & \text{其他} \end{cases}$$

则称 X 服从参数为 λ 的指数分布，记为 $X \sim E(\lambda)$。其中参数 $\lambda > 0$ 为常数，表示单位时间事件发生的平均次数，一般与平均时长呈倒数关系（$\lambda = 1/\mu$）。

指数分布的累积分布函数 CDF 如下。

$$F(x) = P\{X \leq x\} = \begin{cases} 1 - e^{-\lambda x}, & t \geq 0 \\ 0, & t < 0 \end{cases}$$

不同参数 λ 的指数分布的 CDF 曲线和 PDF 曲线，如图 13-13 所示。

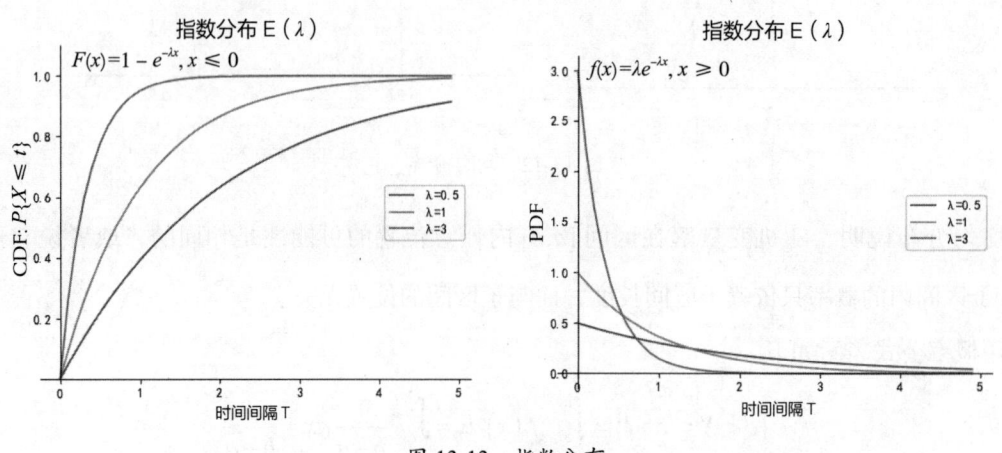

图 13-13　指数分布

在 Excel 中，对应的概率函数如下。

$$Expon.Dist(x, lambda, cumulative)$$

其中，x 就是时间间隔，而 $lambda$ 就是 λ，$cumulative$ 为是否累积概率，含义如下。

$$F(x) = P\{X \leqslant x\} = Expon.Dist(x, \lambda, True)，累积分布函数CDF$$
$$f(x) = Expon.Dist(x, \lambda, False)，概率密度函数PDF$$

2. 应用场景

指数分布，主要应用在描述随机事件之间的持续时间的概率问题，比如餐厅吃饭时排队取号等待时长，婴儿出生的时间间隔，呼叫中心来电的时间间隔，网站访问的时间间隔，机场旅客进场的时间间隔，银行排队时一个顾客等待服务的时长，等等。

在电子元器件的可行性研究中，通常用来描述大型复杂系统（如计算机）的平均故障间隔时间 MTBF 的失效分布。

但是，指数分布不能作为机械零件功能参数的分布规律，因为指数分布的无记忆性这一点与零件的磨损和老化过程完全矛盾了（参考下面"无记忆性"相关内容）。

3. 无记忆性

指数分布有一个特殊的性质，就是所谓的"无记忆性"（Memoryless Property），算式如下。

$$P\{X > t+s \mid X > t\} = P\{X > s\}, s > 0$$

简单地理解，比如拿等公交车的时长来说，假定读者已经等了 t=5 分钟，继续等 s=3 分钟车来了的概率，与刚开始等 s=3 分钟车来了的概率是一样的，未来还需要等多长时间，跟已经等了多长时间没有关系。

又如，一个元件的寿命，假设元件已经使用了 t 小时，它还能使用至少 s 小时的条件概率与从开始使用时算起它使用至少 s 小时的概率相等。

但是，比如寿命之类的持续时间不能用指数分布，否则，意味着一个人还能活多久与他的年龄（已经活多长）没有关系，这违背了常识。

4. 案例：产品故障率

> **案例**
>
> 一个设备出现多次故障的时间间隔如下（单位h）：23, 261, 87, 7, 120, 14, 62, 47, 225, 71, 246, 21, 42, 20, 5, 12, 120, 11, 3, 14, 71, 11, 14, 11, 16, 90, 1, 16, 52, 95。
>
> 请计算该设备在3天（72小时）内出现故障的概率有多大。

设 X 为设备出现故障的时间间隔（小时），计算上述平均故障时间间隔 $\bar{x} = (23+261+\ldots+$

95)/30 = 59.6 小时，则单位时间内平均次数 $\lambda = 1/\mu = 0.0168$，显然 $X \sim E(0.0168)$。

于是在 72 小时内出现故障的概率计算如下。

$$P\{X \leq 72\} = EXPON.DIST(72, 0.0168, TRUE) = 0.701683$$

即，该设备在 3 天内出现故障的概率大于 70%。

5. 案例：产品担保期

> **案例**
>
> 某冰箱生产厂的冰箱平均 10 年会出现大的故障，且故障发生的时间间隔服从指数分布，求解下列问题：
> （1）该冰箱使用 15 年后还没有出现大故障的比例；
> （2）如果厂家想提供大故障免费维修的质量担保，但不能超过全部产量的 20%，试确定提供担保的年数。

（1）设 X 为冰箱出现大故障的间隔时间。已知 $\mu = 10$ 年，则 $\lambda = 1/\mu = 0.1$，计算如下。

$$P\{X > 15\} = 1 - P\{X \leq 15\} = 1 - EXPON.DIST(15, 0.1, TRUE)$$
$$= 1 - 0.77687 = 0.22313$$

即 15 年后，没有出现故障的冰箱约占 22.3%。

（2）题中要求冰箱故障的比例不超过 20%，说明大故障累积概率不超过 0.2，现在根据 CDF 公式确定适当的 x 值（用公式 $P\{X \leq x\} = EXPON.DIST(x, 0.1, TRUE)$ 计算）。表 13-6 列出了不同年限的冰箱故障的累计概率。

表 13-6 销量概率表

担保年数 x	累计概率 $P\{X \leq x\}$
1	0.095
2	0.181
3	0.259

从表 13-6 中可以看到：担保 2 年时，出现大故障的概率是 18.1%，不超过 20%。担保 3 年时，出现大故障的概率为 25.9%，已经超过 20%。所以，厂家应以 2 年为担保期。

6. 案例：婴儿出生率

> **案例**
>
> 某医院平均每小时出生 3 个婴儿，请回答一下问题。
> （1）接下来 15 分钟有婴儿出生的概率是多少？
> （2）在接下来的 15~30 分钟内有婴儿出生的概率是多少？

(1) 设 X 为婴儿出生的时间间隔（小时）。由题意，$\lambda = 3$，算式如下。

$$P\{X \leq 15/60\} = EXPON.DIST(15/60, 3, TRUE) = 0.5276$$

即接下来 15 分钟内有婴儿出生的概率是 0.5276。

（2）由于指数分布是无记忆的，在接下来的 15~30 分钟内一共 15 分钟，有婴儿出生的概率与问题 1 的概率一样，都是 0.5276。

13.4.4 正态分布

1. 定义

正态分布（Normal Distribution），又叫高斯分布（Gaussian Distribution），是最常用的连续变量分布。

若连续随机变量 X 的概率密度函数为：

$$f(x) = \frac{1}{\sigma\sqrt{2\pi}} e^{-\frac{(x-\mu)^2}{2\sigma^2}}, -\infty < x < +\infty$$

其中参数 $\mu, \sigma(\sigma > 0)$ 为常数，则称 X 服从参数为 μ, σ 的正态分布，记为 $X \sim N(\mu, \sigma^2)$。

不同参数下正态分布的 CDF 曲线和 PDF 曲线，如图 13-14 所示。

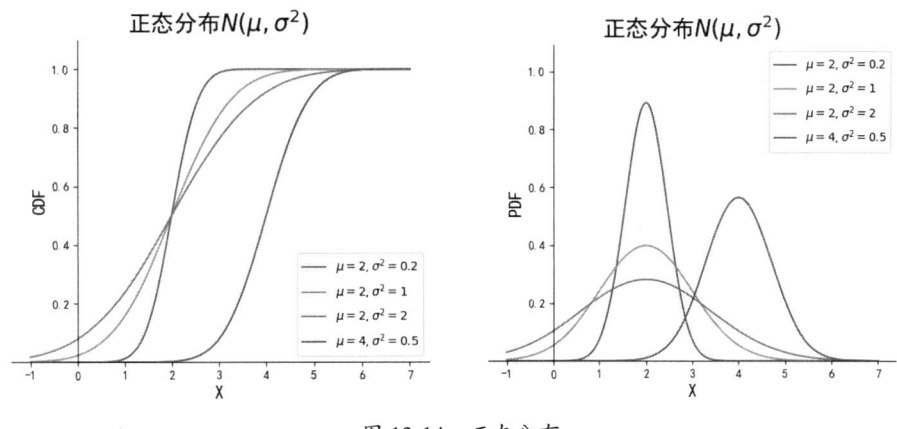

图 13-14　正态分布

在 Excel 中，对应的概率函数公式如下。

$$Norm.Dist(x, mean, standard\_dev, cumulative)$$

其中，$mean$ 就是平均值，$standard\_dev$ 就是标准差，含义如下。

$$F(x) = P\{X \leq x\} = Norm.Dist(x, \mu, \sigma, True), 累积分布函数 CDF$$

$$f(x) = Norm.Dist(x, \mu, \sigma, False), \quad 概率密度函数PDF$$

正态分布的概率密度函数曲线，简称正态曲线，呈现出中间高，两边低的钟形特征，以 $x = \mu$ 为对称轴。正态曲线有如下特征。

（1）集中性：正态曲线的高峰位于正中央，即均值所在的位置。

（2）对称性：正态曲线以均值为中心，左右对称，曲线两端永远不与横轴相交。

（3）均匀变动性：正态曲线由均值所在处开始，分别向左右两侧逐渐均匀下降。

正态分布有两个参数，一个是位置参数 μ，一个是形状参数 σ，如图 13-15 所示。

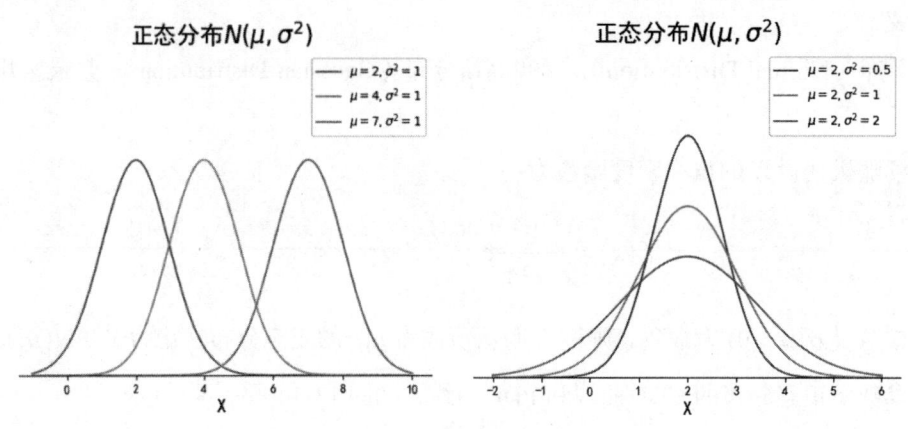

图 13-15　正态分布（μ 和 σ）

参数 μ，是正态分布的位置（location）参数，对应随机变量的均值，描述正态分布的集中趋势位置。变量取值离 μ 越近，其概率越大；离 μ 越远，其概率越小。

参数 σ，是正态分布的形状（scale）参数，对应随机变量的标准差，描述正态分布的离散程度。σ 越大，数据分布越分散，曲线越扁平（平峰）；σ 越小，数据分布越集中，曲线越瘦高（尖峰）。

2. 标准正态分布

特别注意，当 $\mu = 0$，$\sigma = 1$ 时，正态分布就成为标准正态分布。

实际上，任何服从正态分布的随机变量 $X \sim N(\mu, \sigma^2)$，进行变量转换（$Z = \dfrac{X - \mu}{\sigma}$）后，都可以将其转化为标准正态分布（standard normal distribution），记为 $Z \sim N(0,1)$。为了应用和研究方便，后续案例大多数都以标准正态分布为例，如图 13-16 所示。

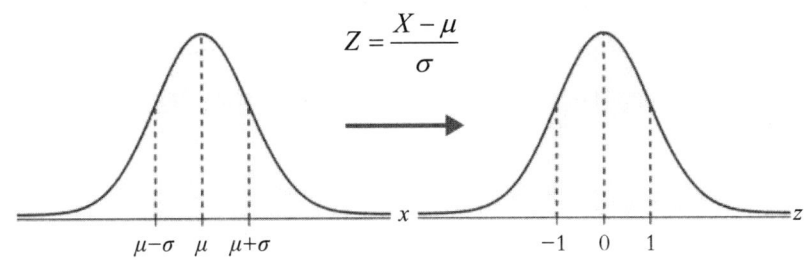

图 13-16 标准正态分布

在 Excel 中，对应标准正态分布的概率函数如下。

$$Norm.S.Dist(z, cumulative)$$

其中，z 就是前面的 X，cumulative 为是否累积概率，含义如下。

$$F(x) = P\{X \leq x\} = Norm.S.Dist(x, True), 累积分布函数 CDF$$

$$f(x) = Norm.S.Dist(x, False), 概率密度函数 PDF$$

3. 3σ 原则

服从正态分布的随机变量，有一个著名的 3σ 原则，如图 13-17 所示，这是正态分布的经验规则，含义如下。

- 有 68.27% 的数据在均值的 1 个标准差内，即 $P(\mu-\sigma < X \leq \mu-\sigma) = 0.6827$。
- 有 95.45% 的数据在均值的 2 个标准差内，即 $P(\mu-2\sigma < X \leq \mu-2\sigma) = 0.9545$。
- 有 99.73% 的数据在均值的 3 个标准差内，即 $P(\mu-3\sigma < X \leq \mu-3\sigma) = 0.9973$。

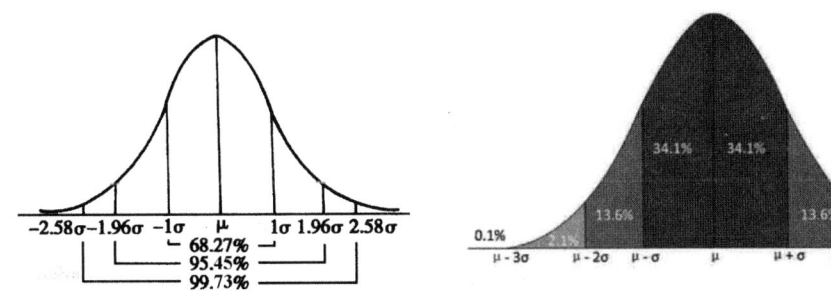

图 13-17 3σ 原则

这个 3σ 原则还可以这样理解：

- 有 68.27% 的把握认为变量值落在区间 $[\mu-\sigma, \mu-\sigma]$ 内；
- 有 95.45% 的把握认为变量值落在区间 $[\mu-2\sigma, \mu-2\sigma]$ 内；

- 有 99.73% 的把握认为变量值落在区间 $[\mu-3\sigma, \mu-3\sigma]$ 内。

这个特性，经常用于异常值的检测，一般将在 3 个标准差外的数据，称为异常数据。在描述统计中，计算截尾平均值的时候，也只取其中 2 个标准差内的数据进行平均，其依据也源于此原则。

4. 应用场景

正态分布是很多统计方法的理论基础，检验、方差分析、相关分析和回归分析等多种统计方法均要求分析的指标服从正态分布，对数学、物理及工程等领域都非常重要。

在生产与科学实验中，很多随机变量都可以近似用正态分布来描述。比如产品的抗压强度、口径、长度等指标；人们的身高、体重、智商等指标；某地区的降水量指标，等等。

特别是本书第 14 章讲到的抽样估计相关内容，用的都是正态分布。

5. 案例：书籍购买概率

> **案例**
>
> 假定大型折扣书店当当网，其单个客户的订单规模 X（以元计算），服从正态分布，均值为 36 元，标准差为 8 元，现计算下列概率。
>
> （1）下一个客户的订单，购买 40 元以上书籍的概率是多少？
>
> （2）现有 16 位客户，那么这 16 位客户购买的平均金额超过 40 元的概率是多少？

（1）按照题意，$X \sim N(\mu, \sigma^2)$，其中 $\mu=36$，$\sigma=8$，要判断任何一个客户其购买金额超过 40 元的概率，算式如下。

$$P\{X \geq 40\} = 1 - P\{X < 40\}$$
$$= 1 - NORM.DIST(40, 36, 8, TRUE)$$
$$= 1 - 0.6915 = 0.3085$$

即下一个客户购买 40 元以上书籍的概率为 30.85%。也可以这样理解，大约有 30.85% 的客户购买金额超过 40 元。

（2）现有 16 位客户，相当于样本容量 $n=16$ 的样本，根据中心极限定理，样本均值 $\bar{X} \sim N(\mu, \sigma^2/n)$，或 $\bar{X} \sim N(\mu, (\sigma/\sqrt{n})^2)$。现计算 16 位客户的平均金额超过 40 元，则概率计算如下。

$$P\{\bar{X} \geq 40\} = 1 - P\{\bar{X} < 40\}$$
$$= 1 - NORM.DIST\left(40, 36, \frac{8}{\sqrt{16}}, TRUE\right)$$
$$= 1 - 0.9772 = 0.0228$$

说明 16 位客户平均购买金额超过 40 元的概率较小,仅为 2.28%。

虽然,有 30% 左右的客户购买金额超过 40 元,但是 16 个客户平均金额超过 40 元的可能性却极低(2.28%)。

13.5 其他常用分布

正态分布是最常用的连续型随机变量的分布,而基于正态分布,还派生出几个常用的分布,包括卡方(χ^2)分布、F 分布、T 分布等。这些分布,在第 14 章 "参数估计" 和第 15 章 "假设检验" 中,应用广泛。

13.5.1 χ^2 分布

χ^2 分布(chi-square distribution),多用于分类变量的卡方检验。

1. 定义

假定独立随机变量 $X_1, X_2, \ldots, X_n$ 均服从标准正态分布 $N(0,1)$,则随机变量的平方和 $\sum_{k=1}^{n} X_k^2$ 的分布,称为服从自由度 $df = n$ 的 χ^2 分布,算式如下所示。

$$\chi^2 = \sum_{k=1}^{n} X_k^2 \; \chi^2(n)$$

2. 分布曲线

其概率密度函数公式比较复杂,不需要掌握。不同自由度 df 参数的 χ^2 分布的 PDF 曲线,如图 13-18 所示。

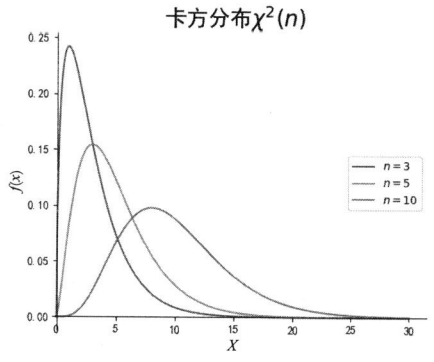

图 13-18 χ^2 分布的 PDF 曲线

在 Excel 中，对应的概率函数有两个，如下所示。

$$Chisq.Dist(x, deg\_freedom, cumulative)$$

$$Chisq.Dist.RT(x, deg\_freedom)$$

其中，$deg\_freedom$ 就是自由度 $df = n$，$cumulative$ 为是否累积概率，含义如下。

$$F(x) = P\{X \leq x\} = Chisq.Dist(x, n, True), 累积分布函数 CDF$$

$$f(x) = Chisq.Dist(x, n, False), 概率密度函数 PDF$$

CDF 和 PDF 对应的图形如图 13-19 所示。

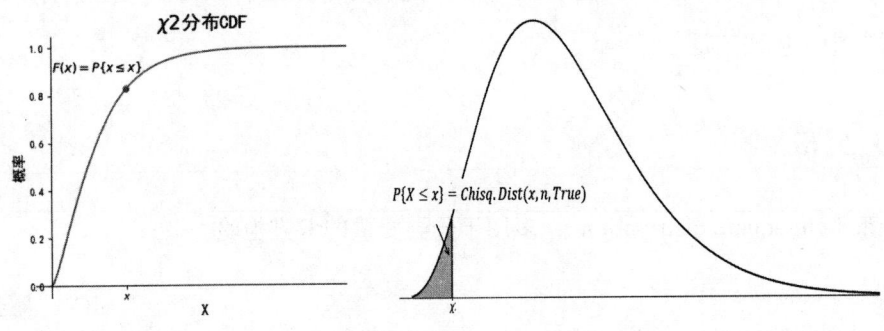

图 13-19　χ^2 分布 CDF 和 PDF

需要特别说明的是，χ^2 分布的右尾函数 $Chisq.Dist.RT$，χ^2 分布的 PDF 曲线是不对称的，一般呈现出左尾短，右尾长的特点。在很多场景下，需要计算右尾（即区间 $[x, +\infty]$）的概率 $P\{X \geq x\}$，此时可用右尾概率函数，如图 13-20 所示。

$$P\{X \geq x\} = Chisq.Dist.RT(x, n)$$

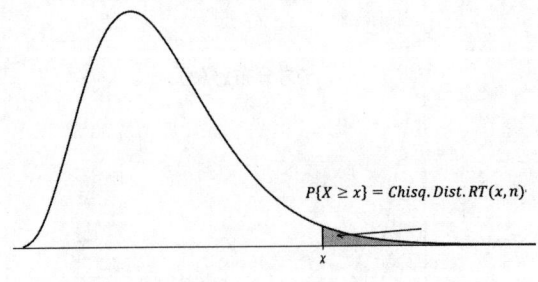

图 13-20　χ^2 分布右尾概率

实际上，累积分布函数与右尾函数相加等于 1，算式如下。

$$Chisq.Dist(x, n, True) + Chisq.Dist.RT(x, n) = P\{X \leq x\} + P\{X \geq x\} = 1$$

3. 构造 χ^2 分布

下面演示一下在 Excel 中，如何利用正态分布构造出 χ^2 分布来。

（1）先构造三个正态分布变量。

①假定 $n=3$，先在第一行，输入变量名称"X_1""X_2""X_3"。

②单击菜单"数据→分析→数据分析"命令，选中"随机数发生器"菜单，如图 13-21 所示。

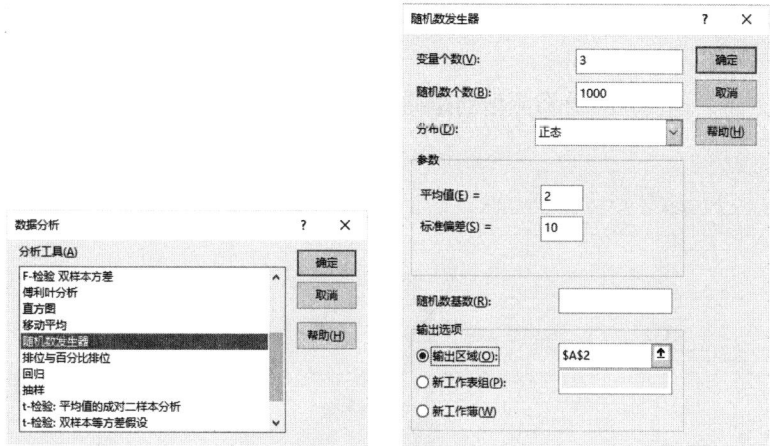

图 13-21　Excel 中随机数生成器

③在"随机数发生器"中，指定"变量个数"为"3"（n）个，"随机数个数"为"1000"个（个数越多，则分布图越明显），在"分布"下拉框中，选定"正态"分布，并指定正态分布"参数"，指定"平均值"为"2"，"标准偏差"为"10"；在"输出区域"，选中"A2"单元格，单击"确定"按钮，于是得到"3×1000"个随机数。

④选中 A2:C1001 区域，插入直方图，可以直观看到 3 个变量都来自正态分布变量，如图 13-22 所示。

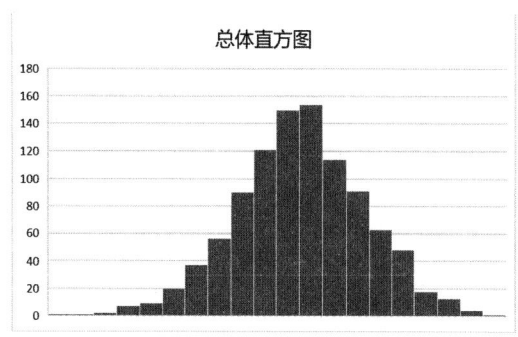

图 13-22　随机数直方图

（2）构造卡方变量。

①在 D1:F1 中，输入三个派生的变量 X_1^2, X_2^2, X_3^2。

②在 D2 单元格中输入公式"=A2^2"，将公式横拉到 EF 列，并且将公式下拉，于是就得到了三个平方变量。

③在 G1 单元格中输入变量名称"χ^2"，在 G2 单元格中，输入公式"=sum(D2:F2)"，将公式下拉，就得到了卡方变量列，即 $\chi^2 = X_1^2 + X_2^2 + X_3^2$，自由度 $df = 3$。

④选中 G2:G1001 列，插入直方图（如图 13-23 所示），其形状与前面的自由度 $df = 3$ 的 χ^2 分布的 PDF 图类似。

可见，χ^2 分布，是由正态分布派生出来的，即多个正态分布变量的平方和就是 χ^2 分布。

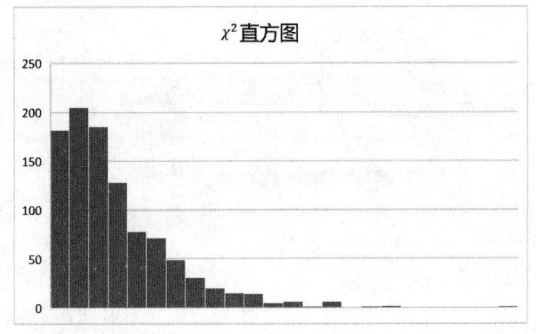

图 13-23　卡方分布

13.5.2　F 分布

F 分布（F-distribution），多用于方差分析、回归分析和方差齐性检验等场景。

1. 定义

假定随机变量 $X \sim \chi^2(n_1)$，$Y \sim \chi^2(n_2)$，且 X 与 Y 相互独立，则随机变量 $F = \dfrac{X/n_1}{Y/n_2}$ 所服从的分布称为自由度为（n_1，n_2）的 F 分布，记作如下所示。

$$F = \frac{X/n_1}{Y/n_2} F(n_1, n_2)$$

2. 分布曲线

图 13-24 所示为不同参数下的 F 分布的 PDF 曲线图。

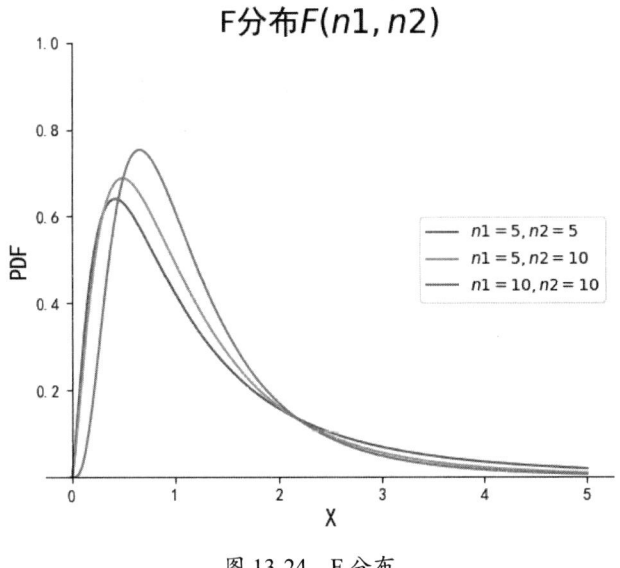

图 13-24 F 分布

在 Excel 中，对应的有两个函数，如下所示。

$$F.Dist(x, deg\_freedom1, deg\_freedom2, cumulative)$$

$$F.Dist.RT(x, deg\_freedom1, deg\_freedom2)$$

其中，$deg\_freedom1$ 就是分子自由度，$deg\_freedom2$ 就是分母自由度，$cumulative$ 为是否累积概率，含义如下。

$$F(x) = P\{X \leq x\} = F.Dist(x, n_1, n_2, True)，累积分布函数CDF$$

$$f(x) = F.Dist(x, n_1, n_2, False)，概率密度函数PDF$$

$$P\{X \geq x\} = F.Dist.RT(x, n_1, n_2)，右尾累积分布函数$$

对应的 PDF 函数（左尾和右尾）图如图 13-25 所示。

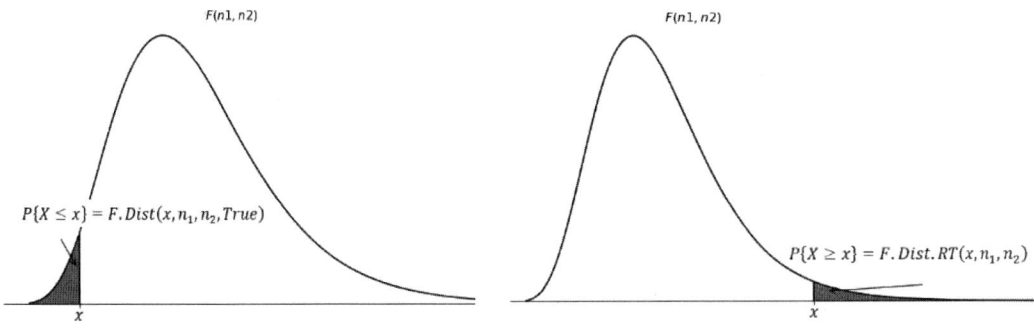

图 13-25 F 分布 PDF

13.5.3 T 分布

T 分布（Student's t-distribution），常应用于抽样估计，在总体的标准差未知的情况下，对于总体均值的检验用 T 分布来估计。

1. 定义

假定随机变量 $X \sim N(0,1)$，$Y \sim \chi^2(n)$，且 X 与 Y 相互独立，则随机变量 $t = \dfrac{X}{\sqrt{Y/n}}$ 所服从的分布称为自由度为 n 的 t 分布，算式如下所示。

$$t = \frac{X}{\sqrt{Y/n}} t(n)$$

2. 分布曲线

不同自由度下 T 分布的 PDF 曲线，如图 13-26 所示。

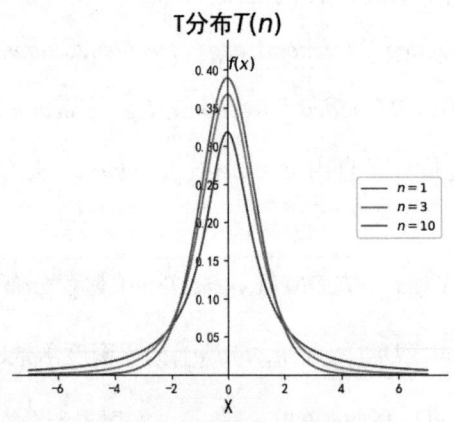

图 13-26 T 分布的 PDF 曲线

T 分布的形状类似于标准正态分布，但其方差更大。

与标准正态分布相比，自由度 df 越小，T 分布曲线越平坦；自由度 df 越大，T 分布曲线越接近于标准正态分布。实际上，当样本 n 达到 120 时，两个分布已经基本相同了。

在 Excel 中，对应的有三个函数，如下所示。

$$T.Dist(x, deg\_freedom, cumulative)$$

$$T.Dist.RT(x, deg\_freedom)$$

$$T.Dist.2T(x, deg\_freedom)$$

其中，$deg\_freedom$ 就是自由度，$cumulative$ 为是否累积概率，含义如下。

$$F(x)=P\{X\leq x\}=T.Dist(x,n,True), 累积分布函数CDF$$

$$f(x)=T.Dist(x,n,False), 概率密度函数PDF$$

$$P\{X\geq x\}=T.Dist.RT(x,n), 右尾累积分布函数$$

$$P\{|X|\geq x\}=T.Dist.2T(x,n), 双尾累积分布函数$$

对应的图形如图 13-27 所示。

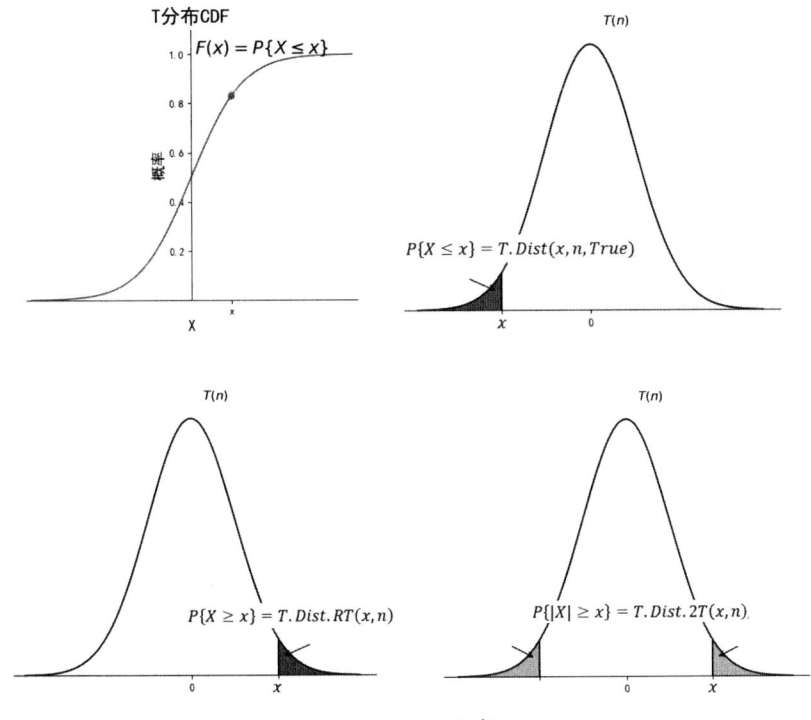

图 13-27 T 分布

13.6 随机变量的数字特征

在某些实际问题中,一般不需要关心随机变量的所有取值情况,而只对随机变量的某个特征的常数感兴趣。

比如,球场上运动员的身高是个随机变量,但人们只关心运动员的平均身高;在考察城市交通情况时,人们只关心户均拥有汽车的辆数;在评价棉花质量的时候,既要考虑纤维的长度,又要考虑纤维长度与平均长度的偏离程度;等等。

像这种由随机变量的分布所确定的,能刻画随机变量在某一方面的特征的常数,统称为数字特征。这些数字特征,对应前面讲的数据指标。

最常用的数字特征有数学期望、标准差/均方差等。

13.6.1 数学期望

数学期望,简称期望,又称为均值。严格的数学期望是如下定义的。

1. 离散型随机变量

假定 X 是离散型随机变量,且分布律如图 13-28 所示。

X	x_1	x_2	$\cdots$	x_n	$\cdots$
p_k	p_1	p_2	$\cdots$	p_n	$\cdots$

图 13-28 分布律

若级数 $\sum_{k=1}^{\infty} x_k p_k$ 收敛,则称 $\sum_{k=1}^{\infty} x_k p_k$ 为随机变量 X 的数学期望,记为 $E(X)$,即有如下公式。

$$E(X) = \sum_{k=1}^{\infty} x_k p_k$$

可以这样理解,期望值是随机变量所有可能值的加权平均值,其中权重是取该值的概率。

2. 连续型随机变量

假定 X 是连续型随机变量,其概率密度函数为 $f(x)$,则称积分 $\int_{-\infty}^{\infty} x f(x)$ 为随机变量 X 的数学期望,即有如下公式。

$$E(X) = \int_{-\infty}^{\infty} x f(x)$$

数学期望的公式,看起来很复杂,实际上就是常说的平均值。

但期望值与平均值的区别又在哪里?可以这样理解,期望值是随机变量总体的平均值,因为一般无法直接得到随机变量总体的平均值,所以总结出一个复杂的公式来表示总体的平均值。而常说的平均值,主要是样本的平均值。

13.6.2 方差

方差,指的是随机变量与其平均值的偏离程度,也就是变量的波动大小。

设 X 是随机变量,若 $E\left((X-E(X))^2\right)$ 存在,则称它为 X 的方差,记为 $D(X)$ 或 $Var(X)$,即

有如下公式。

$$D(X) = E((X-E(X))^2)$$

另外，$\sigma = \sqrt{D(X)}$ 称为 X 的标准差或均方差。

用数学公式表示方差如下。

$$\mu = \frac{1}{n}\sum_{i=1}^{n} x_i$$

$$\sigma^2 = \frac{1}{n}\sum_{i=1}^{n}(x-\bar{x})^2$$

满足不同分布的随机变量，其数字特征也不一样（参考"本章小结"中的描述）。

本章小结

本章主要介绍了离散型随机变量和连续型随机变量的概率分布知识。

（1）关于概率分布，离散型随机变量有三种表示方式：分布律、概率质量函数、概率分布图；连续型随机变量的概率分布，有两种表示方式：PDF（概率密度函数）、CDF（累积概率分布函数）。

（2）在 Excel 中查询概率的函数公式，如表 13-7 和表 13-8 所示。

表 13-7　离散型随机变量概率分布查询函数

变量分布		概率分布 / 对应 Excel 函数	
伯努利分布	分布律	$P\{X=k\} = \begin{cases} p, k=1 \\ 1-p, k=0 \end{cases}$	期望：p 方差：$p(1-p)$
二项分布	分布律	$P\{X=k\} = C_n^k p^k (1-p)^{n-k}$	期望：np 方差：$np(1-p)$
	Excel 函数	$pmf: P\{X=k\} = Binom.Dist(k,n,p,False)$ $cdf: P\{X \leq k\} = Binom.Dist(k,n,p,True)$	
泊松分布	分布律	$P\{X=k\} = \dfrac{\lambda^k e^{-\lambda}}{k!}$	期望：λ 方差：λ
	Excel 函数	$pmf: P\{X=k\} = Poisson.Dist(k,\lambda,False)$ $cdf: P\{X \leq k\} = Poisson.Dist(k,\lambda,True)$	
几何分布	分布律	$P\{X=k\} = (1-p)^{k-1} p$	期望：$1/p$ 方差：$(1-p)/p^2$

表 13-8 连续型随机变量概率分布查询函数

变量分布	概率分布 / 对应 Excel 函数		
指数分布	概率函数	$pdf: f(x) = \lambda e^{-\lambda x}$ $cdf: P\{X \le x\} = 1 - e^{-\lambda x}$	期望：$1/\lambda$ 方差：$1/\lambda^2$
	Excel 函数	$cdf: P\{X \le x\} = Expon.Dist(x, \lambda, True)$ $pdf: f(x) = Expon.Dist(x, \lambda, False)$	
正态分布	概率函数	$N(\mu, \sigma^2)$ 略	期望：μ 方差：σ^2
	Excel 函数	$cdf: P\{X \le x\} = Norm.Dist(x, \mu, \sigma, True)$ $pdf: f(x) = Norm.Dist(x, \mu, \sigma, False)$	
标准正态分布	概率函数	$N(0,1)$ 略	期望：0 方差：1
	Excel 函数	$cdf: P\{X \le x\} = Norm.S.Dist(x, True)$ $pdf: f(x) = Norm.S.Dist(x, False)$	
χ^2 分布	概率函数	$\chi^2(n)$	期望：n 方差：$2n$
	Excel 函数	$cdf: P\{X \le x\} = Chisq.Dist(x, n, True)$ $pdf: f(x) = Chisq.Dist(x, n, False)$ $P\{X \ge x\} = Chisq.Dist.RT(x, n)$，右尾概率	
F 分布	概率函数	$F(n_1, n_2)$ 略	期望：$n_2/(n_2-2)$ 方差：$\dfrac{2n_2^2(n_1+n_2-2)}{n_1(n_2-2)^2(n_2-2)}$
	Excel 函数	$cdf: P\{X \le x\} = F.Dist(x, n_1, n_2, True)$ $pdf: f(x) = F.Dist(x, n_1, n_2, False)$ $P\{X \ge x\} = F.Dist.RT(x, n_1, n_2)$，右尾概率	
T 分布	概率函数	$T(n)$ 略	期望：0 方差：$n/(n-2)$
	Excel 函数	$cdf: P\{X \le x\} = T.Dist(x, n, True)$ $pdf: f(x) = T.Dist(x, n, False)$ $P\{X \ge x\} = T.Dist.RT(x, n)$，右尾概率 $P\{|X| \ge x\} = T.Dist.2T(x, n)$，双尾概率	

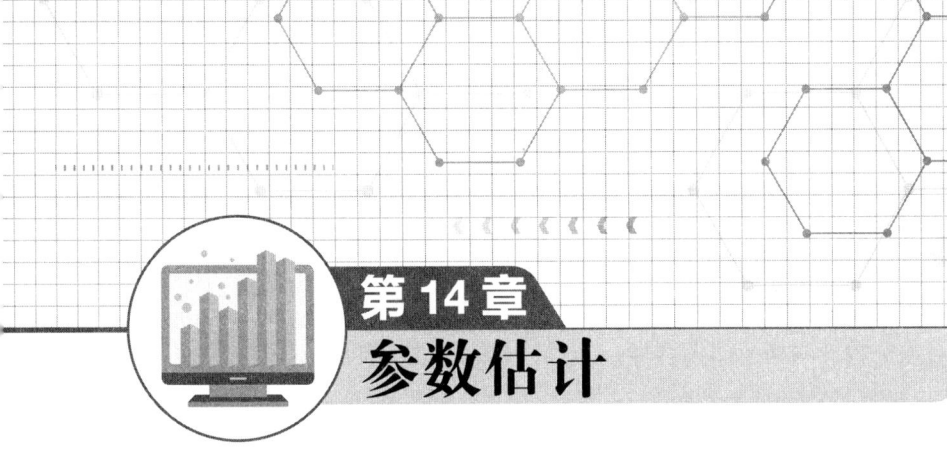

第 14 章 参数估计

本章导读

参数估计（parameter estimation），是统计推断要解决的第一个基本问题。即从随机变量的总体中抽取部分随机样本，再对抽取的样本值进行分析，用样本统计量去估计总体参数，实现对总体参数的点估计或者区间估计。

本章主要介绍数理统计的基本知识，包括抽样估计、参数估计，以及样本容量的计算。

知识要点

通过本章学习，读者应掌握如下知识和技能：

- 抽样估计的基本原理，明白大数定律和中心极限定理的含义；
- 学会参数估计的两种方法（点估计和区间估计）；
- 理解估计的置信度含义；
- 能够利用参数估计进行生产经营、质量控制的数据决策。

14.1 抽样估计基础

14.1.1 基本概念

1. 总体与个体

在数理统计中经常要研究有关对象的数量指标，为此，要考虑与这一数量指标相联系的随机试验，对这一数量指标进行试验或观察。一般将试验的全部可能的观察值称为总体。比如，研究全国人民的身高，全国人民就是总体；要检验工厂某一批产品的质量，则这批产品构成的集合就是总体。

简单地说，研究对象的全部，就是总体（population）。

总体中所包含的对象个数，叫作总体的容量。当然，总体的数量有可能是有限的（一个班级的学生），也有可能是无限的（湖泊中的鱼）。

总体中的每一个被分析和测量的对象，就叫作个体。

总体中的每一个个体是随机试验的一个观察值，因此它是某一随机变量 X 的值。这样，一个总体对应一个随机变量 X，对总体的研究就是对一个随机变量 X 的研究。

2. 样本与样本容量

在实际中，为了研究总体，一般情况下无法观察所有总体的数据指标，通常的做法就是仅观测总体中的一部分个体，通过从总体中随机地抽取一部分个体，根据部分个体的数据指标对总体指标做出推断，被抽出来的部分个体叫作样本（sample）。

一个样本所包含的个体的个数，就叫作样本容量。

比如，质检员要检测灯泡的寿命，不可能对所有灯泡进行试验，只能抽取部分样本。假如抽取 100 个灯泡，此时样本容量就是 100，通过记录这 100 个灯泡的使用寿命，来估算所有灯泡的寿命。

> **注意** 不要混淆了样本和个体的概念，一个样本可能包含有多个个体，一个样本其实是一组个体。有些时候，需要抽取多个样本，就意味着抽取多组个体。

14.1.2 抽样方法

抽样的目的是通过样本来研究总体，因此对抽样的方式有所要求，要求抽样后的样本分布与总体分布要保持一致，即总体原来是什么样的分布，样本也依然要是同样的分布。

对于有限容量的总体，要采用有放回抽样，才能确保样本分布与总体分布的一致性；但采用放回抽样实现起来不方便，在总体容量 N 比样本容量 n 大得多的时候，在实际中可将不放回抽样近似地当作放回抽样来处理。

对于无限容量的总体，抽取的个体不会影响总体的分布，所以总是采用无放回抽样。

抽样方法的类型很多，抽样方法可以是主观的，也可以是概率的。主观方法包括专家抽样，是指基于专家的判断来选择样本（比如，对"最佳"客户的调查）；概率抽样包括使用某些随机程序来对样本进行选择，最常见的概率抽样是简单随机抽样。

下面介绍几种常用的抽样方法。

1. 简单随机抽样

简单随机抽样（Simple Random Sampling），即纯随机抽样，从总体中随机抽取样本，每个样本被抽中的概率相等，样本之间完全独立。

从总体抽取一个个体并记录其结果，在相同的条件下对总体 X 进行 n 次重复的、独立的观察，将 n 次结果按试验的次序记为 $X_1, X_2, \ldots, X_n$（n 个个体），可以认为 $X_1, X_2, \ldots, X_n$ 都是与总体 X 具有相同分布的随机变量，这样得到的 $X_1, X_2, \ldots, X_n$，称为来自总体的一个简单随机样本，n 称为样本容量。

当 n 次观察完成，就得到一组实数 $x_1, x_2, \ldots, x_n$，它们依次是随机变量 $X_1, X_2, \ldots, X_n$ 的观察值，叫作样本值。

后面如无特别说明，所提到的样本都是指简单随机样本。

2. 系统抽样

系统抽样（Systematic Sampling），也称间隔抽样或等距抽样，即将总体按照一定的顺序排序，然后随机抽取一个位置 r 作为初始样本，然后将位置间隔为 k 的样本依次抽取出来，即抽取的样本的位置间隔都是 k 的倍数 $(\cdots, r-k, r, r+k, r+2k, \cdots)$。

这种方法操作简便。比如，在农作物数据分析时，往往采用间隔抽样，抽取每株农作物的产量数据。

3. 分层抽样

分层抽样（Stratified Sampling），即将总体按照某种特征或规则划分为不同的类别或层级，然后从不同的层中单独进行随机抽样，再合并起来，形成最终的样本集。

分层抽样的好处是，基本上可以保证样本的结构与总体的结构比较接近，从而提高样本的代表性。

比如，在全校成绩数据分析中，如果采用简单随机抽样，有可能抽取出来的学生成绩样本都来源于某一个年级或班级，这样的数据有可能不具有代表性。因此，可以采用分层抽样，即按照年级或者班级来划分学生，然后分别从不同的年级或班级中抽取部分学生成绩，再组合起来得到最终的样本数据集。

4. 整群抽样

整群抽样（Cluster Sampling），先将总体中若干样本合并为组或群，然后以组或群为粒度进行随机抽取，一旦某个组或群被抽中，其中的所有样本都被抽中，即整群抽样的一次抽取不是一个样本，而某个组中的所有样本。

这种方式，可简化抽样的工作量。

比如，前面提到的在全校成绩数据分析中抽样的例子，采用整群抽样，就可以按班级抽取,而不是按个人抽取,要么整个班的所有学生被抽中,要么整个班的所有学生没有被抽中,不会出现某个班级的部分学生被抽中,部分学生没有被抽中的情况。

14.1.3 大数定律

抽样估计,是建立在大数定律和中心极限定理理论基础之上的。

大数定律(Law of Large Numbers),又叫作大数法则,它描述了当试验次数很大时所呈现的概率性质的规律特性。

大数定律说明:如果随机变量总体存在有限的均值和方差,则当样本容量足够大时,样本的平均值有接近总体平均值的趋势。

大数定律并不只有一个,有很多的大数定律,比如伯努利大数定律、辛钦大数定律、切比雪夫大数定律、泊松大数定律、巴尔科夫大数定律等,它们从不同的角度来描述概率的规律性。下面详细介绍最常用的两种大数定律。

1. 伯努利大数定律

伯努利(Bernoulli)大数定律是最常用的大数定律之一,它描述了样本比例依概率收敛于总体概率的规律。

假设进行了 n 次独立重复的随机试验,其中 m 是事件 A 发生的次数,p 是事件 A 在每次试验中发生的概率,当试验次数很大时,事件 A 出现的频率 m/n 将几乎接近于事件发生的概率 p,所以便可以用事件的频率来代替事件的概率,即频率的稳定性。

伯努利大数定律的数学意义就是,频率依概率收敛于概率,记为" $m/n \xrightarrow{P} p$ "。

怎样理解"依概率收敛"呢?

就以抛硬币为例(抛 n 次有 m 次正面朝上),假如实验的次数非常大了,则这个频率(m/n)一直在"1/2"附近波动,但无法与黑线高度重合,也就是说,频率越界是小概率事件,绝大部分是在界内的,所以称依概率收敛于"1/2"(而不是绝对收敛),如图 14-1 所示。

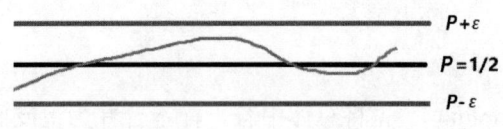

图 14-1 依概率收敛

大数定律应用非常广泛,像市场占有率、产品合格率等,都遵循伯努利大数定律。比如,要判断全国人口中男性占比,只需要抽取足够量的样本,则样本中男性比例 m/n,应该非常接近全国人口中男性占比 p。

2. 辛钦大数定律

辛钦（Khinchin）大数定律，也是最常用的大数定律之一。

设 X_1，X_2，...，X_n 是相互独立，服从同一分布的随机变量序列，且具有有限的数学期望 $[E(X_k)=\mu]$，则序列 "$\bar{X}=\dfrac{1}{n}\sum_{k=1}^{n}X_k$" 依概率收敛于 "$\mu$"，即 "$\bar{X}\xrightarrow{P}\mu$"。

辛钦大数定律的数学意义就是，样本均值依概率收敛于总体均值（数学期望）。

该公式用于抽样调查时表示，随着样本容量 n 的增加，样本平均值将充分接近于总体平均值，这在统计推断中，为利用样本平均值估计总体平均值提供了理论依据。

14.1.4 中心极限定理

辛钦大数定律，论证了样本均值趋近于总体均值的趋势，但中心极限定理则论证了样本均值与总体均值的离差不超过一定范围的概率大小问题。

中心极限定理（Central Limit Theorems，CLT）：不管总体服从什么样的分布，其简单随机样本的均值都是服从正态分布的。

这个结论非常重要，这为计算抽样误差提供了有效且方便的概率估计。

常用的中心极限定理有辛钦中心极限定理、棣莫弗 – 拉普拉斯中心极限定理、李亚普洛夫中心极限定理、林德贝尔定理，等等。

1. 独立同分布的中心极限定理

独立同分布的中心极限定理，也叫辛钦中心极限定理。

设随机变量 X_1，X_2，...，X_n 是独立同分布，并且具有有限的数学期望 $[E(X_k)=\mu]$ 和方差 $[D(X_k)=\sigma^2>0]$，则随机变量 $\sum_{k=1}^{n}X_k$ 近似服从正态分布，即为 $\sum_{k=1}^{n}X_k \sim N(n\mu,n\sigma^2)$。

相当于样本均值 "$\bar{X}=\dfrac{1}{n}\sum_{k=1}^{n}X_k$" 近似服从正态分布 $N(\mu,\sigma^2/n)$，记为如下公式。

$$\bar{X}=\frac{1}{n}\sum_{k=1}^{n}X_k \sim N(\mu,\sigma^2/n)$$

或者

$$Z=\frac{\bar{X}-\mu}{\sigma/\sqrt{n}}\sim N(0,1)$$

在实际工作中，只要 n 足够大，便可以把独立同分布的随机变量之和当成正态变量，这种方法在数理统计中用得很普遍，是大样本统计推断的基础。

2. 二项分布的中心极限定理

二项分布的中心极限定理，也叫作棣莫弗 – 拉普拉斯（De Moivre-Laplace）定理。

设随机变量 X_1，X_2，...，X_n 服从参数为"$n, p(0 < p < 1)$"的二项分布，则对于任意 x，有如下公式。

$$\lim_{n \to \infty} P\{\frac{\sum_{k=1}^{n} X_k - np}{\sqrt{np(1-p)}} \leq x\} = \int_{-\infty}^{x} \frac{1}{\sqrt{2\pi}} e^{-t^2/2} dt = \emptyset(x)$$

该定理表明，正态分布是二项分布的极限分布，相当于 $\sum_{k=1}^{n} X_k \sim N(np, np(1-p))$。

即有如下公式。

$$Z = \frac{\bar{X} - p}{\sqrt{np(1-p)/n}} \sim N(0,1)$$

当 n 充分大时，可以利用上式来计算二项分布的概率。

3. 理解中心极限定理

从上面可以看出，大数定律揭示了随机变量的平均结果，但没有涉及随机变量的分布，而中心极限定理说明的是，在一定条件下，大量独立随机变量的平均值是正态分布的，即大量独立随机变量之和具有近似于正态的分布。

中心极限定理指出：如果样本量足够大，不论总体的分布怎样，样本均值都将近似于正态分布。也就是说，即使数据总体分布不是正态的，但从中抽取的样本均值的分布也是正态的。

因此，中心极限定理不仅提供了计算独立变量之和的近似概率的简单方法，而且有助于解释为什么有很多自然群体的经验频率呈现出正态曲线这一特点。

举一个很简单的例子，比如，读者想知道全国人民（总体）的平均身高是多少。当然，把全国所有人的身高都调查一遍是不现实的，现在可以抽样调查，具体如下：

（1）共调查 1000 组；

（2）每组随机调查 5 个人的身高，并计算每组的平均身高；

（3）将平均身高组成一个具有 1000 个值的序列（均值序列）；

（4）按照中心极限定理，这些均值是呈现正态分布的；

（5）再按照大数定律，计算均值序列的平均值，则这个平均值会接近全国平均身高。

用 Excel 来模拟检验中心极限定理，操作如下。

（1）先在第一行输入变量标题：$X_1 \sim X_5$，以及样本平均值 $\bar{X}$。

（2）单击菜单"数据→数据分析"命令，选择"随机数发生器"命令。

（3）指定如下参数：设"变量个"数为"5"，"随机数个数"为"1000"，"分布"为"均匀"，"参数"介于"0"与"10"之间（也可以根据需要自行定义），"输出区域"为"A2"单元格，如图 14-2 所示。

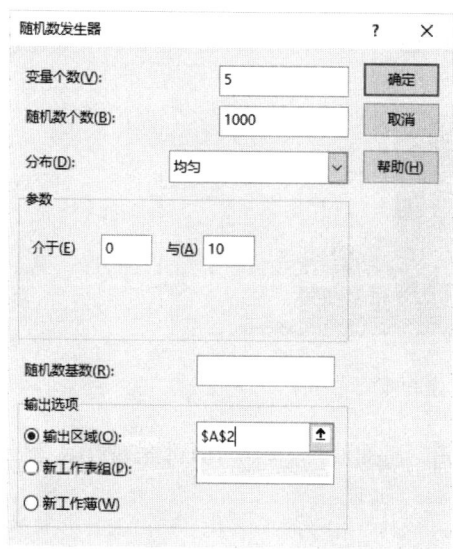

X_1	X_2	X_3	X_4	X_5
5.972167	7.096164	6.525163	1.431623	7.341227
2.096011	2.272103	7.752922	0.289621	9.720145
3.367718	2.42439	2.808008	1.335795	4.698935
8.819849	5.679189	6.883755	4.575945	2.617573
5.035554	3.460189	0.227363	1.569567	4.306467
5.721915	7.846614	1.614429	7.127293	3.414106
1.247597	7.152318	7.762688	6.344188	8.20246
8.292184	0.616474	2.106388	8.510697	2.88461
5.384075	6.874294	2.874538	6.152532	9.411298
4.572283	6.63564	5.729545	3.823054	4.738304
7.43553	4.925077	4.987335	4.389477	0.867946
2.020325	7.867672	4.205145	3.180334	8.417005
2.837001	4.339732	5.087741	3.439131	2.511673
0.174261	5.76281	8.61568	0.162664	3.324992
1.066012	9.24131	6.277047	8.215583	5.074313
6.039613	4.821619	9.53032	8.974273	4.734031
5.780816	0.85757	6.379589	6.341441	5.522324
9.838557	9.140294	6.002075	1.550885	0.128463
2.698141	3.156835	3.268838	5.493637	5.058748
0.884121	5.133518	6.342357	8.437757	7.209387
4.057741	4.015625	7.646107	6.199835	7.335734

图 14-2 模拟中心极限定理

上述配置操作，相当于从均匀分布的总体中进行 1000 次抽样，每次抽样的样本容量为 5，于是得到了"5×1000"数据集。事实上，选中所有数据列 A1~F1001，可以画出总体直方图如图 14-3 所示，可知总体基本上是均匀分布的。

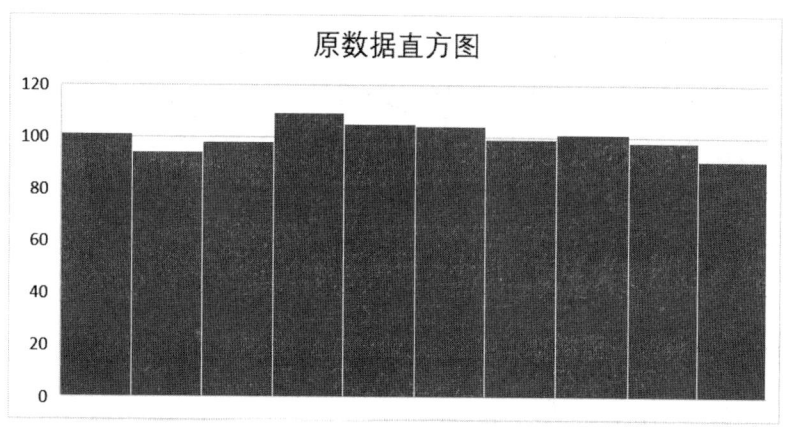

图 14-3 均匀分布

（4）在 F2 单元格，输入公式"=AVERAGE(A2:E2)"，将公式下拉到末尾，就得到样本均值 $\bar{X}$ 变量。

（5）选中 F1~F1001 区域，插入直方图，画出 $\bar{X}$ 变量的直方图，如图 14-4 所示。可知样本均值的直方图呈现明显的正态分布特点（中间高，两边低）。

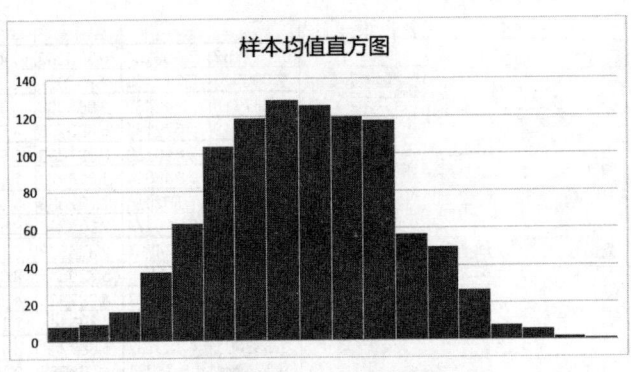

图 14-4　正态分布

显然，不管总体是什么分布（上例为均匀分布），抽取的样本均值都呈现出正态分布，这就是中心极限定理。

14.2 参数估计

统计推断的基本问题可以分为两大类：一类是参数估计问题，另一类是假设检验问题。本章主要介绍参数估计问题。

参数，一般指的是随机变量的总体指标（比如期望/均值、方差、比例，等等）。参数估计，简单地说，就是用样本的统计指标去估计总体参数。

比如，在评估灯泡寿命时，质检员不可能把所有的灯泡都拿来测试，只会抽取部分样本进行观察测试，记录样本灯泡的寿命来评估总体灯泡的寿命。

参数估计问题，又分为点估计和区间估计。

14.2.1 点估计

假设总体 X 的分布函数的形式是已知的，但它的一个或多个参数是未知的，借助于总体 X 的一个样本来估计总体未知参数的值的问题，称为参数的点估计问题。

比如，用样本平均值 $\bar{X}$ 来估计总体平均值 μ，用样本方差 s^2 来估计总体方差 σ^2，等等。

假定想要得到某个班级学生的成绩的平均分数，可以随机地从中抽取 10 个学生的成绩作为样本，再计算得到 10 个学生的平均成绩为 85 分，则可以用 85 分来当作整个班级的平均分数的估计值，这就是点估计。

1. 评估标准

点估计很容易理解，但是不是直接用样本指标来代替总体指标就可以了？答案否定的。优良的点估计,一般要满足如下评估标准。

(1) 无偏性。

即用样本指标估计总体指标,要尽量接近或相等,误差不能过大。

(2) 有效性。

指的是样本指标的方差要最小,即最小方差性。假定有两个样本(样本容量均为 n) X_1、X_2,要用哪个样本的指标来估计总体指标,就需要看这两个样本的方差 $s_{x_1}^2$、$s_{x_2}^2$,哪个方差小就说明哪个样本更合适。

(3) 一致性。

当样本容量增加时,样本指标越来越接近总体指标,则称样本指标为总体指标的一致估计量,即样本指标依概率收敛于总体指标。基于本书 14.4 节"抽样误差"的知识,可以知道,样本容量越大,估计越准确。

本节中,常用的表示参数的字母如表 14-1 所示。

表 14-1 常用的表示参数的字母

参数名称	总体	估计量	样本
均值	μ	$\hat{\mu}$	$\bar{x}$
方差	σ^2	$\hat{\sigma}^2$	s^2
比例	π	$\hat{\pi}$	p

注意

此处 π 只是表示比例字母,与圆周率的 π 没有关系。

2. 无偏估计

常用的点估计方法有矩估计法和最大似然估计法。具体的算法在此不再赘述,请记住下面常用的无偏估计即可。

假定 X 是总体,随机抽取容量为 n 的样本 $X_1, X_2, \ldots, X_n$,而 $x_1, x_2, \ldots, x_n$ 为简单随机样本的值,则有如下结论。

① 样本均值 $\bar{x}$ 是总体均值 μ 的无偏估计,公式如下。

$$\hat{\mu} = \bar{x} = \frac{1}{n}\sum_{i=1}^{n} x_i \quad (\text{辛钦大数定律})$$

② 样本方差不是总体方差的无偏估计,但修正后的样本方差为无偏估计。

总体方差公式如下。

$$\sigma^2 = \frac{1}{n}\sum_{i=1}^{n}(x_i - \mu)^2$$

修正的样本方差如下。

$$\hat{\sigma}^2 = s^2 = \frac{1}{n-1}\sum_{i=1}^{n}(x_i - \bar{x})^2$$

> **注意**：修正后样本方差的分母不是"n"而是"$n-1$"

③样本频率是总体比例的无偏估计，有如下公式。

$$\hat{\pi} = p = m/n \text{（伯努利大数定律）}$$

在 Excel 中，对应标准差的计算公式如下。

$$\sigma = STDEV.P(\ ), \text{总体标准差}$$

$$s = STDEV.S(\ ), \text{修正后样本标准差}$$

14.2.2 均值点估计

均值点估计的依据，请参考 14.1.3 小节讲的辛钦大数定律相关知识点（样本均值收敛于总体均值）。

1. 案例：汽车油耗估计

> **案例**
>
> 某汽车商想评估某型号汽车的油耗，于是作了如下操作。
> （1）测试了 20 辆汽车 5L 汽油的行驶路程（公里），样本如下。
> 29.8, 27.6, 28.3, 27.9, 30.1, 28.7, 29.9, 28.0, 27.9, 28.7, 28.4, 27.2, 29.5, 28.5, 28.0, 30.0, 29.1, 29.8, 26.9, 29.6
> 请基于样本，估计汽车的油耗情况。
> （2）同一天，该型号的另外 20 辆汽车的 5L 汽油的行驶路径如下。
> 28.7, 27.8, 29.5, 29.3, 30.2, 27.5, 30.1, 27, 28.3, 29.3, 28.3, 26.5, 30.2, 27.7, 29, 31.1, 28.9, 29.5, 28.5, 27.6
> 请估计一下汽车的油耗；并判断一下两个样本，哪个样本的数据更适用于估计油耗。

（1）直接计算样本均值和方差，算式如下。

$$\bar{x} = \frac{29.8 + 27.6 + \ldots + 26.9}{20} = 28.695, \quad s^2 = 0.9185$$

按照点估计，汽车的油耗可估计为 $\hat{\mu} = 28.695/5L$。

（2）得出类似计算指标如下。

$$\bar{x} = 28.75, \quad s^2 = 1.188$$

这样，总体油耗就有两个估计值"28.695"和"28.75"，到底用哪个更好呢？

虽然，样本均值是总体均值的无偏估计，但在样本容量相同的情况下，考虑到估计的有效性（即最小方差性），可知将第一个样本作为油耗估计要更好，即"$\hat{\mu}=28.695$"。

2. 案例：泊松分布 λ 参数估计

案例

在某炸药制造厂，一天中发生着火现象的次数 X 是一个随机变量，假设它服从参数为 λ 的泊松分布，参数 λ 是未知的，现有以下的样本值，请估计参数 λ 的值。

着火次数 k	0	1	2	3	4	5	6	≥ 7	∑
发生天数 n_k	75	90	54	22	6	2	1	0	250

设随机变量 X 为"一天中着火的次数"，由题意有 $X \sim \pi(\lambda)$，再根据 13.6 节"随机变量的数字特征"讲过的知识点可知，$\lambda = E(X) = \mu$，即相当于要估计总体均值。于是，先计算样本均值，算式如下。

$$\bar{x} = \frac{\sum_{k=0}^{6} kn_k}{\sum} = \frac{0 \times 75 + 1 \times 90 + 2 \times 54 + \ldots + 6 \times 1}{250} = 1.22$$

可知，λ 的估计值为"$\hat{\lambda} = \bar{x} = 1.22$"。

14.2.3 比例点估计

比例点估计，也叫作成数估计，指的是对总体中具有某种特征的对象所占的比例进行估计，比如估计市场份额、男性占比、高消费人群占比，等等。

比例点估计的依据，可参考前面 14.1.3 小节讲的伯努利大数定律相关知识点（样本频率收敛于总体概率）。

案例

在 2004 年年底，北京私家车拥有量已达到 129.8 万辆，居全国之首。为了估计北京市个人购车的平均价格，调查人员在车市中随机抽取 36 位私人消费购车者，得到如下价格。（注：单位为万元）

6.88、11.28、19.98、13.6、10.6、14.8、6.88、11.78、20.98、24.4、12.3、14.8、6.88、13.68、13.6、30.3、14.6、14.8、8.28、14.98、14.7、9.6、14.6、17.4、9.6、15.68、15.8、9.6、12.9、5.38、10.18、15.68、20.5、10.6、14.8、7.38

请根据以上数据，推断该地区购买私家车在 15 万元以上的消费者占有的比例。

在样本（$n=36$）中超过 15 万元的车辆数为 "$m=9$"，所占比例 "$p=m/n=25\%$"。根据伯努利大数定律，在整个北京市中，总体上车辆在 15 万元以上的消费者占有比例估计为 "$\hat{\pi}=25\%$"。

14.2.4 产品寿命估计

在研究产品的可靠性时，产品寿命 T 是一个随机变量，如何估计产品的平均寿命呢？

一种典型的寿命试验是，随机抽取 n 个产品，将产品在 "$t=0$" 时投入试验，直到所有产品失效，记录下每个产品的失效时间，这样得到的样本（$0 \leq t_1 \leq t_2 \leq ... \leq t_n$）称为完全样本。然而，产品的寿命往往比较长，由于时间和财力的限制，不可能得到完全样本的寿命，于是会考虑特殊的处理，即截尾寿命试验。

截尾寿命试验一般有两种：一种是定时截尾，另一种是定数截尾。

1. 定时截尾

定时截尾，指的是试验进行到指定时间 t_0 为止，此时 n 个产品中，失效产品数为 m 个（m 是一个随机变量），失效时间分别为：$0 \leq t_1 \leq t_2 \leq ... \leq t_m \leq t_0$。

2. 定数截尾

定数截尾，指的是 n 个产品试验中，进行到指定的第 m 个产品失效时为止，此时 m 个产品失效时间分别为：$0 \leq t_1 \leq t_2 \leq ... \leq t_m$。

当然，定数截尾也可以看成是定时截尾的特殊情况，即最后定时为 "$t_0 = t_m$"。

利用截尾样本来进行统计推断是可靠性研究中常见的做法。

一般情况，可以假定产品寿命分布服从指数分布，因此用最大似然估计法（推导过程不再展开），可以计算出产品的平均寿命如下。

$$\hat{\theta} = \frac{\sum_{i=1}^{m} t_i + (n-m)t_0}{m}$$

3. 案例：电池使用寿命

> 📌 **案例**
>
> 设电池的寿命服从指数分布，其概率密度函数如下。
>
> $$f(x) = \begin{cases} 1/\theta \times e^{-x/\theta}, & x \geq 0 \\ 0, & 其他 \end{cases}$$
>
> 注：指数分布中的 $\lambda = 1/\theta$。

随机取50只电池投入试验，规定试验进行到其中有15只失效时结束试验，测得失效时间（以小时计）如下。

115，119，131，138，142，147，148，155，158，159，163，166，167，170，172

试求电池的平均寿命 θ。

根据定数截尾，$n=50$，$m=15$，于是平均寿命 θ 的估计量算式如下。

$$\bar{\theta} = \frac{\sum_{i=1}^{m} t_i + (n-m)t_0}{m} = \frac{115+119+131+\ldots+172+(50-15)\times 172}{15}$$

$$= 8270/15 = 551.33(h)$$

即电池寿命估计为"$\hat{\theta} = 551.33$"小时。

14.3 区间估计

大家都知道，点估计往往都是"错"的，即总体指标不可能刚好等于该估计值。只能说总体指标估计在这个点值的左右或附近，这就引入了区间估计。

14.3.1 基本概念

区间估计（Interval Estimate），全称是置信区间估计，即用一个区间来表示总体指标的取值范围，以及在此区间内的可能性大小。区间估计比起点估计应用更广泛一些。

假定，总体指标 θ 在区间 $[\theta_1, \theta_2]$ 内的概率为"$1-\alpha$"，即有如下公式。

$$P\{\theta_1 < \theta < \theta_2\} = 1-\alpha, 0 < \alpha < 1$$

则"$1-\alpha$"称为置信度或置信水平，α 称为显著性水平。

而区间 $[\theta_1, \theta_2]$，就是该置信水平下的置信区间（Confidence Interval），其中 θ_1 为置信区间的下限，而 θ_2 为置信区间的上限。

置信区间给出了总体指标的取值范围，置信度给定了该区间的可信程度。设"$\alpha = 0.05$""$1-\alpha = 0.95$"，则可以这样简单地理解，读者有95%的把握，总体指标的取值落在区间 $[\theta_1, \theta_2]$ 范围内。

所以，置信区间和置信度总是同时出现的，要求的置信度不同，置信区间也不相同。

当然，从置信区间的定义也知道，在指定置信水平下，置信区间也并不是唯一的，有很多区间都满足同一个置信度。当然，在给定样本后，按照本节计算得到的置信区间，是宽度最小的一个区间，也是最靠近样本中心的一个最优的置信区间。

置信区间的计算依据，参考 14.1.4 小节"中心极限定理"。

14.3.2 均值区间估计

均值区间估计，分两种场景，不同的场景使用的分布不相同。

1. 方差已知

假定总体方差 σ^2 已知，而总体均值 μ 是未知的（待估计）。现抽取样本容量为 n 的一个简单随机样本 $X_1, X_2, \ldots, X_n$，样本平均值为"$\bar{X} = \frac{1}{n} \sum_{i=1}^{n} X_i$"，根据（独立同分布）中心极限定理，显然有如下公式。

$$Z = \frac{\bar{X} - \mu}{\sigma / \sqrt{n}} \sim N(0,1)$$

在指定置信度"$1-\alpha$"的情况下，一定可以找到区间 $[z_{\alpha/2}, z_{1-\alpha/2}]$（如图 14-5 所示），满足如下算式。

$$P\left\{ z_{\alpha/2} \leqslant \frac{\bar{X} - \mu}{\sigma / \sqrt{n}} \leqslant z_{1-\alpha/2} \right\} = 1 - \alpha$$

于是，可推导出总体均值的一个置信区间如下。

$$\left(\bar{x} - \frac{\sigma}{\sqrt{n}} z_{1-\frac{\alpha}{2}} \leqslant \mu \leqslant \bar{x} - \frac{\sigma}{\sqrt{n}} z_{\alpha/2} \right)$$

其中 $\bar{x}$ 为样本均值，σ 为总体标准差。

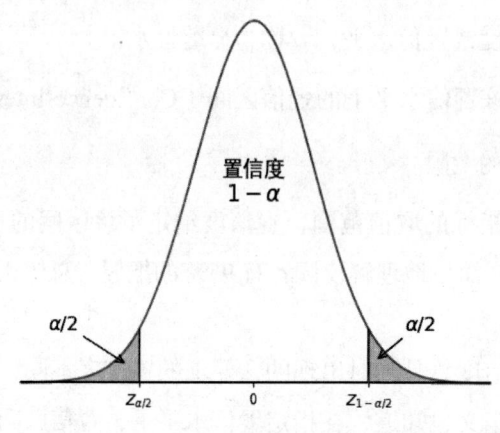

图 14-5　标准正态分布

在标准正态分布中，置信区间的上下限由$z_{\alpha/2}$和$z_{1-\alpha/2}$确定。

$z_{\alpha/2}$是区间下限，表示使得左边累积概率为$\alpha/2$的临界值点，即"$P\{X \leqslant z_{\alpha/2}\} = \alpha/2$"。

$z_{1-\alpha/2}$是区间上限，表示使得左边累积概率为$1-\alpha/2$的临界值点，即"$P\{X < z_{1-\alpha/2}\} = 1 - \alpha/2$"。

这两个值可以通过 Excel 函数 $NORM.S.INV(probability)$ 来查询得到。

不过，考虑到标准正态分布是以"0"对称的，所以$z_{\alpha/2}$与$z_{1-\alpha/2}$互为相反数（且$z_{\alpha/2} < 0$）。在很多其他的书中，为了简单起见，经常将上下临界点的表示进行位置调换，如图14-6所示。

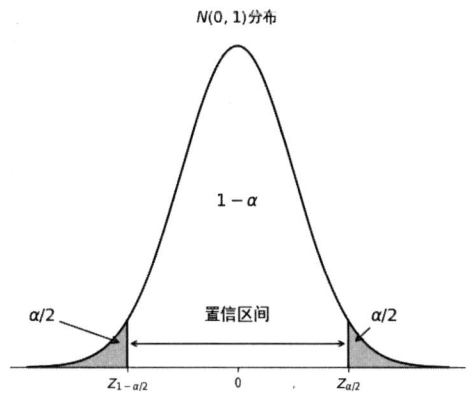

图 14-6 标准正态分布

经常用$z_{\alpha/2}$（$z_{\alpha/2} > 0$）来表示右侧的临界点，此时，上面的概率可表示为如下公式。

$$P\left\{\left|\frac{\overline{X} - \mu}{\sigma/\sqrt{n}}\right| < z_{\alpha/2}\right\} = 1 - \alpha$$

此时，上述置信区间就转化为如下公式。

$$(\overline{x} - \frac{\sigma}{\sqrt{n}} z_{\alpha/2} \leqslant \mu \leqslant \overline{x} + \frac{\sigma}{\sqrt{n}} z_{\alpha/2})$$

经常简写为如下公式。

$$(\overline{x} \pm \frac{\sigma}{\sqrt{n}} z_{\alpha/2})$$

但要记住，这种表示方法中，$z_{\alpha/2}$为置信度为"$1-\alpha$"的右侧临界点，所以有如下公式。

$$z_{\alpha/2} = NORM.S.INV(1 - \alpha/2)$$

在后面的案例中，为了表示方便，将临界点的表示进行位置调换。

表 14-2 列出了标准正态分布时不同置信度下的右侧临界点的值。

表 14-2　置信度与临界值

置信度	α 值	$z_{\alpha/2}$ 值
90%	0.1	$z_{0.05}=1.645$
95%	0.05	$z_{0.025}=1.96$
99%	0.01	$z_{0.005}=2.576$

基于置信区间及临界点值大小，可以看出：

（1）置信度要求越大，置信区间就越宽；置信度越小，置信区间就越窄。

（2）总体方差越大，标准误差 $\sigma/\sqrt{n}$ 就越大，置信区间也越宽。

（3）样本容量 n 越大，标准误差 $\sigma/\sqrt{n}$ 就越小，置信区间就越窄。

当然，上述区间估计前提是总体的方差是已知的。比如，测量自动化机械的零部件的指标，长期以来建立了一个稳定的流程，流程的方差非常稳定，此时可以合理地假设标准差是已知的。

2. 方差未知

在许多实际应用中，总体的方差是未知的。

当总体方差未知时，则需要用样本方差来代替总体方差，此时可以证明（略），样本均值 $\bar{X}$ 服从自由度"$df=n-1$"的 T 分布，公式如下。

$$t=\frac{\bar{X}-\mu}{s/\sqrt{n}}\sim t(n-1)$$

在指定置信度"$1-\alpha$"的情况下，一定可以找到区间 $[t_{1-\alpha/2,n-1},t_{\alpha/2,n-1}]$（注意位置顺序），满足如下公式。

$$P\left\{\left|\frac{\bar{x}-\mu}{s/\sqrt{n}}\right|\leq t_{\alpha/2,n-1}\right\}=1-\alpha$$

可推导出总体均值的一个置信区间（$\bar{x}\pm\dfrac{s}{\sqrt{n}}t_{\alpha/2,n-1}$）。

在 Excel 中，使用函数 $t_{\alpha/2,n-1}=T.INV(1-\alpha/2,n-1)$ 查询右侧临界点，如图 14-7 所示。

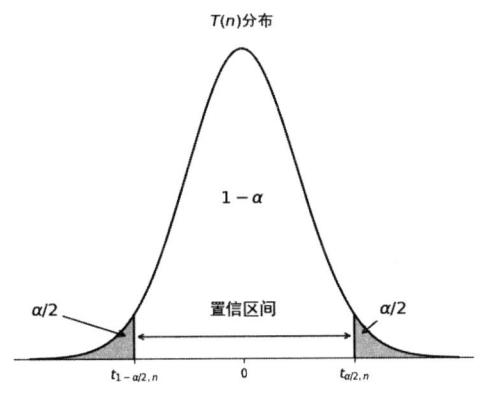

图 14-7 T 分布

在参数估计问题中,自由度(degree of freedom,df)等于样本个数减去估计的参数的个数。由于样本方差使用一个估计的参数,因此在计算置信区间时使用的 T 分布,其自由度为"$df = n - 1$"。

3. 案例:灌装量评估

> **案例**
>
> 在某灌装清洁剂的生产流程中,政府管制要求,每瓶灌装800ml。历史数据表明,灌装量的方差是常数(σ =15ml),现在(假定置信度为95%)请评估如下情况。
> (1)抽取了"$n=25$"的样本,其平均灌装量是"$\bar{x}=796$ml",能否说明该生产流程不满足灌装要求?
> (2)同样的"$n=25$"的样本,若平均灌装量是"$\bar{x}=792$ml",能否说明该生产流程不满足灌装要求?

问题转化为估计总体的平均值是不是"800ml",这是一个参数估计问题。

(1)结合题意,平均灌装量(样本均值)服从正态分布,其点估计为"$\bar{x}=796$ ml",则其置信度95%的区间估计如下。

$$(\bar{x} \pm \frac{\sigma}{\sqrt{n}} z_{\frac{\alpha}{2}}) = (796 \pm \frac{15}{\sqrt{25}} \times 1.96) = (796 \pm 5.88)$$

即置信区间为[790.12, 801.88],此区间包含了"800"。因此,虽然样本均值小于800,但置信区间包含了"800",说明灌装应该是满足政府管制要求的。

(2)如果样本均值为"$\bar{x}=792$ml",此时置信度95%的置信区间如下。

$$(\bar{x} \pm \frac{\sigma}{\sqrt{n}} z_{\frac{\alpha}{2}}) = (792 \pm \frac{15}{\sqrt{25}} \times 1.96) = (792 \pm 5.88)$$

即置信区间为[786.12, 797.88],此区间没有包含"800",且上下限均低于"800",说明样本可以推断出总体的均值不可能是"800"。在这种情况下,生产厂家应当检查并调整设备,以达到标准。

4. 案例:药效评估

> **案例**
>
> 一个医生正在检验一种新的抗焦虑的药物,又担心新药会有降低心率的副作用。现有50个病人在服药六周后的平均心率为70。如果总体的平均心率为72,标准差为12,请判断一下新药是否会显著降低心率?(假定显著性水平"$\alpha=0.05$")

由题意,这也是均值估计的问题。由样本容量$n=50$,$\bar{x}=70$,总体$\bar{x}=72$,$\sigma=12$,其置信度95%的区间估计如下。

$$(\bar{x} \pm \frac{\sigma}{\sqrt{n}} z_{\frac{\alpha}{2}}) = (70 \pm \frac{12}{\sqrt{50}} \times 1.96) = (70 \pm 3.3)$$

即置信区间为[66.7,73.3],此区间包含了"72",说明新药并不会显著降低心率。

5. 案例:糖果质量评估

> **案例**
>
> 有大批糖果,设袋装糖果的质量近似服从正态分布,现从中随机抽取16袋,质量如下(单位g)。
> 506,508,499,503,504,510,497,512,514,505,493,496,506,502,509,496
> 试求总体均值μ的置信水平0.95的置信区间。

由题意,$1-\alpha=0.95$,$\alpha/2=0.025$,$n=16$,方差未知,则"$t_{\alpha/2,n-1}=T.INV(1-\alpha/2,n-1)=t_{0.025,15}=2.1315$",计算样本均值"$\bar{x}=503.75$""$s=6.202$",于是其置信区间如下。

$$(\bar{x} \pm \frac{s}{\sqrt{n}} t_{\frac{\alpha}{2},n-1}) = (503.75 \pm \frac{6.202}{\sqrt{16}} \times 2.1315)$$

$$= (503.75 \pm 3.31) = [500.4, 507.1]$$

也就是说,从样本来看,袋装糖果的质量均值在[500.4,507.1]范围内,这个估计的可信度为95%,若以此区间内任意一个值作为μ的近似值,其误差不大于"$3.31 \times 2 = 6.62$"。

14.3.3 方差区间估计

如果总体服从正态分布$N(\mu, \sigma^2)$,此时可以用样本方差来估计总体方差。

1. 均值已知

当总体均值 μ 已知时，现在要估计总体方差 $\hat{\sigma}^2$。

因为总体服从正态分布 $X \sim N(\mu, \sigma^2)$，则 $\dfrac{X_i - \mu}{\sigma} \sim N(0,1)$，按照 χ^2 分布的定义，可知公式如下。

$$\chi^2 = \sum_{i=1}^{n}\left(\frac{X_i - \mu}{\sigma}\right)^2 \sim \chi^2(n)$$

即统计量如下。

$$\chi^2 = \frac{\sum_{i=1}^{n}(X_i - \mu)^2}{\sigma^2} \sim \chi^2(n)$$

上式继续推导，可知公式如下。

$$\chi^2 = \frac{(n-1)s^2 + n(\bar{x} - \mu)^2}{\sigma^2} \sim \chi^2(n)$$

此时，由 χ^2 在置信度为 $1-\alpha$ 的置信区间为 $[\chi^2_{1-\alpha/2,n}, \chi^2_{\alpha/2,n}]$，即有如下公式。

$$P\left\{\chi^2_{1-\alpha/2,n} \leqslant \frac{(n-1)s^2 + n(\bar{x} - \mu)^2}{\sigma^2} \leqslant \chi^2_{\alpha/2,n}\right\} = 1-\alpha$$

即可推导出总体方差 σ^2 的置信区间如下。

$$\frac{(n-1)s^2 + n(\bar{x} - \mu)^2}{\chi^2_{\alpha/2,n}} \leqslant \sigma^2 \leqslant \frac{(n-1)s^2 + n(\bar{x} - \mu)^2}{\chi^2_{1-\alpha/2,n}}$$

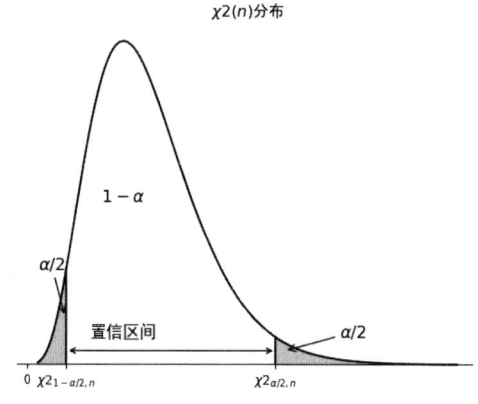

图 14-8　χ^2 分布

在 Excel 中，使用函数查询临界点，公式如下。

$$\chi^2_{\alpha/2,n} = CHISQ.INV(1-\alpha/2, n)$$

$$\chi^2_{1-\alpha/2,n} = CHISQ.INV(\alpha/2, n)$$

这种场景（均值已知）比较少见。

2. 均值未知

若总体均值 μ 未知，则用样本均值代替总体均值，于是可以证明，统计量 $\dfrac{(n-1)s^2}{\sigma^2}$ 服从自由度 "$df=n-1$" 的卡方分布，即有如下公式。

$$\chi^2 = \frac{(n-1)s^2}{\sigma^2} \sim \chi^2(n-1)$$

于是，由 χ^2 的置信区间 [$\chi^2_{1-\alpha/2,n-1}$，$\chi^2_{\alpha/2,n-1}$]，得出如下公式。

$$P\left\{\chi^2_{1-\alpha/2} \leqslant \frac{(n-1)s^2}{\sigma^2} \leqslant \chi^2_{\alpha/2,n}\right\} = 1-\alpha$$

可推导出总体方差 σ^2 的置信区间如下。

$$\frac{(n-1)s^2}{\chi^2_{\alpha/2,n-1}} \leqslant \sigma^2 \leqslant \frac{(n-1)s^2}{\chi^2_{1-\alpha/2,n-1}}$$

其中 s 为样本标准差。

3. 案例：零件长度方差评估

> **案例**
>
> 设某机床加工的零件长度 $X \sim N(\mu, \sigma^2)$，现抽查 16 个零件，测得长度（单位 mm）如下。
>
> 12.15，12.12，12.01，12.08，12.09，12.16，12.03，12.01，12.06，12.13，12.07，12.11，12.08，12.01，12.03，12.06
>
> 试求总体方差 σ^2 的置信水平 0.95 的置信区间。

由题意，$1-\alpha = 0.95$，$\alpha/2 = 0.025$，$n=16$，总体均值未知，样本方差（函数 STDEV.S 可计算样本标准差）计算如下。

$$s^2 = 0.00244$$

再查询置信区间临界值点，计算如下。

$$\chi^2_{1-\alpha/2,n-1} = CHISQ.INV(\alpha/2, n-1) = 6.26$$

$$\chi^2_{\alpha/2,n-1} = CHISQ.INV(1-\alpha/2, n-1) = 27.5$$

而总体方差 σ^2 的置信区间如下。

$$\left[\frac{(n-1)s^2}{\chi^2_{\alpha/2,n-1}}, \frac{(n-1)s^2}{\chi^2_{1-\alpha/2,n-1}}\right] = \left[15 \times \frac{0.00244}{27.5}, 15 \times \frac{0.00244}{6.26}\right]$$

$$= [0.0013, 0.0058]$$

即总体方差的置信区间为 [0.0013, 0.0058]。

14.3.4 比例区间估计

对于只有两个结果的随机变量，比如判断好或坏、男或女，通常会对样本具有特定特征的观察值（如好，男）的比例感兴趣。

现在要对总体比例 π 做区间估计，此时，意味着总体服从伯努利分布（0-1 分布），假定事件发生的概率为 p。基于伯努利分布的数字特征可知，伯努利分布的总体期望"$\mu = \pi$"，总体方差"$\sigma^2 = p(1-p)$"。

基于二项分布中心极限定理，当 n 充分大时，样本均值服从正态分布，公式如下。

$$Z = \frac{\bar{X} - \pi}{\sqrt{p(1-p)/n}} \sim N(0,1)$$

考虑到计算简单性，用样本比例 P 来替换概率 p，于是得到总体比例 π 的一个置信区间如下。

$$(P \pm z_{\frac{\alpha}{2}}\sqrt{P(1-P)/n})$$

其中，P 为样本比例，$z_{\alpha/2}$ 为标准正态分布的右侧临界点。

1. 案例：汽车占有率区间估计

> **案例**
>
> （同 14.2.3 小节中的案例，但采用区间估计）
>
> 在 2004 年年底，北京私家车拥有量已达到 129.8 万辆，居全国之首。为了估计北京市个人购车的平均价格，调查人员在车市中随机抽取 36 位私人消费购车者，得到如下价格。（注：单位为万元）
>
> 6.88, 11.28, 19.98, 13.6, 10.6, 14.8, 6.88, 11.78, 20.98, 24.4, 12.3, 14.8, 6.88, 13.68, 13.6, 30.3, 14.6, 14.8, 8.28, 14.98, 14.7, 9.6, 14.6, 17.4, 9.6, 15.68, 15.8, 9.6, 12.9, 5.38, 10.18, 15.68, 20.5, 10.6, 14.8, 7.38
>
> 请根据以上数据，推断该地区购买私家车在 15 万元以上的消费者占有的比例区间（假定置信度0.95）。

目前，样本容量"$n=36$"，超过15万元的车辆数"$m=9$"，样本比例"$p=m/n=0.25$"。

现在，置信度为"$1-\alpha=0.95$"，$\alpha/2=0.025$，查询"$z_{\alpha/2}=NORM.S.INV(1-\alpha/2)=1.96$"，因此大于15万元的置信区间如下。

$$(p \pm z_{\alpha/2}\sqrt{p(1-p)/n}) = (0.25 \pm 1.96 \times \sqrt{0.25 \times (1-0.25)/36})$$

$$=(0.25 \pm 0.141)=[0.109, 0.391]$$

即车辆在15万元以上的消费者所占比例在10.9%~39.1%范围内。

2. 案例：候选人选举评估

> **案例**
>
> 在有两个候选人参加的市长选举中，有人对1300名投票者开展了民意调查（假定置信度为95%，即 $\alpha=0.05$），假定有下面两种情况，请作出评估。
>
> （1）假定有692人把票投给了其中一名候选人，是否可以下结论，认为这个候选人可能赢得选举？
>
> （2）假定只有670人把票投给了其中一名候选人呢？是否可以下上述结论？

两个样本的比例都超过一半，但是否可预言该候选人获胜呢？答案是不一定的。

（1）由题意可知，总体为伯努利分布，只取两个值，现在对参数比例π进行评估。1300人相当于样本容量"$n=1300$"的样本，此时样本比例"$p=692/1300=0.5323$"，则置信度95%的置信区间如下。

$$p \pm z_{\frac{\alpha}{2}}\sqrt{\frac{p(1-p)}{n}} = 0.5323 \pm 1.96 \times \sqrt{\frac{0.5323(1-0.5323)}{1300}}$$

$$=0.5323 \pm 0.0271$$

即置信区间为 [0.505, 0.559]，此区间上下限都超过50%，这意味着有95%的把握预测这位候选人将赢得选举。

（2）假定只有670人投票给该候选人，此时样本比例"$p=670/1300=0.515$"，则置信度95%的置信区间如下。

$$p \pm z_{\frac{\alpha}{2}}\sqrt{\frac{p(1-p)}{n}} = 0.515 \pm 1.96 \times \sqrt{\frac{0.515(1-0.515)}{1300}}$$

$$=0.515 \pm 0.0272$$

即置信区间为 [0.488, 0.542]。虽然，样本比例超过50%，但置信区间包含了50%，这意味着总体比例有可能超过50%，也有可能低于50%，所以根据这些信息还无法预测选举的获胜者。

14.4 抽样误差

点估计虽然简单，但用样本指标来代替总体指标是存在误差的。比如，前面的汽车油耗估计，两个不同的样本得到不同的油耗估计（样本均值 $\bar{x}$），但总体的平均值只有一个确定的值 μ。由于抽样的随机性，样本指标与总体指标之间，总会产生一定的差距 $|\bar{x}-\mu|$，这个差距称为抽样的实际误差，简称抽样误差。

1. 抽样误差

点估计的误差，一般有两种类型：抽样误差和非抽样误差。

抽样误差的发生，指的是由于样本只是总体的一个子集，用子集代表总体，这种误差在任何抽样过程中都是固有的，不能完全避免，但却可以使之最小化，所以抽样误差属于可控制误差。

非抽样误差，包括调查误差以及系统偏差等。调查误差，指的是由于观察测量、登记差错所引起的误差；系统误差，指的是样本抽取时的方式错误，违反了随机的原则，导致样本不足以代表总体时而出现的误差。比如，使用了任意抽样而不是随机抽样，对有限容量的总体使用了不放回抽样而不是有放回抽样，这样抽取的样本不具有代表性（即样本分成与总体分布不一致）。非抽样误差，理论上是可以防止和避免的。

2. 标准误差

当然，抽样误差 $|\bar{x}-\mu|$ 到底有多大呢？其实是可以评估出来的。

根据中心极限定理，样本均值 $\bar{X}$（随机变量），是服从正态分布的，即 $\bar{X} \sim N(\mu,(\sigma/\sqrt{n})^2)$，也就意味着"$\bar{X}-\mu$"的标准差为 $\sigma/\sqrt{n}$，此标准差其实就是抽样误差的平均误差，也称为样本均值的标准误差。

虽然在某一次的抽样中，抽样误差 $|\bar{x}-\mu|$ 是无法计算的（因为总体均值 μ 未知），但在统计学中，抽样误差的大小可以通过平均误差来反映。

3. 误差因素

一般而言，影响抽样误差的因素主要有如下。

（1）总体方差 σ^2。即总体的方差越大，抽样误差也会越大；反之越小。

（2）样本容量 n。一般情况下，样本容量越大，抽样误差越小。极端情况下，抽取所有对象，则样本相当于总体，其抽样误差为零。

（3）抽样方法。抽样方法不同，抽样误差也不相同。一般来说，有放回抽样比无放回抽样的抽样误差要大（可这样理解，无放回抽样会导致原有方差变小，所以抽样误差也就小了）。

14.5 样本容量确定

从上述样本均值的标准误差 $\sigma/\sqrt{n}$ 可以看出,随着 n 的增大,标准误差会减小。

这意味着,样本容量越大,抽样误差 $|\bar{x}-\mu|$ 就越小,用样本均值来估计总体均值就越准确。但是,考虑到抽取的工作量和时间成本等,需要在误差与样本量之间找到均衡,这就需要确定必要的抽样数目。

所谓的必要的抽样数目,指的是使抽样误差不超过给定的允许误差范围,至少抽取的样本数。

14.5.1 均值评估的样本容量

均值评估场景中,在置信度为"$1-\alpha$"时置信区间为 $\left(\bar{X} \pm \dfrac{\sigma}{\sqrt{n}} z_{\alpha/2}\right)$,假定允许的抽样误差为 $\pm E$(一般 E 为百分比),则必要的抽样数目 n,满足如下条件。

$$\frac{\sigma}{\sqrt{n}} z_{\frac{\alpha}{2}} \leq E$$

转换后如下所示。

$$n \geq \left(\frac{\sigma}{E} z_{\frac{\alpha}{2}}\right)^2$$

向上取整后,就得出必要的抽取样本数。

下面举一个案例来说明。

> **案例**
>
> (接 14.3.2 中案例:灌装量评估)
>
> 在某灌装清洁剂的生产流程中,设备工作稳定(且方差 σ =15ml);政府管制要求,每瓶清洁剂的灌装误差不超过 ±3ml,请计算需要抽取多少样本,才能评估灌装要求?(假定置信度为 95%)

假定政府要求每瓶误差不超过 ± 3ml,可以理解为抽样误差控制在最多 E=3ml,这意味着均值的置信区间宽度在 ± 3ml 范围内,算式如下。

$$\frac{\sigma}{\sqrt{n}} z_{\frac{\alpha}{2}} \leq E = 3$$

转换以后,算式如下。

$$n \geq \left(\frac{\sigma}{E} z_{\frac{\alpha}{2}}\right)^2 = \left(\frac{15}{3} \times 1.96\right)^2 = 96.04$$

向上取整后,可知基于政府管制要求,要做出有效评估,在抽样时至少要抽取 97 个产品进行检验。

14.5.2 比例评估的样本容量

比例评估场景中,在置信度为"$1-\alpha$"时置信区间为 $(p \pm z_{\frac{\alpha}{2}} \sqrt{p(1-p)/n})$,要将抽样误差控制在 E 范围内,则必要的抽样数目 n,满足如下条件。

$$z_{\frac{\alpha}{2}} \sqrt{p(1-p)/n} \leq E$$

转换后如下所示。

$$n \geq \left(z_{\frac{\alpha}{2}}\right)^2 \frac{p(1-p)}{E^2}$$

向上取整后,就得出必要的抽取样本数。

当然,在实际上,总体比例 p 并不是已知的。在没有可用信息时,一种方式是用样本比例来代替总体比例,但这可能需要进行几次迭代抽样和计算;另外一种方式,最保守的估计是将 p 设为"0.5",此时使得 $p(1-p)$ 的数值最大,这样不管总体比例是多少,都能够确保样本量达到要求的精度。

下面举一个案例来说明。

💬 案例

(接 14.3.4 小节的候选人选举评估案例)

在有两个候选人参加的市长选举中,有人对 1300 名投票者开展了民意调查(假定置信度为 95%,即 $\alpha = 0.05$),如果要求抽样误差最多为 ±2%,则至少要抽取多少样本合适?

假定抽样误差不高于 2%,即意味着抽样误差"$z_{\frac{\alpha}{2}} \sqrt{p(1-p)/n} \leq 0.2$",不妨将总体比例假定为"0.5"(即 $p = 0.5$),于是可计算出如下结果。

$$n \geq \left(z_{\frac{\alpha}{2}}\right)^2 \frac{p(1-p)}{E^2} = 1.96^2 \times \frac{0.5(1-0.5)}{0.02^2} = 2401$$

即抽取的样本容量要高于 2401。

本章小结

本章详细地介绍了参数估计相关方法，包括抽样估计的两大理论基础：大数定律和中心极限定理。常用的大数定律，主要包含伯努利大数定律和辛钦大数定律。其中，伯努利大数定律：当样本容量足够大时，频率接近于概率；辛钦大数定律：当样本容量足够大时，则样本均值有接近总体均值的趋势。常用辛钦中心极限定理表明：不管总体服从什么分布，随机样本均值都是服从正态分布的。

另外，抽样误差是可以控制的，其平均误差为 $\sigma/\sqrt{n}$，在指定的误差范围 $\pm E$ 内，必要的样本数量满足如下公式。

$$n \geq \left(\frac{\sigma}{E} z_{\alpha/2}\right)^2$$

第 15 章 假设检验

本章导读

假设检验（hypothesis testing）是统计推断要解决的第二个基本问题，它是利用样本数据推断总体特征的检验方法。

本章主要描述假设检验的基本知识，并以单样本的参数检验为例，对总体参数（包括均值、方差、比例等）进行检验。

知识要点

通过本章学习，读者应掌握如下知识和技能：

- 理解假设检验的基本思想；
- 掌握假设检验的操作步骤，理解拒绝域与显著性水平的含义；
- 学会使用 Excel 的显著性查询函数；
- 掌握不同场景下使用不同的检验统计量；
- 能够用假设检验进行生产、运营、质控的数据决策。

15.1 基本思想

假设检验，是利用样本数据推断总体特征的检验方法，它先提出某些关于总体的假设，然后用样本对所提出的假设进行检验，最后做出是接受假设还是拒绝假设的决策。

比如，新的营销活动是否有效地提升了产品销量，新的装配方法能否提高工厂的产量或质量，都可以使用假设检验进行判断。

假设检验，是以总体假设为前提，以小概率事件不发生为基准进行的决策和判断，它有两个重要的思想：一个是反证法，一个是小概率。

15.1.1 反证法

反证法在数学中经常运用。当论题从正面不容易或不能得到证明时，就需要运用反证法，此即所谓"正难则反"。什么是反证法？最简单的理解：如果 A 成立，则应该可以推导 B 结论也是成立的；但是现在 B 不成立，所以反证明 A 是不成立的。

15.1.2 小概率

小概率事件，指的是事件的发生概率很小（比如 $p<0.05$）。一般情况下，可以假定小概率事件在某一次随机试验中不会发生。如果小概率事件一旦发生，则说明前面的假设是不成立的。

所以，假设检验的基本思想是：先对总体进行某种假设，以推导出样本应该落在某个区间内，但经过对实际的样本进行分析，得出小概率事件在抽样中发生，运用反证法，从而对总体假设做出拒绝的判断。

15.2 检验种类

按照检验的内容来分，假设检验有两大类：一类是参数检验，另一类是非参检验。

参数检验，主要指的是总体分布类型已知，然后用样本统计量去检验总体参数，比如检验总体均值/方差是多少，或者检验两样本的均值或方差是否有显著的差异等。

非参检验，主要指的是总体分布未知情况下，用样本数据对总体数据的分布进行推断，比如检验总体最有可能服从哪种分布：二项分布、指数分布，或者是正态分布、F 分布，等等。

当然，也可以按照其他方式来划分假设检验。

按照检验统计量来划分，分为有 Z 检验、T 检验、F 检验、χ^2 检验等。

按照检验的参数来划分，分为均值检验、方差检验、比例检验等。

按照检验的样本数量来划分，分为单样本检验、双样本检验等。

按照检验假设来划分，分为双尾检验、单尾检验（包括左尾检验和右尾检验）。

15.3 基本步骤

一般情况下，假设检验包括四个步骤，如图 15-1 所示。

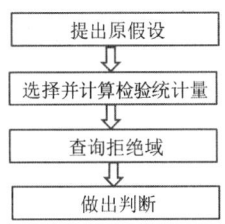

图 15-1 假设检验基本流程

1. 提出原假设

第 1 步，先对总体指标的范围进行假设，也叫待检验的原假设，就是判断用双尾检验还是左尾检验，或者右尾检验。

表 15-1 列出了各种检验的原假设及其示例。

表 15-1 假设检验的原假设

检验类型	原假设	原假设示例
双尾检验	判断指标是否等于某个检验值	$\mu = \mu_0$
左尾检验	判断指标是否超过某个检验值	$\mu \geq \mu_0$
右尾检验	判断指标是否低于某个检验值	$\mu \leq \mu_0$

双尾检验（Two-tail test），指的是检验总体参数 μ 是否等于某个检验值 μ_0（即 $\mu = \mu_0$）。

左尾检验（Lower-tail test），指的是检验总体指标 μ 是否超过某个检验值 μ_0（即 $\mu \geq \mu_0$）。

右尾检验（Upper-tail test），指的是检验总体指标 μ 是否低于某个检验值 μ_0（即 $\mu \leq \mu_0$）。

在实际场景中，双尾检验是很容易判断的；但在单尾检验中，如何判断原假设是采用左尾检验还是右尾检验呢？很简单，就看样本统计值与检验值 μ_0 的大小关系。样本统计值在哪一边，就是哪一边的单尾检验。比如样本统计值低于检验值 μ_0（样本统计值在左边），则为左尾检验，此时原假设取为 $\mu \geq \mu_0$；如果样本统计值超过检验值 μ_0（样本统计值在右边），则为右尾检验，此时原假设取为 $\mu \leq \mu_0$（详情参考后续案例）。

2. 选择并计算检验统计量

第 2 步，在总体假设基础上，构造一个适用于检验的统计量，也叫检验统计量。此统计量往往服从某种特定的分布，比如 Z 分布、T 分布、F 分布，等等。

然后，从总体中抽取一定容量的样本，对样本统计量的值进行计算（又叫样本统计值，样本统计值是检验统计量的一个取值）。按照概率，此样本统计值应该在很大概率上是位于接受域内的。

3. 查询拒绝域

对于上述统计量的分布特征，在指定的显著性水平 α（一般取 0.05）下，得到该分布的拒绝域，或者接受域（接受域，实际上就是置信度为 $1-\alpha$ 的置信区间）。

假定检验统计量概率密度函数如图 15-2 图右所示，绝大多数样本值应该落在白色的区域，此区域叫作接受域（对应置信区间），其面积（即发生概率）刚好为 $1-\alpha$；极少数样本应该位于灰色的区域，此区域叫作拒绝域，其面积（即发生概率）为 α。接受域面积和拒绝域面积之和为 1。

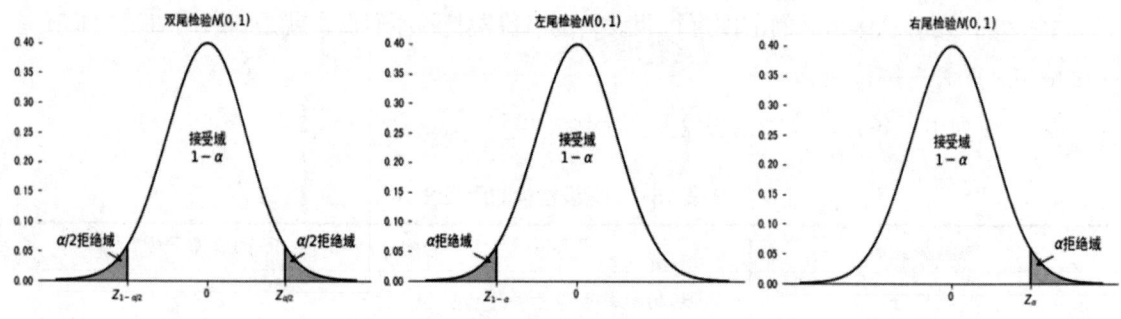

图 15-2 检验假设示意图

如果是双尾检验，则拒绝域分居在两侧，每侧的面积实际为 $\alpha/2$。如果是单尾检验，则拒绝域落在某一侧，其面积为 α。如果是左尾检验，则拒绝域在左边；如果是右尾检验，则拒绝域在右边。一般情况，拒绝域的面积应该设置得比较小，即显著性水平 α 的值比较小（比如 $\alpha=0.05$，或者 $\alpha=0.01$）。α 值比较小，就说明检验统计量落在此区域的概率就比较小，也就是小概率事件，小概率事件在某次试验中一般认为不会发生的，所以此区间叫作拒绝域。

在实际的计算中，考虑到计算方便和便于理解，只需要确定置信区间的临界点（即横坐标的值 $z_{\alpha/2}$、$z_{1-\alpha/2}$、z_{α}、$z_{1-\alpha}$），就自然确定了拒绝域和接受域。

4. 做出判断

得到明确的拒绝域后，再结合样本统计值进行判断。

如果样本统计值落在拒绝域中，则意味着小概率事件性，说明原假设不成立。

如果样本统计值落在接受域内，则不得拒绝原假设，可以认为原假设应该是成立的。

下面，举一个例子来说明假设检验的整个过程。

5. 案例：包装机是否正常工作

> **案例**
>
> 某车间用一台包装机包装糖果，袋装糖果的净重是一个服从正态分布的随机变量。当机器正常时，其均值 $\mu = 0.5$ kg，标准差 $\sigma = 0.015$ kg。某日开工后中，随机地抽取流水线上的糖果9袋，净重如下（单位 kg）。
>
> 0.497, 0.506, 0.518, 0.524, 0.498, 0.511, 0.520, 0.515, 0.512
>
> 现在，试问该包装机是否工作正常？（假定 $\alpha = 0.05$）

根据题意，机器正常时，总体的均值和标准差都是已知的。现在要求判断当天设备是否工作正常，相当于要求检验一下当天的样本均值 μ 是否和往常一样还是 0.5kg。

（1）建立原假设。

现在，检验值 $\mu_0 = 0.5$。如果包装机正常工作，那么其均值应该落在 0.5kg 附近，此为双尾检验，则原假设如下。

$$\mu = 0.5 \text{（设备正常工作）}$$

（2）选择统计量。

基于中心极限定理，样本均值 $\bar{X}$ 统计量服从正态分布（Z 为检验统计量），即有如下公式。

$$Z = \frac{\bar{X} - \mu}{\sigma / \sqrt{n}} \sim N(0,1)$$

先计算样本均值，算式如下。

$$\bar{x} = (0.497 + 0.506 + \ldots + 0.512)/9 = 0.511$$

再计算样本统计量 z，算式如下。

$$z = \frac{\bar{x} - \mu}{\sigma / \sqrt{n}} = \frac{0.511 - 0.5}{0.015 / \sqrt{9}} = 2.24$$

（3）计算拒绝域。

假定显著性水平 $\alpha = 0.05$，查询临界点，算式如下。

$$z_{\alpha/2} = NORM.S.INV(\alpha/2) = -1.96$$

$$z_{1-\alpha/2} = NORM.S.INV(1 - \alpha/2) = 1.96$$

即拒绝域为 $\{z < -1.96\}$ 或 $\{z > 1.96\}$，如图 15-3 所示。

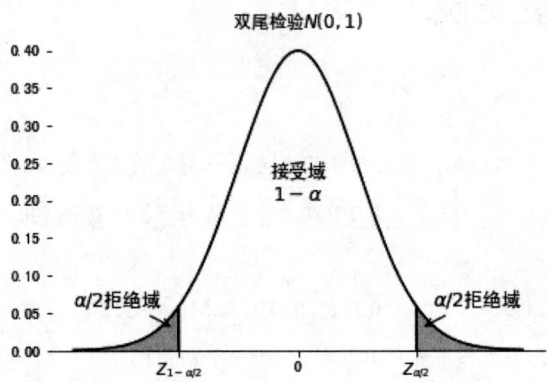

图 15-3　正态分布接受域与拒绝域

（4）做出判断。

显然，样本统计量 z 落在拒绝域区间内（$z=2.24>1.96$），小概率事件发生了，说明原假设不成立，即这天包装机的工作不正常，需要派工程师进行设备检查和维修。

15.4 显著性检验

在假设检验的过程中，当显著性水平 α 确定后，置信度 $1-\alpha$ 也就确定了，于是某分布的临界点也就确定了，最终拒绝域区间也就确定了。也就是说，显著性水平 α 是确定拒绝域的唯一因素。

置信度的大小就是常说的有多大的把握。在实际工作中，领导经常要考虑在不同程度的把握下来决策，这就需要查询多个拒绝域，非常不方便。

其实，还有一种优化的方法，实现起来更简单和灵活，那就是显著性判断，如图 15-4 所示。

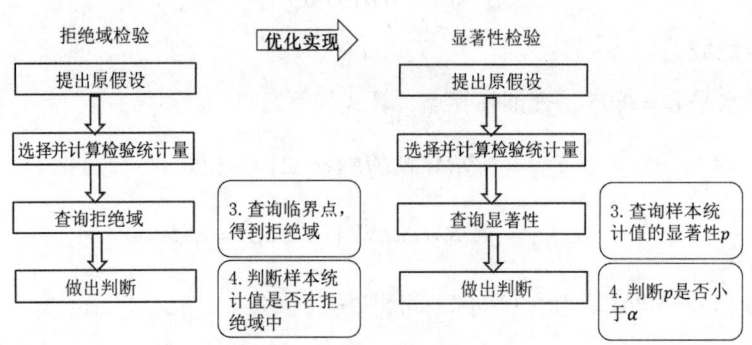

图 15-4　检验流程优化

前面两步不变,在第 3 步中,原来是查询拒绝域,现在修改为基于检验统计量(即样本统计值)查询必要的显著水平 p 值,即样本统计值需要的拒绝域的面积大小(即概率)。p 值,也称为样本的显著水平,如图 15-5 所示。

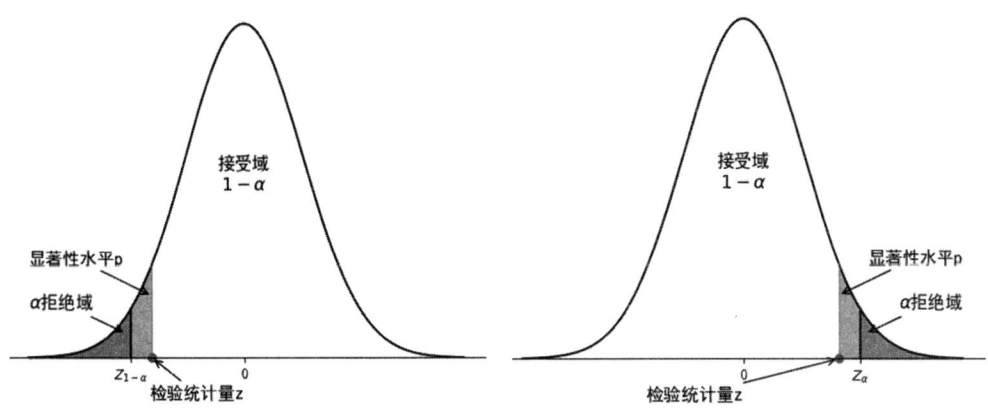

图 15-5 显著性水平与拒绝域

在第 4 步中,将样本的显著水平 p 值与指定的显著性水平 α 进行比较。若 $p<\alpha$,也就相当于检验样本全部落在了拒绝域中,则拒绝原假设,即假设不成立;若 $p>\alpha$,则检验样本有可能落在接受域中,则无法拒绝原假设,只能接受原假设。

这种优化方法的好处就在于,不需要计算拒绝域或接受域,实现起来简单,而且可以判断在不同显著性水平下的情况。为了区别这两个不同的流程,前者叫作拒绝域检验,后者叫作显著性检验。

在 Excel 中,各分布中的样本显著性 p 值的查找函数,如表 15-2 所示。

表 15-2 检验参数所用分布及查询函数

检验参数	总体分布	条件	统计量分布	p 值查询函数
均值		方差已知	$Z = \dfrac{\bar{X} - \mu}{\sigma / \sqrt{n}} \sim N(0,1)$	左尾:$p = NORM.S.DIST(z, True)$ 右尾:$p = 1 - NORM.S.DIST(z, True)$
		方差未知	$t = \dfrac{\bar{X} - \mu}{s / \sqrt{n}} \sim t(n-1)$	左尾:$p = T.DIST(t, n-1, True)$ 右尾:$p = T.DIST.RT(t, n-1)$
方差	正态	均值已知	$\chi^2 = \dfrac{(n-1)s^2 + n(\bar{x} - \mu)^2}{\sigma^2} \sim \chi^2(n)$	左尾:$p = CHISQ.DIST(\chi^2, n, True)$ 右尾:$p = CHISQ.DIST.RT(\chi^2, n)$

续表

检验参数	总体分布	条件	统计量分布	p 值查询函数
		均值未知	$\chi^2 = \dfrac{(n-1)s^2}{\sigma^2} \sim \chi^2(n-1)$	同上,只是自由度 $df = n-1$ 左尾: $p = CHISQ.DIST(\chi^2, n-1, True)$ 右尾: $p = CHISQ.DIST.RT(\chi^2, n-1)$
比例	伯努利		$Z = \dfrac{p-\pi}{\sqrt{\pi(1-\pi)/n}} \sim N(0,1)$	同上正态分布 左尾: $p = NORM.S.DIST(z, True)$ 右尾: $p = 1 - NORM.S.DIST(z, True)$

注意 在查询检验统计量的显著性水平 p 时,以上用的都是单尾函数,因此判断原则如下。

- 单尾检验时,若 $p < \alpha$,拒绝原假设;否则接受原假设。
- 双尾检验时,若 $p < \alpha/2$,拒绝原假设;否则接受原假设。

特别注意,针对 T 分布,因为 Excel 提供了双尾显著性的查询函数,公式如下。

$$p = T.DIST.2T(|t|, n-1) = P\{|X| \geqslant t\}$$

此时,在双尾检验时,可直接判断,若 $p < \alpha$(而不是 $p < \alpha/2$),则拒绝原假设;否则接受原假设。

现在,对前面的案例用新流程来实现。

> **案例**
>
> 包装机是否正常工作(同前案例):某车间用一台包装机包装糖果,袋装糖果的净重是一个服从正态分布的随机变量。当机器正常时,其均值 $\mu = 0.5$kg,标准差 $\sigma = 0.015$kg。某日开工后中,随机地抽取流水线上的糖果 9 袋,净重如下(单位 kg)。
>
> 0.497, 0.506, 0.518, 0.524, 0.498, 0.511, 0.520, 0.515, 0.512
>
> 现在,试问该包装机是否工作正常?
>
> (假定置信度为 95%,即 $\alpha = 0.05$)

(1)建立原假设。

现在,检验值 $\mu_0 = 0.5$。如果包装机正常工作,那么其均值在 0.5kg 附近,此为双尾检验,则原假设如下。

$$\mu = 0.5 \text{(设备正常工作)}$$

（2）选择统计量。

基于中心极限定量，样本均值 $\bar{X}$ 这一统计量服从标准正态分布，即有如下公式。

$$Z = \frac{\bar{X} - \mu}{\sigma / \sqrt{n}} \sim N(0,1)$$

先计算样本均值：$\bar{x} = (0.497 + 0.506 + \ldots + 0.512)/9 = 0.511$，

再计算样本统计值，算式如下。

$$z = \frac{\bar{x} - \mu}{\sigma / \sqrt{n}} = \frac{0.511 - 0.5}{0.015 / \sqrt{9}} = 2.24$$

（3）查询显著性。

查询样本统计量值 z 的双性显著性。由于 Excel 中没有提供 Z 的双尾显著性查询函数，需要将双尾查询转化为单尾查询。由 $z > 0$，则使用右尾显著性查询函数，公式如下。

$$p = 1 - NORM.S.DIST(z, TRUE) = 0.0125$$

（4）做出判断。

显然，样本显著水平 $p < \alpha/2$（默认 $\alpha = 0.05$），说明小概率事件发生，因此拒绝原假设，即这天包装机的工作不正常，需要派工程师进行设备检查和维修。

为了方便操作，后续主要采用显著性检验流程。

15.5 常用检验统计量

在参数检验中，常见的参数包括均值、方差、比例等，而且不同的参数，使用的检验统计量的分布也不一样。比如，均值检验用的是 Z 分布或 T 分布；而方差检验，用的是 χ^2 分布，等等。

15.5.1 均值检验

均值检验，即利用样本均值来检验某个总体均值是多少。

1. Z 统计量

如果要对总体均值进行检验，在方差已知的情况下，样本均值服从正态分布，即有如下公式。

$$Z = \frac{\bar{X} - \mu}{\sigma/\sqrt{n}} \sim N(0,1)$$

其中 $\bar{X}$ 是样本均值，μ 是待检验的均值，σ 是已知的总体标准差，n 为样本容量。这种检验称为 Z 检验，也称 u 检验。

如图 15-6 所示，为该检验统计量 Z 在单双尾检验时对应的接受域与拒绝域。

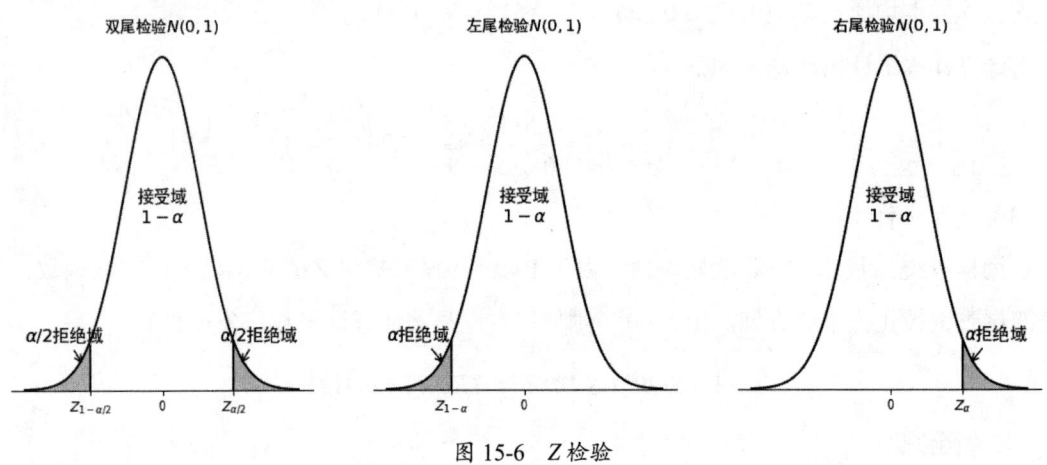

图 15-6　Z 检验

（1）案例：牛奶是否掺水检验。

> **案例**
>
> 公司从生产商购买牛奶，公司怀疑牛奶掺水以牟利。一般可以通过测定牛奶的冰点来检验是否掺水。天然牛奶的冰点温度近似服从正态分布，均值 $\mu_0 = -0.545℃$，标准差 $\sigma = 0.008℃$。如果牛奶掺水，可使冰点温度升高而接近于水的冰点温度（0℃）。现在，测得生产商提交的 5 批牛奶的冰点温度，其均值 $\bar{x} = -0.535℃$，问是否可以认为生产商的牛奶掺了水？
>
> （假定置信度为 95%，即 $\alpha = 0.05$）

本题因为标准差已知，所以可以采用 Z 检验。

① 建立原假设。

按题意，检验值 $\mu_0 = -0.545$，考虑到样本均值 $\bar{x} = -0.535 > \mu_0$，且掺水后冰点温度升高，因此选择右尾检验，可以做如下假设。

$$H_0: \mu \leq \mu_0 \text{（牛奶未掺水）}$$

拒绝域如图 15-7 所示。

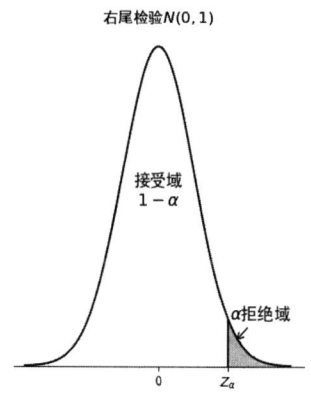

图 15-7 Z 检验（右尾检验）

②计算检验统计量。

基于中心极限定理，选择 Z 统计量，并计算样本统计值，算式如下。

$$z = \frac{\bar{x} - \mu}{\sigma/\sqrt{n}} = \frac{-0.535 - (-0.545)}{0.008/\sqrt{5}} = 2.795$$

③查询显著性。

查询右尾显著性，因此算出如下结果。

$$p = 1 - NORM.S.DIST(z, True) = 0.0026$$

④做出判断。

显然，样本显著水平 $p < \alpha$，小概率事件发生，拒绝原假设，说明生产商在牛奶中掺了水。

如果采用拒绝域判断，查询临界点 $z_\alpha = NORM.S.INV(1-\alpha) = 1.645$，因 $z = 2.795 > 1.645$，也同样说明样本统计值落在拒绝域内，说明生产商在牛奶中掺了水。

（2）案例：产品合格性检验。

> **案例**
>
> 一种原件，要求使用寿命不低于 1000 小时。现从一批原件中抽取 25 件，测得其寿命为 950 小时，已知该原件服从标准差 $\sigma = 100$ 小时的正态分布，试问这批原件是否合格？（假定显著性水平 $\alpha = 0.05$）

本题因为标准差已知，所以可以采用 Z 检验。

①建立原假设。

按题意，检验值 $\mu_0 = 1000$，因为样本均值 $\bar{x} = 950 < \mu_0$，且样本均值 $\bar{x} = 950 < \mu_0$，因此采用左尾检验，可以做如下假设。

$$H_0: \mu \geq 1000 (原件合格)$$

做左尾检验，如图 15-8 所示。

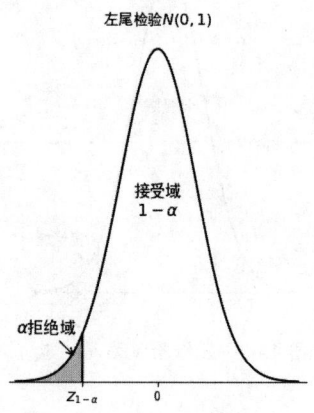

图 15-8　Z 检验（左尾检验）

②计算检验统计量。

基于中心极限定理，选择 Z 统计量，计算样本统计值，算式如下。

$$z = \frac{\bar{x} - \mu}{\sigma/\sqrt{n}} = \frac{950 - 1000}{100/\sqrt{25}} = -2.5$$

③查询显著性。

查询左尾显著性，因此算出如下结果。

$$p = NORM.S.DIST(z, True) = 0.00621$$

④做出判断。

显然，样本显著水平 $p < \alpha$，小概率事件发生，拒绝原假设，说明原件寿命低于 1000 小时，原件不合格。

如果采用拒绝域判断，查询临界点 $z_{1-\alpha} = NORM.S.INV(\alpha) = -1.65$，有 $z = -2.5 < -1.65$，也同样说明样本统计值落在拒绝域内，说明原件不合格。

2. T 统计量

在方差未知的情况下，用样本方差来代替总体方差，于是检验统计量 T 服从自由度 $df = n - 1$ 的 T 分布，即有如下公式。

$$T = \frac{\bar{X} - \mu}{s/\sqrt{n}} \sim t(n-1)$$

其中 $\bar{X}$ 是样本均值，μ 是待检验的均值，s 是修正后的样本标准差。

检验统计量 T 在单双尾检验时的接受域与拒绝域如图 15-9 所示。

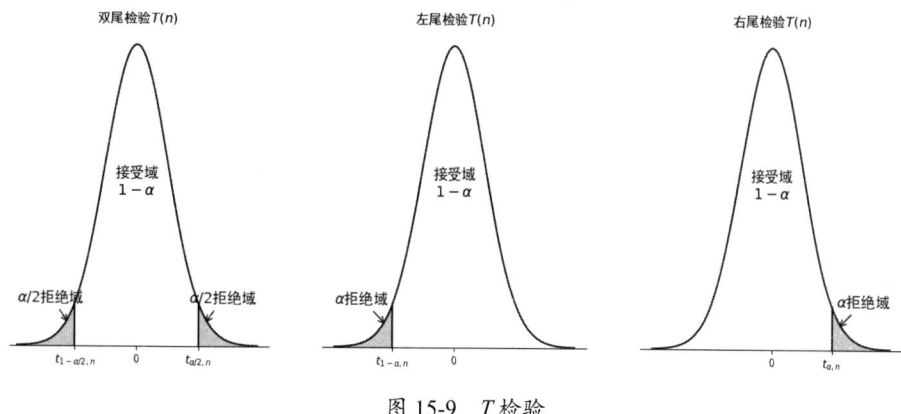

图 15-9　T 检验

（1）案例：元器件寿命检验。

> **案例**
>
> 某种元器件的寿命 X 服从正态分布，μ 和 σ^2 均未知，但国标要求元器件的寿命在 255 个小时左右。现测得 16 只元器件的寿命如下（单位 h）。
>
> 159，280，101，212，224，379，179，264，222，362，168，250，149，260，485，170
>
> 请判断一下元器件的平均寿命是否满足国标要求。
>
> （假定置信度为 95%，即 $\alpha = 0.05$）

本题因为标准差未知，所以可以采用 T 分布假设检验。

①建立假设。

按题意，检验值 $\mu_0 = 255$，因国标要求寿命在 μ_0 左右，因此采用双尾检验。

$$H_0: \mu = \mu_0 （寿命满足国标要求）$$

进行双尾检验，如图 15-10 所示。

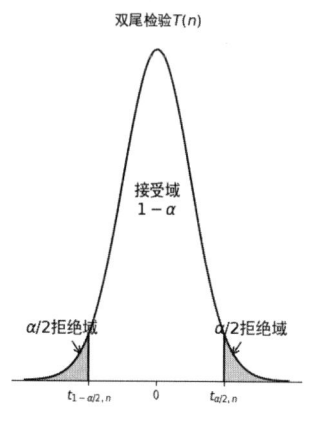

图 15-10　T 检验（双尾检验）

② 选择统计量。

因为标准差未知,所以选择 T 统计量。基于样本值,可计算出 $n=16$,$\bar{x}=241.5$,$s=98.725$,于是得到样本统计值,算式如下。

$$t = \frac{\bar{x}-\mu}{s/\sqrt{n}} = \frac{241.5-255}{98.725/\sqrt{16}} = -0.034$$

③ 查询显著性。

查询双尾显著性,于是算出如下结果。

$$p = T.DIST.2T(|-0.034|, 16-1) = 0.973$$

④ 做出判断。

显然,样本显著水平 $p > \alpha$,无法拒绝原假设,只能接受原假设,说明元器件寿命满足国标要求。

读者可以尝试采用拒绝域判断一下,结论应该是相同的。

(2)案例:人均寿命评估。

> **案例**
>
> 已知 20 世纪 90 年代中国人均寿命为 70 岁(但无法查到标准差),现在想调查一下目前人均寿命是否增长了。随机抽样 100 个今年死亡的人,发现平均寿命为 73 岁,标准差为 5 岁。那么人均寿命是否增长了?(假定显著性水平 $\alpha=0.05$)

根据题意,检验值 $\mu_0=70$,因为样本均值 $\bar{x}=73>\mu_0$,因此采用右尾检验,假设如下。

$$\mu \leqslant 70 \text{(人均寿命没有增长)}$$

进行右尾检验,如图 15-11 所示。

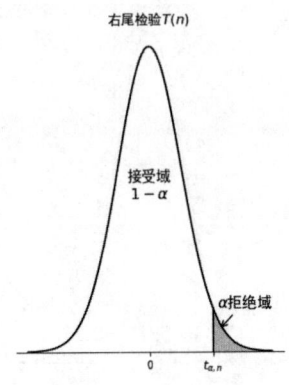

图 15-11 T 检验(右尾检验)

因总体方差未知，因此采用 T 检验。由样本值可知 $n=100$，$\bar{x}=73$，$s=5$，计算样本统计值，算式如下。

$$t = \frac{\bar{x}-\mu}{s/\sqrt{n}} = \frac{73-70}{5/\sqrt{100}} = 0.06$$

再查询右尾显著性，算出如下结果。

$$p = T.DIST.RT(0.06, 100-1) = 0.476$$

显然，样本显著性 $p > \alpha$，无法拒绝原假设，只能接受原假设。也就是说，虽然样本中人均寿命比过去要高，但不能从统计学上推断，人均寿命有显著增加。

（3）案例：焦虑指数评估。

> **案例**
> 医院有 25 名失眠病人，测其焦虑指数平均为 70，标准差为 10。已知一般人的焦虑指数平均为 65，问失眠病人比一般人更焦虑吗？（假定显著性水平 $\alpha = 0.05$）

根据题意，检验值 $\mu_0 = 65$，因为样本均值 $\bar{x} = 70 > \mu_0$，因此采用右尾检验，现假设如下。

$$\mu \leqslant 65 \text{（失眠病人不比一般人焦虑）}$$

因总体方差未知，采用 T 检验。由样本 $n=25$，$\bar{x}=70$，$s=10$，计算样本统计值，算式如下。

$$t = \frac{\bar{x}-\mu}{s/\sqrt{n}} = \frac{70-65}{10/\sqrt{25}} = 2.5$$

查询右尾显著性，算出如下结果。

$$p = T.DIST.RT(2.5, 25-1) = 0.009997$$

显然，样本显著水平 $p < \alpha$，拒绝原假设，说明失眠病人比一般人更焦虑。

15.5.2 方差检验

方差检验，即要利用样本来检验某个总体的方差是多少。

1. χ^2 检验
设随机变量 $X_1, X_2, \ldots, X_n$ 均来自正态分布 $N(\mu, \sigma^2)$，要对其方差进行检验。

2. 均值已知
当总体均值 μ 已知时，按照 χ^2 分布的定义，可知下面公式中的统计量服从自由度为 n 的

χ^2 统计量。

$$\chi^2 = \frac{\sum_{i=1}^{n}(X_i - \mu)^2}{\sigma^2} \sim \chi^2(n)$$

上式继续推导，即为如下算式。

$$\chi^2 = \frac{(n-1)s^2 + n(\bar{x}-\mu)^2}{\sigma^2} \sim \chi^2(n)$$

图 15-12 所示为该检验统计量 χ^2 在单双尾检验时的接受域与拒绝域。

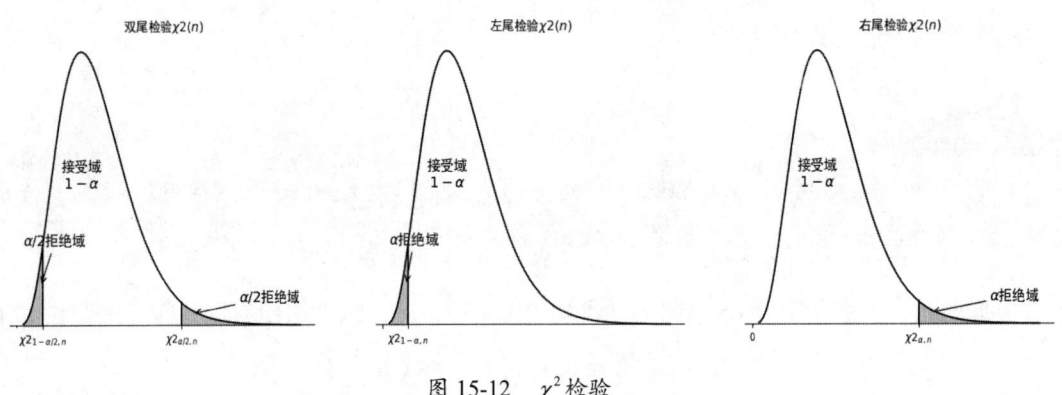

图 15-12　χ^2 检验

> **案例**
>
> 铜丝的折断力：某厂生产的铜丝，质量一向比较稳定，可假定其折断力服从正态分布 $N(576,64)$。现在，基于需求对设备进行改造，改造后，从中随机抽取 20 根检查其折断力，测得数据如下（单位：kg）。
>
> 575，576，570，569，572，578，572，570，568，572，570，572，596，584，570，582，577，580，572，585
>
> 请判断一下，铜丝质量是否比以前更加稳定（取 $\alpha = 0.05$）？

本题显然要对方差进行检验，已知检验值 $\sigma_0^2 = 64$，总体均值 $\mu = 576$，所以采用下面的公式检验统计量。

$$\chi^2 = \frac{(n-1)s^2 + n(\bar{x}-\mu)^2}{\sigma^2} \sim \chi^2(n)$$

根据样本，可得 $n = 20$，样本均值 $\bar{x} = 575.5$，方差 $s^2 = 49.21$，因 $s^2 < \sigma_0^2$，采用左尾检验，假设如下。

$$\sigma^2 \geq 64 \text{（稳定性没有明显改善）}$$

计算样本统计值，算式如下。

$$\chi^2 = \frac{(n-1)s^2 + n(\bar{x}-\mu)^2}{\sigma^2} = \frac{19 \times 49.21 + 20 \times (575.5-576)}{64} = 14.6875$$

查询左尾显著性，算出如下结果。

$$p = CHISQ.DIST(14.6875, 20, TRUE) = 0.2$$

显然，样本显著水平 $p > \alpha$，只能接受原假设，说明产品并没有显著改善。

3. 均值未知

当总体均值未知时，可用样本均值代替总体均值，最后可推导（过程不再赘述），下面公式中的统计量服从自由度为 $n-1$ 的 χ^2 统计量。

$$\chi^2 = \frac{(n-1)s^2}{\sigma^2} \sim \chi^2(n-1)$$

其中，s 为样本标准差，而 σ^2 为待检验的总体方差。

（1）案例：电池寿命波动检验。

> **案例**
>
> 某厂生产的某种型号的电池，其寿命（以 h 计）长期以来服从方差 $\sigma^2 = 5000$ 的正态分布。现有一批电池，从它的生产情况来看，寿命的波动性有所改变，现随机取 26 只电池，测出其寿命的样本方差 $s^2 = 9200$，根据这一数据，能否推断这批电池的寿命的波动性较以往有显著的变化（取 $\alpha = 0.05$）？

本题显然要对方差进行检验，检验值 $\sigma_0^2 = 5000$，因总体均值未知，可以采用 χ^2 检验统计量，公式如下。

$$\chi^2 = \frac{(n-1)s^2}{\sigma^2} \sim \chi^2(n-1)$$

根据题意，要推断电池寿命波动有没有变化，因此为双尾检验，假设如下。

$$\sigma^2 = 5000 \text{（电池寿命没有大的变化）}$$

计算样本统计值，算式如下。

$$\chi^2 = \frac{(n-1)s^2}{\sigma^2} = \frac{(26-1) \times 9200}{5000} = 46$$

查询双尾显著性，但 Excel 没有提供双尾显著性函数，考虑到样本方差 s^2 大于检验方

差 σ_0^2，因此转化为查询右尾显著性，算出如下结果。

$$p = CHISQ.DIST.RT(46, 26-1) = 0.0064$$

显然，样本显著水平 $p < \alpha/2$，拒绝原假设，说明电池寿命有显著的变化。当然，由 $s^2 > \sigma_0^2$ 可知，样本方差变大，说明电池寿命更不稳定了，需要工程师做进一步的检查。

（2）案例：车床精度检验。

> **案例**
>
> 某自动车床生产的产品尺寸服从正态分布，按规定产品尺寸的方差 σ^2 不得超过 0.1。为检验该自动车床的工作精度，随机取 25 件产品，测得样本方差 $s^2 = 0.1975$，$\bar{x} = 3.86$，试问车床生产的产品是否达到所要求的精度（$\alpha = 0.05$）？

根据题意，为均值未知的总体方差检验，可以采用如下 χ^2 分布。

$$\chi^2 = \frac{(n-1)s^2}{\sigma^2} \sim \chi^2(n-1)$$

现检验值 $\sigma_0^2 = 0.1$，因样本方差 $s^2 = 0.1975 > \sigma_0^2$，采用右尾检验，假设如下。

$$\sigma^2 \leq 0.1 (满足精度要求)$$

计算样本统计值，算式如下。

$$\chi^2 = \frac{(n-1)s^2}{\sigma^2} = \frac{(25-1) \times 0.1975}{0.1} = 47.4$$

查询右尾显著性，算出如下结果。

$$p = CHISQ.DIST.RT(47.4, 24) = 0.003$$

显然，$p < \alpha$，拒绝原假设，说明该车床生产的产品没有达到所要求的精度。

15.5.3 比例检验

比例检验，即要利用样本来检验某个总体中该类样本所占的比例是多少。比如市场份额比例，或及时交付的百分比，等等。

在第 14 章 14.3 节"区间估计"部分做过类似推导，比例检验其实是特殊的 Z 检验，统计量如下。

$$Z = \frac{p - \pi}{\sqrt{\pi(1-\pi)/n}} \sim N(0,1)$$

其中，p 为样本比例，π 为待检验的总体比例。

> **案例**
>
> 满意度调查评估：某公司产品的满意度调查，行业要求满意度为 75%。现在，对 44 位客户进行了回访，其中有 35 位客户反馈对产品满意，请推断一下产品的满意度是否已经明显超过行业要求（假定 $\alpha = 0.05$）？

根据题意，要对比例进行检验，应该采用如下检验统计量。

$$Z = \frac{p - \pi}{\sqrt{\pi(1-\pi)/n}} \sim N(0,1)$$

现检验值 $\pi_0 = 0.75$，因样本满意度比例 $p = 35/44 = 0.795 > \pi_0$，这是一个右尾检验，假设如下。

$$\pi \leq 0.75 \text{（满意度没有明显超过）}$$

计算样本统计值，算式如下。

$$z = \frac{p - \pi}{\sqrt{\pi(1-\pi)/n}} = \frac{0.795 - 0.75}{\sqrt{0.75(1-0.75)/44}} = 0.6963$$

查询右尾显著性，算出如下结果。

$$p = 1 - NORM.S.DIST(0.6148, TRUE) = 0.243$$

显然，$p > \alpha$，接受原假设，认为满意度并没有明显超过行业要求。所以，即使样本满意度比例超过了满意度 75%，但不能从统计学上推断，客户满意度已经取得了显著的改善。

15.6 两类错误

既然假设检验用的反证法，假定小概率事件在某一次试验中不会发生，显然这个假定有可能是不会成立的（小概率事件，只能说是发生的可能性很小，不能说是不会发生）。所以，假设检验也是有可能犯错的，其错误有两类：

第一类错误是原假设成立，但由于随机性样本统计量落在拒绝域，其发生的可能性为 α；

第二错误是原假设不成立，但样本统计量落在接受域，这类错误的可能性为 β。

一般情况下，在 α 与 β 中一个概率减小会导致另一个概率增大，很少会使得两个概率都很小。因此，在样本容量一定的情况下，主要控制第一类错误的概率 α，使它的概率比较小，所以 α 一般取 0.01、0.05、0.1 等值。

15.7 案例：SPSS 中假设检验

在 IBM SPSS 工具中，只实现了方差未知的均值 T 检验。

15.7.1 案例：周岁儿童身高 T 检验

> **案例**
>
> 有人认为周岁儿童的身高达到 70cm，为验证其经验是否正确，某营养机构收集了 21 个周岁儿童的实际身高，如表 15-3 所示。请判断经验值是否正确？
>
> （假定置信度为 95%，即 $\alpha = 0.05$）

表 15-3 儿童周岁身高表（部分）

身高	城市
73.00	北京
79.00	北京
68.00	北京
71.00	北京
76.00	北京
71.00	北京
78.00	北京
80.00	北京
74.00	北京
75.00	上海
71.00	上海

本题为均值检验，因为总体标准差未知，所以可以采用 T 检验。以 SPSS 为例，操作步骤如下。

（1）打开数据集，单击菜单"分析→比较平均值→单样本 T 检验"命令。

（2）在打开的"单样本 T 检验"界面中，指定"检验变量"。

（3）在"选项"中，根据需要设置置信度（默认为 0.95），如图 15-13 所示。

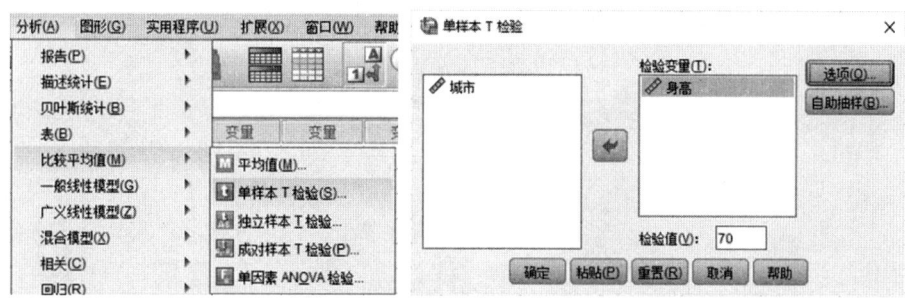

图 15-13　单样本 T 检验配置

（4）经过以上步骤操作后，单击"确定"按钮，得到如图 15-14 所示的检验结果。

单样本统计

	个案数	平均值	标准差	标准误差平均值
周岁儿童的身高	21	71.8571	3.97851	.86818

单样本检验

检验值 = 70

	t	自由度	显著性（双尾）	平均值差值	差值 95% 置信区间 下限	上限
周岁儿童的身高	2.139	20	.045	1.85714	.0461	3.6681

图 15-14　单样本 T 检验结果

解读检验结果如下。

- 根据题意，检验值 $\mu_0 = 70$，检验身高在 70cm 附近，因此采用双尾检验，假设 $\mu = \mu_0$（身高达到 70cm）。
- 计算样本统计值 $t = 2.139$，查询双尾显著性 $p = 0.045$。
- 判断：由 $p < \alpha$ 可知，拒绝原假设，说明有 95% 的把握认为周岁儿童身高不会是 70cm。考虑到样本均值 $\bar{x} = 71.8571$，说明身高有可能超过 70cm。

15.1.2 案例：信用卡消费水平 T 检验

> **案例**
>
> 某银行机构，（1）想评估一下信用卡的月刷卡金额的平均值是不是 3000 元，抽取 500 个样本数据，如表 15-4 所示，请进行验证；（2）如果不是 3000 元，那么最合理的消费区间是多少？（假定置信度为 95%，即 $\alpha = 0.05$）

表15-4 银行用户消费表(部分)

月平均刷卡金额
9697.40
9150.40
1975.70
773.10
1962.70
3443.90
2683.20
450.00
704.00
3655.40
6558.80

本题为均值检验,因为标准差未知,所以可以采用 T 检验。以 SPSS 为例,其分析结果如图 15-15 所示。

单样本统计

	个案数	平均值	标准 偏差	标准 误差平均值
月平均刷卡金额	464	5153.3438	7576.01811	351.70781

单样本检验

检验值 = 3000

	t	自由度	Sig.(双尾)	平均值差值	差值95% 置信区间 下限	差值95% 置信区间 上限
月平均刷卡金额	6.123	463	.000	2153.34375	1462.2024	2844.4851

图 15-15 单样本 T 检验

解读结论如下。

● 看显著性,$p = 0.000 < \alpha = 0.05$,拒绝原假设,说明月刷卡金额的平均值不是 3000 元。

● 看置信区间,差值的置信区间是 [1462, 2844],再加上检验值 3000,说明最合理的区间为 [4462, 5844]。

(1)由题意,检验值 $\mu_0 = 3000$,检验消耗在 3000 元左右,因此采用双尾检验,假设 $\mu = \mu_0$(消耗在 3000 元左右)。

(2)计算样本统计值 $t = 6.123$,查询双尾显著性 $p = 0.000$。

(3)判断:由 $p < \alpha$ 可知,拒绝原假设,说明有 95% 的把握认为月刷卡金额的平均值不是 3000 元。

（4）看置信区间，差值的置信区间是 [1462, 2844]，再加上检验值 3000，说明最合理的区间为 [4462, 5844]。

本章小结

本章主要介绍了假设检验的基本思想：反证法和小概率事件，以及单样本假设检验的基本步骤，要重点掌握不同的检验参数在不同条件下所使用的检验统计量，以及显著性的查询公式。

第 16 章 双样本假设检验

本章导读

双样本假设检验，主要用于检验两个样本所属的总体是否存在显著差异，或者检验它们是否来自同一分布总体。

本章主要介绍双样本（包括独立样本、配对样本）的参数差异性检验的方法。

知识要点

通过本章学习，读者应掌握如下知识和技能：

- 掌握独立样本中的均值差异性检验；
- 学会独立样本中的方差齐性检验；
- 学会在不同场景下，选择合适的检验统计量；
- 掌握配对样本中的均值差异性检验；
- 能够用双样本假设检验进行生产、运营、质控的数据决策。

16.1 两独立样本检验

两独立样本（independent sample），指的是从两个总体中各自抽取样本，即一个样本中的元素与另一个样本中的元素相互独立。

两样本数据是独立的，没有任何关联。比如，男性与女性的记忆力比较，正常人与病人之间的心率比较，方法 A 和方法 B 产生的不同效果比较等。

16.1.1 均值差异检验

检验两个独立样本的均值是否相等,即原假设:$\mu_1 = \mu_2$,或 $\mu_1 - \mu_2 = 0$(两均值没有差异)。

1. 方差已知

如果两样本方差是已知的,设随机变量 x_1,x_2,…,x_{n_1} 来自正态分布 $N(\mu_1, \sigma_1^2)$,随机变量 y_1,y_2,…,y_{n_2} 来自另一个正态分布 $N(\mu_2, \sigma_2^2)$,且两样本相互独立,可以证明如下结果。

$$\bar{X} - \bar{Y} \sim N(\mu_1 - \mu_2, \sigma_1^2/n_1 + \sigma_2^2/n_2)$$

或

$$z = \frac{(\bar{X} - \bar{Y}) - (\mu_1 - \mu_2)}{\sqrt{\sigma_1^2/n_1 + \sigma_2^2/n_2}} \sim N(0,1)$$

如果要检验这两个样本均值是否相等(即 $\mu_1 = \mu_2$),此时检验统计量简化如下。

$$z = \frac{\bar{X} - \bar{Y}}{\sqrt{\sigma_1^2/n_1 + \sigma_2^2/n_2}} \sim N(0,1)$$

2. 方差未知且同方差

如果两样本方差未知但相等,即有 $\sigma_1^2 = \sigma_2^2 = \sigma^2$(未知),此时可证明如下结果。

$$t = \frac{(\bar{X} - \bar{Y}) - (\mu_1 - \mu_2)}{S_w\sqrt{\frac{1}{n_1} + \frac{1}{n_2}}} \sim t(n_1 + n_2 - 2)$$

其中 S_w^2 是两样本方差的加权和,公式如下。

$$S_w^2 = \frac{(n_1 - 1)s_1^2 + (n_2 - 1)s_2^2}{n_1 + n_2 - 2}$$

如果要检验这两个样本均值没有差异(即 $\mu_1 = \mu_2$),此时检验统计量简化如下。

$$t = \frac{\bar{X} - \bar{Y}}{S_w\sqrt{\frac{1}{n_1} + \frac{1}{n_2}}} \sim t(n_1 + n_2 - 2)$$

（1）案例：两种子弹速度评估。

> **案例**
>
> 为比较Ⅰ和Ⅱ两种型号步枪的子弹速度，随机取Ⅰ型子弹10发，测得枪口速度的均值 $\bar{x}_1 = 500$ m/s，标准差 $s_1 = 1.1$ m/s；随机取Ⅱ型子弹20发，测得枪口速度的均值 $\bar{x}_2 = 496$ m/s，标准差 $s_2 = 1.2$ m/s。假定两总体都可认为近似服从正态分布，且由生产过程相同可认为方差相等，请判断两种步枪的枪口子弹速度是否有显著差异？（假定显著性水平 $\alpha = 0.05$）

根据题意，这是两独立样本的均值差异检验，且方差未知但相等，可以采用 T 检验，公式如下。

$$t = \frac{\bar{X} - \bar{Y}}{S_w \sqrt{\dfrac{1}{n_1} + \dfrac{1}{n_2}}} \sim t(n_1 + n_2 - 2)$$

原假设如下。

$$\mu_1 = \mu_2 \text{（均值相等）}$$

先计算 S_w，算式如下。

$$S_w = \sqrt{\frac{(n-1)s_1^2 + (m-1)s_2^2}{n_1 + n_2 - 2}} = \sqrt{\frac{(10-1) \times 1.1^2 + (20-1) \times 1.2^2}{10 + 20 - 2}} = 1.1688$$

再计算样本统计值，算式如下。

$$t = \frac{\bar{X} - \bar{Y}}{S_w \sqrt{\dfrac{1}{n_1} + \dfrac{1}{n_2}}} = \frac{500 - 496}{1.1688 \times \sqrt{\dfrac{1}{10} + \dfrac{1}{20}}} = \frac{4}{0.93} = 4.3$$

查询双尾显著性 $p = T.DIST.2T(4.3, 28) = 0.000187 < \alpha$，拒绝原假设，认为两种型号步枪的枪口速度不相等，再由 $\bar{x}_1 > \bar{x}_2$，说明Ⅰ型步枪的速度要显著高于Ⅱ型步枪。

（2）案例：两种催化剂效果检验。

> **案例**
>
> 某工厂想尝试使用新的催化剂来生产，为慎重起见，在实验工厂进行试验，设采用原催化剂生产进行了 $n_1 = 8$ 次试验，得到的平均效果指标 $\bar{x}_1 = 91.73$，方差 $s_1^2 = 3.89$；又采用新的催化剂进行了 $n_2 = 8$ 次试验，得到的平均效果指标 $\bar{x}_2 = 93.75$，方差 $s_2^2 = 4.02$。假设两总体都服从正态分布，且方差相等，试判断新的催化剂是否有更好的效果？（假定显著性水平 $\alpha = 0.05$）。

根据题意，这是两独立样本的均值差异检验，方差未知且相等，采用 T 检验，先计算如下结果。

$$S_w^2 = \frac{(n_1-1)s_1^2 + (n_2-1)s_2^2}{n_1+n_2-2} = 3.96, \quad S_w = 1.99$$

$$t = \frac{\bar{X}-\bar{Y}}{S_w\sqrt{\frac{1}{n_1}+\frac{1}{n_2}}} = \frac{93.75-91.73}{1.99\times\sqrt{0.25}} = 0.51$$

查询双尾显著性 $p = T.DIST.2T(0.51,14) = 0.62 > \alpha$，接受原假设，即认为两种催化剂的效果没有显著差别。

3. 方差未知且异方差

如果两样本方差未知且不等，此时可证明如下结果。

$$\frac{(\bar{X}-\bar{Y})-(\mu_1-\mu_2)}{\sqrt{s_1^2/n_1 + s_2^2/n_2}} \sim t(df)$$

其中自由度 df 修正如下。

$$df = \frac{(s_1^2/n_1 + s_2^2/n_2)^2}{\frac{(s_1^2/n_1)^2}{n_1} + \frac{(s_2^2/n_2)^2}{n_2}}$$

如果要检验这两个样本均值没有差异，即 $\mu_1 = \mu_2$，此时检验统计量简化如下。

$$t = \frac{(\bar{X}-\bar{Y})}{\sqrt{s_1^2/n_1 + s_2^2/n_2}} \sim t(df)$$

下面，举一个案例来说明。

> **案例**
>
> 思维清晰性比较：对 7 例急性精神分裂患者和 10 个慢性患者进行思维清晰性检测，其中急性组均值为 52，标准差为 12；慢性组均值为 44，标准差为 11，那么这两组的思维清晰性有显著差异吗？（假定显著性水平 $\alpha = 0.05$）

根据题意，为两独立样本的均值差异检验，两样本方差未知且异方差，因此采用修正自由度的 T 分布，公式如下。

$$t = \frac{(\bar{X}-\bar{Y})-(\mu_1-\mu_2)}{\sqrt{s_1^2/n_1 + s_2^2/n_2}} t(df)$$

已知 $n_1=7$，$\bar{x}_1=52$，$s_1=12$，$n_2=10$，$\bar{x}_2=44$，$s_2=11$，计算修正自由度如下。

$$df = \frac{(s_1^2/n_1 + s_2^2/n_2)^2}{\frac{(s_1^2/n_1)^2}{n_1} + \frac{(s_2^2/n_2)^2}{n_2}} = 14.2 \approx 14$$

假设急性组与慢性组没有差异，即：$\mu_1 = \mu_2$（均值相等）。

计算样本统计值，算式如下。

$$t = \frac{(\bar{X}-\bar{Y})}{\sqrt{s_1^2/n_1 + s_2^2/n_2}} = \frac{52-44}{\sqrt{20.57+12.1}} = 1.42$$

查询双尾显著性 $p = T.DIST.2T(1.42,14) = 0.18 > a$，接受原假设，即认为急性组和慢性组的思维清晰性是一样的。

16.1.2 方差齐性检验

方差齐性检验，就是检验两个总体的方差是否相等，其原假设为：$\sigma_1^2 = \sigma_2^2$（两方差相等）。

设随机变量 x_1，x_2，…，x_{n_1} 来自正态分布 $N(\mu_1, \sigma_1^2)$，随机变量 y_1，y_2，…，y_{n_2} 来自另一个正态分布 $N(\mu_2, \sigma_2^2)$，且两样本相互独立，在总体均值未知的情况下，可以证明如下结果。

$$F = \frac{s_1^2/s_2^2}{\sigma_1^2/\sigma_2^2} \sim F(n_1-1, n_2-1)$$

于是，可以得到 σ_1^2/σ_2^2 的一个置信水平为 $1-\alpha$ 的置信区间，具体如下。

$$\frac{s_1^2}{s_2^2}\frac{1}{F_{\alpha/2, n1-1, n2-1}} < \frac{\sigma_1^2}{\sigma_2^2} < \frac{s_1^2}{s_2^2}\frac{1}{F_{1-\alpha/2, n1-1, n2-1}}$$

如果置信区间包含了"1"，则说明两个方差近似相等，没有显著差别，也就是说满足方差齐性。

下面，举一个案例来说明。

> **案例**
>
> 钢管内径方差：有两台机器生产钢管内径，随机抽取机器 A 生产的管子 18 只，测得样本方差 0.34，机器 B 生产的管子 13 只，测得样本方差 0.29。设两样本相互独立，且管子都服从正态分布，试求方差比 σ_1^2/σ_2^2 的置信区间。（假定显著性水平 $\alpha = 0.05$）

根据题意，要求方差比，则可以采用 F 检验，得到置信区间。

已知 $n_1=18$，$s_1^2=0.34$，$n_2=13$，$s_2^2=0.29$，查询左右两个临界点，算出结果如下。

$$F_{\frac{\alpha}{2},n1-1,n2-1} = F.INV(0.975,17,12) = 3.13$$

$$F_{1-\alpha/2,n1-1,n2-1} = F.INV(0.025,17,12) = 0.354$$

于是，置信区间如下。

$$\left(\frac{0.34}{0.29}\frac{1}{3.13}, \frac{0.34}{0.29}\times\frac{1}{0.354}\right) = (0.37, 3.31)$$

由于置信区间包含 1，可以认为 σ_1^2、σ_2^2 两者没有显著差别，即同方差。

两配对样本检验

配对样本（matched sample），也叫相关样本，指的是对同一个样本进行两次测试得到的两组数据，或对两个完全相同的样本在不同条件下进行测试所得到的两组数据。

配对数据来源一般有两种方式。

（1）自身配对。指同一个试验对象，在两个不同时间上接受前后两次处理，用其前后两次观测值进行对照和比较，比如早晨和晚上的身高是否不同。

或者，同一试验对象，在经过不同方法处理前后的两组观测值进行自身对照和比较，比如减肥前后的体重变化，运动前后的心率变化等。

（2）同源配对。指将来源相同、性质相同的两个个体配成一对，如将品种、性别、年龄、体重相同的两个试验对象配成一对，然后对配对的两个个体实施不同的处理，再根据观测值检验两种处理方法的差异。比如将猪分成两组，喂不同的饲料，来判断两种饲料的效果差异。

配对样本的均值检验，实际上可转换为配对样本之差的均值检验。

设随机变量 X_1，X_2，...，X_n 和 Y_1，Y_2，...，Y_n 是配对样本，且服从正态分布，要求检验两样本均值是否相等。引入一个新的随机变量，令 $d_i = X_i - Y_i$ 是新的随机变量，则检验的问题就转化为单样本的 T 检验，有如下公式。

$$t = \frac{\bar{d} - \mu}{s_d / \sqrt{n}} \sim t(n-1)$$

其中，s_d 为样本差值 d_i 的标准差。

假设配对样本均值没有差异，则令 $\mu = 0$，于是简化为如下公式。

$$t = \frac{\bar{d}}{s_d / \sqrt{n}} \sim t(n-1)$$

16.2.1 案例：存活天数差异

案例

某实验小组将同一批老鼠随机分为两组，对照组与染毒组，如表 16-1 所示。想探究其存活天数是否有差异。（默认显著性水平 $\alpha = 0.05$）

表 16-1 表格参数

	存活天数									
染毒组	25	24	32	27	25	19	18	33	28	26
对照组	35	20	39	20	34	38	37	29	31	35

首先计算配对样本之差，如表 16-2 所示。

表 16-2 计算配对样本之差

染毒组	对照组	差值
25	35	10
24	20	−4
32	39	−7
27	20	7
25	34	−9
19	38	−19
18	37	−19
33	29	4
28	31	−3
26	35	−9

根据题意，可知 $n = 10$，$\bar{d} = (-10 + 4 + \ldots - 9)/10 = -6.1$，$s_d = 9.134$。

计算样本统计值，算式如下。

$$t = \frac{\bar{d}}{s_d / \sqrt{n}} = \frac{-6.1}{9.134 / \sqrt{10}} = -2.112$$

查询双尾显著性，得出如下结果。

$$p = T.DIST.2T(|t|, n-1) = 0.064$$

显然，$p > \alpha$，接受原假设，说明存活天数没有显著差异。

16.2.2 案例：施肥对幼苗成长影响

> **案例**
>
> 某研究组想验证一下施肥的效果，于是设计了两组配对样本，测得两组幼苗高度，请判断施肥对农作物的幼苗成长是否有影响？

首先计算配对样本之差，如表 16-3 所示。

表 16-3 计算样本之差

	未施肥	施肥	差值
	2.5	3.5	−1
	2.4	3	−0.6
	3.2	3.9	−0.7
	2.7	2	0.7
	2.5	3.4	−0.9
	1.9	3.8	−1.9
	1.8	3.7	−1.9
	3.3	2.9	0.4
	2.8	3.1	−0.3
	2.6	3.5	−0.9
均值	2.57	3.28	−0.71
标准差	0.480856	0.561348	0.842549

由题意，可知 $n = 10$，$\bar{d} = -0.71$，$s_d = 0.84$。

计算检验统计值，算式如下。

$$t = \frac{\bar{d}}{s_d / \sqrt{n}} = \frac{-0.71}{0.84 / \sqrt{10}} = -2.66$$

查询双尾显著性，得出如下结果。

$$p = T.DIST.2T(|t|, n-1) = 0.026$$

显然，$p < \alpha$，拒绝原假设，即说明两组均值有显著差异，说明施肥对幼苗成长是有显著影响的，考虑到施肥后的均值大于未施肥的均值，说明施肥能够促进幼苗长高。

16.2.3 案例：针织品断裂强力差异检验

> **案例**
>
> 在针织品漂白工艺过程中，要考虑温度对针织品断裂强力（主要质量指标）的影响，为了比较70℃与80℃的影响有无差别，在这两个温度下，分别重复做了8次试验（假定断裂强力服从正态分布），强力数据如下。
>
> 70℃时强力：20.5, 18.8, 19.8, 20.9, 21.5, 19.5, 21.0, 21.2
>
> 80℃时强力：17.7, 20.3, 20.0, 18.8, 19.0, 20.1, 20.0, 19.1
>
> 问在70℃时的平均断裂强力与80℃时的平均断裂强力间是否有显著差别？（假定显著性水平 $\alpha = 0.05$）

首先计算配对样本之差，如表16-4所示。

表16-4 计算配对样本之差

	70℃	80℃	差值
	20.5	17.7	2.8
	18.8	20.3	−1.5
	19.8	20	−0.2
	20.9	18.8	2.1
	21.5	19	2.5
	19.5	20.1	−0.6
	21	20	1
	21.2	19.1	2.1
均值	20.4	19.375	1.025
标准差	0.941124	0.887613	1.610457

根据题意，可知 $n=8$，$\bar{d}=1.025$，$s_d=1.61$。

计算样本统计值，算式如下。

$$t = \frac{\bar{d}}{s_d/\sqrt{n}} = \frac{1.15}{1.772/\sqrt{8}} = 1.8002$$

查询双尾显著性，得出如下结果。

$$p = T.DIST.2T(1.8002, 8-1) = 0.114852$$

显然，$p > \alpha$，接受原假设，说明断裂强力没有显著差异。

16.3 案例：Excel 中双样本检验

事实上，在 Excel 中也可以做双样本差异检验，包括 4 种检验，如表 16-5 所示。

表 16-5 Excel 中双样本检验

Excel 分析菜单	对应检验类型
z- 检验：双样本平均差检验	均值差异检验：方差已知
t- 检验：双样本等方差假设	均值差异检验：方差未知但同方差
t- 检验：双样本异方差假设	均值差异检验：方差未知且异方差
F- 检验：双样本方差	方差差异检验：方差齐性检验
t- 检验：平均值的成对二样本分析	两配对样本检验

对应的菜单界面如图 16-1 所示。

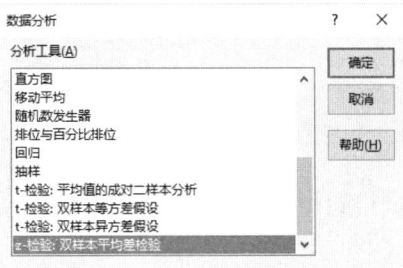

图 16-1 Excel 中双样本检验菜单

16.3.1 案例：供应商交付周期差异评估

案例

某公司收集了两家供应商的交付数据，如表 16-6 所示。想评估一下这两家供应商的交付周期是否有差异，以便后续移除交付周期长的供应商。（假定显著性水平 $\alpha = 0.05$）

表 16-6 供应商交付数据表

	Supplier	Order Date	Arrival Date	交付周期
2	Alum Sheeting	10/15/11	10/20/11	5
3	Alum Sheeting	10/20/11	10/27/11	7
4	Alum Sheeting	08/08/11	08/14/11	6
5	Alum Sheeting	09/01/11	09/10/11	9
6	Alum Sheeting	09/05/11	09/12/11	7
7	Alum Sheeting	10/25/11	11/03/11	9
8	Alum Sheeting	10/29/11	11/04/11	6
9	Alum Sheeting	10/10/11	10/17/11	7
10	Durable Products	10/01/11	10/06/11	5
11	Durable Products	10/03/11	10/08/11	5
12	Durable Products	10/09/11	10/14/11	5
13	Durable Products	10/07/11	10/12/11	5
14	Durable Products	10/05/11	10/11/11	6
15	Durable Products	10/15/11	10/20/11	5
16	Durable Products	10/10/11	10/15/11	5
17	Durable Products	09/25/11	09/30/11	5
18	Durable Products	08/25/11	08/28/11	3
19	Durable Products	09/05/11	09/09/11	4
20	Durable Products	09/27/11	10/03/11	6
21	Durable Products	10/25/11	10/30/11	5
22	Durable Products	09/29/11	10/04/11	5

由题意可知，为双样本均值检验，因总体方差未知且异方差，采用 T 检验。在 Excel 中操作步骤如下：

（1）单击菜单"数据→分析→数据分析"命令，选择"t- 检验：双样本异方差假设"选项，然后单击"确定"按钮。

（2）在"变量 1 的区域"和"变量 2 的区域"，分别指定两家供应商的交付周期数据，将"假设平均差"指定为"0"（即假设 $\mu_1 = \mu_2$），指定"输出区域"位置。

以上操作如图 16-2 所示。

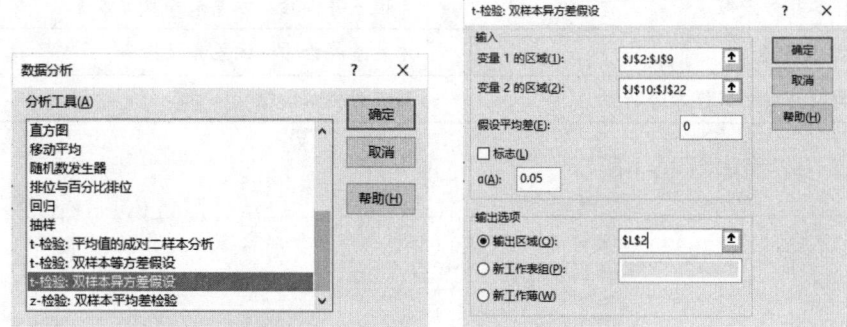

图 16-2　双样本异方差检验

（3）单击"确定"按钮后，得到相应结果，如图 16-3 所示。

t-检验: 双样本异方差假设		
	变量 1	变量 2
平均	7	4.923077
方差	2	0.576923
观测值	8	13
假设平均差	0	
df	10	
t Stat	3.827959	
P(T<=t) 单尾	0.001665	
t 单尾临界	1.812461	
P(T<=t) 双尾	0.00333	
t 双尾临界	2.228139	

图 16-3　双样本异方差检验结果

结果中，可看到两样本的均值、方差、自由度，以及单尾 / 双尾的显著性水平等。

解读结果如下。

- 先看双尾显著性，$p = 0.00333 < \alpha$，拒绝原假设，说明这两家供应商的交付周期有显著差异。
- 再比较平均值，可知供应商 Alum Sheeting 的交付周期要比供应商 Durrable Products 的平均交付周期长。

也可用另一种方法（拒绝域判断）检验：看检验统计量 $t = 3.8 > t$ 单尾临界 $= 1.8$，检验统计量落在拒绝区域，拒绝原假设，同样可判断出交付周期有显著差异。

如果有时间，读者可以利用前面的分布进行手动计算，结果应该是一样的。

16.3.2 案例：农作物产量差异分析

案例

有两个农业试验区，各分为 10 个小区，各小区面积相等，做种植玉米的试验。A 区除施磷肥外，其他条件与 B 区相同，收集产量如表 16-7 所示。假定玉米产量服从正态分布，请回答下列问题。

（1）在显著性水平 0.1 下，A、B 两区玉米产量的方差是否相同？

（2）在显著性水平 0.05 下，施磷肥对玉米产量有无影响？

表 16-7　玉米产量表

A 区	B 区
62	56
57	59
65	56
60	57
63	58
58	57
57	60
60	55
60	57
58	55

第一个问题，是方差齐性检验问题。

（1）打开"数据分析"对话框，选择"F-检验 双样本方差"选项，如图 16-4 图左所示，然后单击"确定"按钮。

（2）分别配置两个供应商的数据，如图 16-4 图右所示。

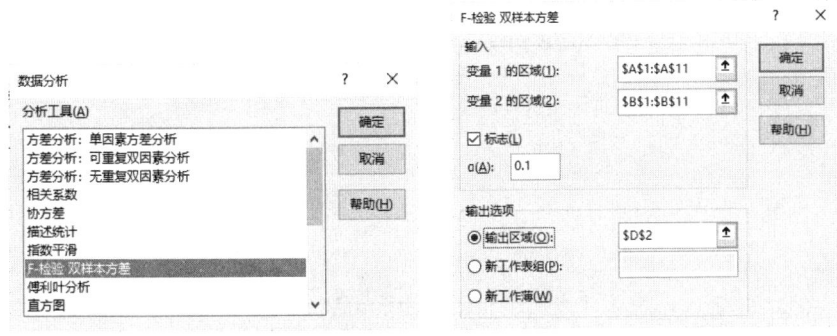

图 16-4　方差齐性检验

（3）得到结果，如图 16-5 所示。由 $p = 0.08 > \alpha/2 = 0.05$（因假设检验为双尾检验，而 p 值为单尾查询，所以是 p 与 $\alpha/2$ 比较）可知，接受原假设，说明方差相同，产量的波动大小是一致的。

F-检验 双样本方差分析		
	A区	B区
平均	60	57
方差	7.111111	2.666667
观测值	10	10
df	9	9
F	2.666667	
P(F<=f) 单尾	0.080073	
F 单尾临界	2.44034	

图 16-5　方差齐性检验结果

第二个问题，是均值差异检验问题。

（1）打开"数据分析"对话框，选择"t-检验：双样本异方差假设"选项，配置参数，操作如图 16-6 所示。

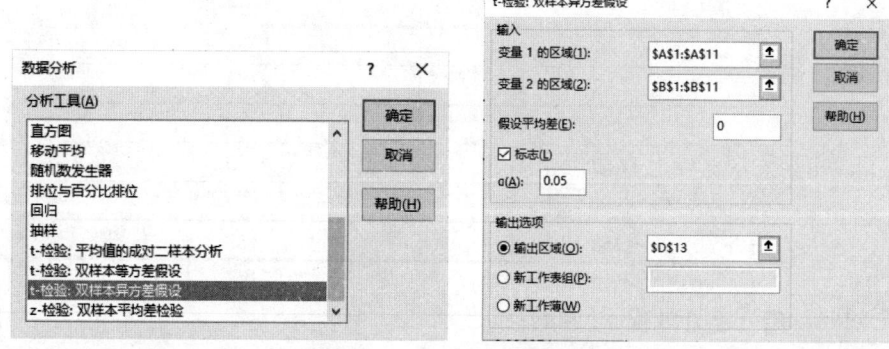

图 16-6　双样本异方差检验

（2）得出结果，如图 16-7 所示。由 $p = 0.0084 < \alpha = 0.05$ 可知，拒绝原假设，说明两样本均值有显著差异。从 A、B 两组数据的平均值大小，可知施磷肥可以显著提高玉米产量。

t-检验: 双样本异方差假设		
	A区	B区
平均	60	57
方差	7.111111	2.666667
观测值	10	10
假设平均差	0	
df	15	
t Stat	3.033899	
P(T<=t) 单尾	0.004187	
t 单尾临界	1.75305	
P(T<=t) 双尾	0.008374	
t 双尾临界	2.13145	

图 16-7　双样本异方差检验结果

16.3.3 案例：桩长度的估计值与实际值的差异评估

> **案例**

某基建企业发现，关于工程项目中半螺旋桩的长度，在投标中使用桩的估计值，与项目中的实际长度往往会存在一定的差异。承包商认为，实际长度与估计长度之间，一般相差 6 左右。现在企业收集了 300 多个数据，如表 16-8 所示，请评估这个经验是否合理？（假定显著性水平 $\alpha = 0.05$）

表 16-8 半螺旋桩长度表

Pile Length Number	估计值	实际值
1	10.58	18.58
2	10.58	18.58
3	10.58	18.58
4	10.58	18.58
5	10.58	28.58
6	10.58	26.58
7	10.58	17.58
8	10.58	27.58
9	10.58	27.58
10	10.58	37.58
11	10.58	28.58
12	5.83	1.83

由题意为配对双样本均值检验，采用 T 检验。在 Excel 中操作步骤如下。

（1）打开"数据分析"对话框，选择"t-检验：平均值的成对二样本分析"选项，然后单击"确定"按钮。

（2）经过上步操作，打开"t-检验：成本二样本分析"对话框，并作如下配置：

①在"变量 1 的区域"中指定实际值，在"变量 2 的区域"中指定估计值（因为在配对检验中，一般要求要求变量 1 的均值要大于变量 2 的均值）；

②在"假设平均差"中，指定为"6"（即假设 $\mu_1 - \mu_2 = 6$）；

③指定"输出区域"位置，如"E4"单元格，如图 16-8 所示。

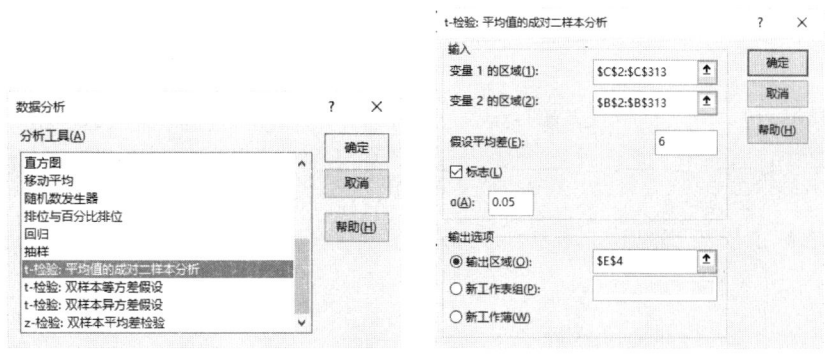

图 16-8 两配对样本均值检验

商业分析思维与实践：用数据分析解决商业问题

（3）最后单击"确定"按钮，得到结果如图 16-9 所示。显然有 $p = 0.52 > \alpha$，接受原假设，说明投标时的估计值与实际值有显著差异，而且这个差异在 6.0 以上，证明这个经验是合理的。

t-检验: 成对双样本均值分析		
	实际值	估计值
平均	34.55623794	28.17755627
方差	267.0113061	255.8100385
观测值	311	311
泊松相关系数	0.79692836	
假设平均差	6	
df	310	
t Stat	0.647824956	
P(T<=t) 单尾	0.258788833	
t 单尾临界	1.649783823	
P(T<=t) 双尾	0.517577665	
t 双尾临界	1.967645929	

图 16-9　两配对样本均值检验结果

16.4　案例：SPSS 中双样本检验

在 SPSS 中，要实现双样本检验，对应如表 16-9 所示。

表 16-9　SPSS 中双样本检验

SPSS 分析菜单	对应检验类型
独立样本 T 检验	均值差异检验：方差未知（包括同方差和异方差）
	方差齐性检验
摘要独立样本 T 检验	均值差异检验：方差未知（包括同方差和异方差），只需要样本参数，不需要详细数据
成对样本 T 检验	配对双样本均值差异 T 检验

注：SPSS 没有实现方差已知的均值差异检验。

16.4.1　案例：促销与非促销效果差异检验

> **案例**
>
> 某超市为验证在有无促销时的日销售额是否有显著不同，特地收集了 34 天的数据，如表 16-10 所示，请作出判断。（假定显著性水平 $\alpha = 0.1$）

表16-10　促销效果表

日销售额	类型
555.00	无促销
594.00	无促销
440.00	无促销
535.00	无促销
380.00	无促销
412.00	无促销
412.00	有促销
789.00	有促销
324.00	有促销

由题意可知，问题为两独立样本均值差异比较，可以采用 T 分布假设检验。具体操作步骤如下。

（1）打开数据集，单击菜单"分析→比较平均值→独立样本 T 检验"命令，打开对话框。

（2）指定"检验变量"，定义组类型：类型 1 表示无促销，类型 2 表示有促销。

（3）选项中指定置信度为"90%"，即 $\alpha = 0.1$。

相关操作如图 16-10 所示。

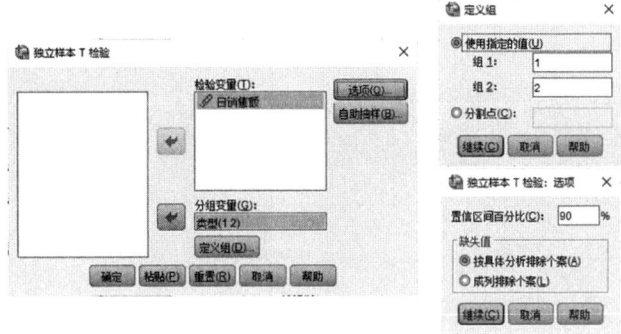

图 16-10　均值差异检验

（4）单击"确定"按钮后，得到如图 16-11 所示结果，具体解读如下。

- 先判断是否等方差：看 Levene 检验（莱文方差等同性检验），由显著性 $p = 0.638 > \alpha = 0.1$ 可知，接受两样本同方差的假设（实际上，组统计表中 132/138 近似相等）。

- 因同方差，所以要看第一行的数据（假定等方差）。再看均值差异 T 检验，由显著性 $p = 0.078 < \alpha = 0.1$ 可知，拒绝原假设，说明两样本均值有显著差异。

- 因均值有显著差异，再比较组统计中的两样本均值，可知促销能够显著提高日销售额（529>445）。

组统计

	类型	个案数	平均值	标准差	标准误差平均值
日销售额	无促销	18	445.4444	132.44631	31.21790
	有促销	16	529.8750	138.20076	34.55019

独立样本检验

		莱文方差等同性检验		平均值等同性 t 检验						
		F	显著性	t	自由度	显著性（双尾）	平均值差值	标准误差差值	差值 90% 置信区间	
									下限	上限
日销售额	假定等方差	.225	.638	-1.818	32	.078	-84.43056	46.44480	-163.10288	-5.75824
	不假定等方差			-1.813	31.163	.079	-84.43056	46.56471	-163.36920	-5.49191

图 16-11　均值差异检验结果

16.4.2 案例：烟龄和胆固醇关系检验

案例

某医疗机构为研究长期吸烟是不是导致胆固醇升高的直接原因，对烟龄25年以上（过度吸烟）和5年以下（短期吸烟）的吸烟者进行抽样，获得两组人群的烟龄和胆固醇数据，如表16-11所示，试作出判断。（假定显著性水平 $\alpha = 0.05$）

表16-11 烟龄和胆固醇表

胆固醇	烟龄
217	30
267	26
218	36
217	27
183	26
228	28
225	1
211	3
209	3
284	4
258	2
216	2

由题意可知，问题为独立双样本均值差异比较，可以采用 T 分布假设检验。操作步骤不再赘述，结果如图16-12所示。

组统计

	烟龄	个案数	平均值	标准 偏差	标准 误差平均值
胆固醇	>= 6.00	33	233.06	47.683	8.300
	< 6.00	43	237.98	38.538	5.877

独立样本检验

		莱文方差等同性检验		平均值等同性t检验					差值 95% 置信区间	
		F	显著性	t	自由度	Sig.（双尾）	平均值差值	标准误差差值	下限	上限
胆固醇	假定等方差	1.561	.215	-.497	74	.621	-4.916	9.890	-24.622	14.789
	不假定等方差			-.483	60.535	.631	-4.916	10.170	-25.256	15.424

图16-12 均值差异检验结果

解读结果如下。

- 先看方差齐性检验，显著性 $p = 0.215 > \alpha$，接受等方差，看第一行数据。
- 再看 T 检验的显著性， $p = 0.621 > \alpha$，接受均值相等的假设，说明吸烟时间长短与胆固醇高低没有关系。

16.4.3 案例：减肥茶效果检验

> **案例**
>
> 为研究某种减肥茶是否具有减肥效果，某健身机构对35名肥胖志愿者进行跟踪，记录下喝茶前后（三个月）的体重，如表16-12所示。通过这两组样本数据的对比分析，推断减肥茶是否具有明显的减肥作用。（假定显著性水平 $\alpha = 0.01$）

表16-12　减肥茶效果表

喝茶前体重	喝后体重
90.00	63.00
95.00	71.00
82.00	79.00
91.00	73.00
100.00	74.00
87.00	65.00
91.00	67.00
90.00	73.00
86.00	60.00
87.00	76.00
98.00	71.00

由题意可知，问题为配对双样本均值差异比较，可以采用 T 分布假设检验。

（1）打开数据集，单击菜单"分析→比较平均值→成对样本T检验"命令，打开"成对样本T检验"对话框。

（2）在对话框中配置好"配对变量"："变量1"为"喝茶前体重"，"变量2"为"喝茶后体重"。在"成对样本T-检验：选项"中指定"置信区间百分比"为"99%"，即 $\alpha = 0.01$，如图16-13所示。

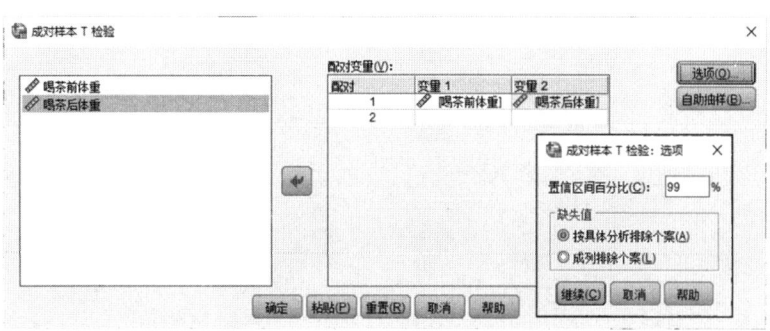

图16-13　配对样本均值差异检验

（3）单击"确定"按钮后，结果如图16-14所示。其结果解读如下。

● 先看显著性 $p = 0.000 < \alpha = 0.01$，拒绝原假设，说明体重有显著差异。

- 再看差值的平均值 $\bar{d}=19.2$,可知喝三个月减肥茶后,体重平均减轻 19 千克左右,99% 的人体重减轻在 15~22 千克左右。

配对样本统计

		平均值	个案数	标准 偏差	标准 误差平均值
配对 1	喝茶前体重	89.26	35	5.338	.902
	喝茶后体重	70.03	35	5.665	.957

配对样本相关性

		个案数	相关性	显著性
配对 1	喝茶前体重 & 喝茶后体重	35	-.052	.768

配对样本检验

		配对差值					t	自由度	Sig.(双尾)
		平均值	标准 偏差	标准 误差平均值	差值 99% 置信区间				
					下限	上限			
配对 1	喝茶前体重 - 喝茶后体重	19.229	7.982	1.349	15.547	22.910	14.252	34	.000

图 16-14　配对样本均值差异检验结果

本章小结

本章介绍了双样本假设检验种类,独立双样本和配对双样本的检验参数、检验统计量,以及其适用场景。

参考文献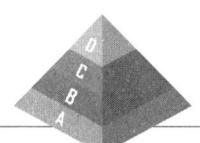

【1】维克托·迈尔－舍恩伯格. 大数据时代 [M]. 杭州：浙江人民出版社，2013.

【2】大数据治国战略研究课题组. 大数据领导干部读本 [M]. 北京：人民出版社，2015.

【3】黄成明. 数据化管理 [M]. 北京：电子工业出版社，2014.

【4】埃里克·西格尔. 大数据预测 [M]. 周昕，译. 北京：中信出版社，2014.

【5】吴军. 智能时代 [M]. 北京：中信出版社，2016.

【6】涂子沛. 大数据 3.0 升级版 [M]. 桂林：广西师范大学出版社，2015.

【7】张文霖，刘夏璐，狄松. 谁说菜鸟不会数据分析（入门篇）[M]. 北京：电子工业出版社，2016.

【8】经管之家. 胸有成竹！数据分析的 SPSS 和 SASEG 进阶（第 2 版）[M]. 北京：电子工业出版社，2016.

【9】经管之家. 数据分析的统计基础 [M]. 北京：电子工业出版社，2016.

【10】薛薇，陈欢歌. SPSSModeler 数据挖掘方法及应用（第 2 版）[M]. 北京：电子工业出版社，2014.

【11】杜强，贾丽艳，严先锋. SPSS 统计分析从入门到精通（第 2 版）[M]. 北京：人民邮电出版社，2014.

【12】谢龙汉，尚涛. SPSS 统计分析与数据挖掘 [M]. 北京：电子工业出版社，2012.

【13】盛骤，谢式千，潘承毅. 概率论与数理统计（第五版）[M]. 北京：高等教育出版社，2020.

【14】JamesR.Evans. 高效商业分析—Excel 建模与分析 [M]. 王正林，王权，肖静，译. 北京：电子工业出版社，2015.

【15】于向红. 二项分布的计算及其在保险问题中的应用 [J]. 电大理工，2005，(2)：8-10.